财政与税收

徐娟娟　编著

天津大学出版社
TIANJIN UNIVERSITY PRESS

图书在版编目(CIP)数据

财政与税收 / 徐娟娟编著. —天津：天津大学出版社，(2023.1重印)
ISBN 978-7-5618-6506-4

Ⅰ.①财… Ⅱ.①徐… Ⅲ.①财政－中国②税收管理－中国 Ⅳ.①F812

中国版本图书馆CIP数据核字(2019)第189656号

CAIZHENG YU SHUISHOU

出版发行　天津大学出版社
地　　址　天津市卫津路92号天津大学内(邮编:300072)
电　　话　发行部:022-27403647
网　　址　publish.tju.edu.cn
印　　刷　北京虎彩文化传播有限公司
经　　销　全国各地新华书店
开　　本　185mm×260mm
印　　张　15.5
字　　数　381千
版　　次　2020年2月第1版
印　　次　2023年1月第5次
定　　价　39.00元

前言

随着我国社会主义市场经济体制的不断完善，国家对经济的宏观调控能力不断加大，财政与税收在经济发展中的地位越来越重要，国家出台了一系列有关财政税收方面的新制度、新政策。尤其是我国财税理论与实践发生了诸多变革。例如，个人所得税制度的改革、增值税制度的改革和营业税改征增值税等。新的税收制度要求教材能够与时俱进，反映最新税收理论和税收制度的改革方向，以适应当前人才培养的需要。

本书分为两篇，第一篇为财政篇，第二篇为税收篇。

财政篇以经济学理论为基础，系统阐述财政的基本原理、基本内容，结合中国财政制度的改革与发展，深入研究中国财政领域的热点问题。该部分内容主要包括：市场经济与财政职能、财政支出、财政收入、公债、国家预算与预算管理体制、财政政策。

税收篇系统阐述税收的基本理论和税收实务，重点阐述中国现行税收制度的内容、税收业务处理方法和中国税收领域的热点和前沿问题。该部分内容主要包括：税收原理、税收制度、流转税、所得税、财产税、资源税与行为税。

本教材的写作特点：

探索更为清晰合理的逻辑结构；

教材中添加图片和表格，力求更加生动直观；

适应我国目前的经济形势，根据最新的财政税收制度编写而成；

每章均有配套的教学要求、重点难点和思考与练习，有助于学生快速掌握基本知识，同时也有助于教师的教学。

由于编者的水平所限，书中难免有疏漏之处，敬请各位专家、学者、老师、同学提出宝贵的意见和建议。

徐娟娟

2019 年 2 月

目录

第一篇　财政篇

第二篇　税收篇

第一篇　财政篇

第一章　市场经济与财政职能

教学要求

通过学习，学生应掌握财政的内涵与特征、财政的职能、公共物品的供给均衡、外部效应的经济影响与矫正；理解市场失灵的表现、帕累托最优与帕累托改进、公共物品的特征；了解西方与中国财政理论的发展、政府财政与市场的关系。

重点难点

本章学习重点是财政的内涵与特征、财政的职能、市场失灵的表现、公共物品的特征；难点是帕累托最优与帕累托改进、公共物品的供给均衡、外部效应的经济影响与矫正。

第一节　财政的内涵、特征与财政理论的发展

一、财政的内涵

在现代经济社会中，财政与人们的日常生活息息相关，财政现象随处可见。当人们外出时，所依赖的交通系统主要是由政府投资建设的；在学校学习时，会受到财政有形或无形的资助，如财政拨付教师工资、国家助学金和学校事业发展基金；受灾、退休、生病或陷入生活困境时，享受着由财政提供支持的社会保障；当个人收入超过了规定标准，就要缴纳个人所得税；经营一个公司或企业需要按税法规定向政府缴纳各种税收；当经济出现波动时，政府会运用税收、公债、财政支出等工具对国民经济运行进行调控；为解决“三农”问题，财政每年拨出大量资金用于农业基本建设和支援农业生产；每年一度的各级人民代表大会上，都会依照立法程序审查和批准上年度的政府决算和当年的政府预算报告。

“财政”一词最早出现于13—15世纪，拉丁文是“Finis”，意为“结算支付期限”“支付款项”。19世纪传入欧洲各国，专指国家和公共团体的理财活动。1882年，日本开始使用“财政”一词。我国古代主要使用国计、国用、理财、生财、度支、邦计、计政等词指代财政，我国政府在1898年（光绪二十四年）的戊戌变法的《明定国是诏》中最早使用“财政”一词。1903年（光绪二十九年），清政府设财政处，整顿财政，官方开始正式使用“财政”名称。

所谓财政是指国家或政府的收支活动，它是一国政府选择某种形式，以一部分国民收入为分配对象，为国家实现其职能的需要而实施的分配行为。此定义中包括以下四个要素。

（一）财政活动的主体

财政活动的主体是国家或政府。任何分配过程都有与之相对应的主体存在。一般经济分配的主体是投入要素的单位和个人，而财政分配的主体只能是国家或政府。这是财政分配区别于其他分配形式的基本特征。政府履行职能是以财政活动为载体的，政府在财政分

配中处于主动和支配的地位，政府和其他经济主体间的经济关系也是通过财政活动来体现的。政府为满足公共需求所进行的各种形式的财政收支活动以及提供的多样化、多层次的公共物品是政府财政活动的主要内容。

（二）财政活动的客体

财政活动的客体即财政分配的对象。财政分配是社会产品分配的一个组成部分，因此，其分配的对象也必然属于社会产品。通过税收手段，财政要从社会产品中分取一定比例的份额形成财政收入，然后通过财政支出将已分得的社会产品运用出去。因此，财政分配的客体实际上与税收的来源是联系在一起的。从社会产品的价值组成情况看，能够成为财政分配对象的只能是一部分国民收入。所谓国民收入，是指一个国家在一定时期内（通常为一年）新创造的价值，即从社会总产品价值（$C+V+M$）中，扣除已经消耗掉的生产资料（C）之后剩余的那部分新价值（$V+M$）。国民收入中既包含劳动者的必要价值，又包含剩余产品价值。这为财政分配对象的确立提供了基础。

（三）财政活动的目的

财政活动的目的是满足公共需求，实现公共利益和社会福利的最大化。在市场经济社会中，市场存在失灵之处，社会生活中公共利益又普遍存在，政府通过财政收支活动对有限的财政资源实行高效运作与管理，既要提供公共物品最大限度地满足社会公共需求，又要借助财政运行机制尽可能实现资源优化配置、收入公平分配和市场经济稳定发展的公共利益目标。

（四）财政活动的本质

财政活动的本质是政府为满足公共需求对国民收入进行集中性分配所形成的财政分配关系，体现的是以政府为主体的分配关系。这种分配关系不仅表现为政府和不同经济主体之间的分配关系，也表现为各级政府间的分配关系和政府部门内部之间的分配关系。

二、财政的特征

（一）公共性

公共性是指财政的运行完全以满足社会公共利益的需要为出发点和落脚点，作为财政分配主体的国家或政府没有独立的特殊利益，不得超越市场机制活动的界限，行使其分配权力，对待市场经济活动的其他主体应该坚持一视同仁的公平原则。公共性是公共财政模式最主要的特征。

在市场经济中，资源的配置应该以市场机制为基础，只有这样，才能促进资源利用效率的最大化。因此，政府通过财政分配参与资源的配置过程，必须充分尊重市场机构的基础性地位。凡是市场能做的，政府就不要加以干涉，而市场不能做或做不好的，政府就一定要负起自己的责任。在政府、企业、个人之间的活动范围明确的前提下，就财政运行机制而言，首要的问题是要把握好财政分配的规模。分配规模过大，会使企业和个人在经济发展中的作用受到压抑；分配规模过小，则不能保证政府提供必要水平的公共产品和服务。其次是要处理好政府与不同市场主体之间的利益关系。市场经济是竞争的经济，竞争需要平等的外部条件。财政分配直接作用于企业和个人，影响着他们的收入水平和生产经营、劳动的积极性。如果税收政策或补贴政策有利于某些经济主体的发展,而不利于另一些主体的发展,实际上就意味着政府以非市场的手段干扰了正常的经济秩序,必然会破坏公平的竞争环境。因此,这样的财政就不是公共财政,而是代表部分经济主体利益的财政。

(二)非盈利性

盈利性是市场经济活动的直接动力,之所以会产生市场失灵问题,其基本原因之一就是无法确保应有的或正常的市场盈利。这样,当政府及其财政进入市场失灵的领域发挥作用时,从一开始就决定了它们只能以社会利益为活动目的,与直接的盈利性效果相分离。在现实生活中,要保持公共财政的非盈利性特征,关键是要控制好财政在经济领域的投资。一般来说,凡是竞争性行业都是盈利性行业,否则追逐利润的民间资本不会参与其中与他人竞争。因此,竞争性行业应该是财政进入的禁区。所谓政府不与民间争利,指的就是这个意思。

(三)民主性

公共财政既然是为社会公共利益服务的,就应该尽可能全面反映公共利益的要求。在实际生活中,社会上不同的利益集团存在着不同的公共利益倾向,有的可能愿意使基础设施更快地得到完善,而有的可能愿意使教育、卫生条件得到更好的满足,等等。显然,是否能够在财政分配中做出令多数人满意的决策,将关系到一项财政政策能否得到顺利实施。要反映公共财政的民主性,首先,必须正确地看待国家(或政府)、企业和个人在财政关系中的地位。国家是财政分配的主体,但不意味着少数人的意志可以凌驾于多数人之上。为此,财政的制度和决策应做到公开透明,并建立健全监督制约机制,强化监督效果。其次,要以法律形式确保公共利益不受到伤害。既要规范政府分配的权限和方式,防止政府工作人员操作上的随意化现象,又要明确纳税人和受益人的权利与义务,防止少数人的不正当行为侵犯大多数人的利益。

(四)法制性

法制性是指在市场经济条件下,政府任何一项财政活动,都必须按照法定的程序,经过国家权力机构的批准和授权,在一套严格的制度约束(如预决算程序)和规范监督下有序进行。例如,个人所得税的征收是依据个人所得税法及其实施细则征收的,而没有全国人民代表大会及其常务委员会的批准和授权,个人所得税法及其实施细则无法确立,税务机关不可能开征个人所得税。再比如,各级政府的预算必须通过各级人民代表大会及其常务委员会的审议和批准,否则政府无权取得任何收入和安排任何支出。

(五)连续性

由于国家的长期存在,政府的财政活动具有连续性,不存在间断性。虽然税收收入的取得、财政支出的安排等财政活动具有年度性,但是财政投资、公债发行等很多财政活动往往是跨年度进行的。为熨平经济波动而实施的财政政策更是具有长期性和稳定性的,各种财政政策工具也是基于长期目标而实施的。

(六)收支平衡性

财政的运行过程主要表现为财政收支的过程,财政收支平衡是财政运行的内在要求。

财政收支出现不平衡,不仅对宏观经济运行造成负担,还可能对未来的财政状况产生不利影响。如果一定时期内采用财政盈余政策,财政收支出现大量盈余,财政资源未能得到充分使用,会对社会总需求产生抑制作用,造成通货紧缩的压力。如果一定时期内采取财政扩张政策,财政收支出现大量赤字,财政资源过度使用,不仅刺激社会总需求的过度扩张和带来通货膨胀的压力,还会形成沉重的债务负担和带来财政风险。因此,只有保持紧紧围绕财政收支平衡这个轴心,合理控制财政赤字规模,才能促进财政运行和宏观经济发展的良性循环。

三、财政理论的发展

(一)西方财政理论的发展

1. 古典经济学派

17 世纪到 19 世纪初,古典经济学派处于主流经济学派地位。威廉·配第是古典经济学派财政理论构建的主要开拓者, 1662 年出版的《赋税论》被认为是西方最早的财政学专著。亚当·斯密于 1776 年发表了《国民财富的性质和原因的研究》,建立了财政学的基本框架。1817 年,大卫·李嘉图在其《政治经济学及赋税原理》中论述了他的财政思想,完善了由亚当·斯密奠基的古典税收理论体系。在古典经济学派的财政理论中,始终贯穿着自由竞争和“看不见的手”自发调节经济的思想,不赞成乃至反对政府干预经济。

2. 凯恩斯主义学派

20 世纪 30 年代爆发的世界经济危机,显示出古典经济学派财政学理论及其政策取向的局限性,以政府干预为核心的凯恩斯主义经济学应运而生,也由此奠定了现代财政学理论的基石。此后许多经济学家对凯恩斯的经济理论做了发展,逐渐形成了凯恩斯主义学派。凯恩斯学派大致可以分为新古典综合学派和新剑桥学派。新古典综合学派继承了凯恩斯的理论与政策密切关联的传统,主张政府采取财政政策与货币政策“松紧搭配”的办法解决有效需求不足的问题。新剑桥学派以收入分配理论作为经济理论的核心和基础,强调国家应通过各种政策措施调节国民收入分配,实现收入“均等化”。

3. 新自由主义学派

新自由主义学派包括货币学派、供给学派、公共选择理论学派等。货币学派反对运用财政政策干预经济,主张实行“单一规则”的货币政策,以代替凯恩斯主义相机抉择的财政货币政策,对于“赤字财政”促进“充分就业”的主张持否定态度。供给学派主张大幅度降低公司所得税和个人所得税,反对赤字财政政策,主张削减政府支出。公共选择理论学派主张对政府的财政权力进行立宪限制,认为用公债弥补财政赤字是危险的,政府预算应通过税收来筹集,税收、财政支出的增长应与经济增长相适应。

(二)我国财政理论的发展

我国古代财政思想活跃,理论成果比较丰富。春秋时期的管仲提出了专卖、国有、官营、调节价格的财政政策,西汉时期的桑弘羊提出了均输、平准的财政政策,唐朝的杨炎、刘晏分别提出了量出为入、“理财常以养民为先”的财政原则,北宋的王安石提出了“因天下之力以生天下之财,取天下之财,以供天下之用”和“均节财用”的财政思想等。这些财政理论的提出,对于后世财政的实践和理论的发展产生了相当大的影响。

中华人民共和国成立初期，财政理论的主要来源是“货币关系论”，并在此基础上形成了“价值分配论”“国家资金运动论”。“货币关系论”认为财政是通过货币体现的价值分配关系，“价值分配论”认为财政是国家以价值形式对社会总产品进行的分配，“国家资金运动论”认为财政是国家对其所能掌握和运用的全部资金的使用。20世纪50年代末60年代初，“货币关系论”逐渐失去主流地位，“国家分配论”开始居主导地位。“国家分配论”认为财政是国家参与社会产品和国民收入分配的工具，体现的是以国家为主体的分配关系。20世纪80年代，受到西方财政理论的影响，出现了对“国家分配论”的争论，并形成了“共同需要论”“剩余产品分配论”等流派。“共同需要论”认为财政是国家为满足共同需要对社会剩余产品进行的分配活动，“剩余产品分配论”认为财政就是对剩余产品的分配活动。

20世纪90年代以来，随着社会主义市场经济体制的建立和完善，市场与政府的关系成为财政理论关注的重要问题，逐步形成了“公共财政论”。“公共财政论”界定了政府经济活动范围、财政的职能以及财政政策的目标、工具和运用，探讨了财政体制、政府预算、税收制度、财政支出制度等相关制度的改革。

第二节 政府与市场

一、市场效率

资源是指一切可被人类开发和利用的物质、能量与信息的总称，它广泛地存在于自然界和人类社会中，是一种自然存在物或能够给人类带来财富的资源。资源存在的形态既包括自然界的土地、矿藏、阳光、水、森林等自然资源，又包括由人的劳动能力和智力组成的人力资源，还包括由人类的社会活动生成的物品、资本、管理和信息等社会经济资源。相对于人的需要而言，资源总是处于稀缺状态。为了让有限的资源转换成更多、更好的产品和服务，提高人类的福利水平，社会成员必须高效率地利用或配置资源。

所谓资源配置是指在一定的空间和时期内，通过现有能力和手段，将分散的相关资源组织在一起，以保证某种经济和社会活动的进行。以农业生产活动为例，农民种植粮食，需具备土地、劳动力、种子、肥料、水、电资源，也需要货币资金和专业技术的支持。这些资源不是现成的，也不是农民家庭所能完全提供的。在市场经济条件下，他们需要到市场上购买种子、肥料、水、电，甚至要到市场上融资借贷和雇用劳动力，并根据生产规模和生产方式的变化将各种资源组合起来，将资源的潜在生产力转化为实际的生产力。例如，新疆是我国重要的棉花产地。近年来，每年都有来自河南、四川等地的采棉大军远赴新疆，帮助当地棉农完成棉花的采摘工作。如果没有这种大规模的劳动力季节性流动，新疆的棉花生产优势就无法发挥。同理，目前大量的农民工进入城市从事非农业劳动，也正是城市劳动力短缺的表现。没有这些劳动力的流动，仅凭城市的资金和技术，无法形成真正的生产力。

资源配置效率是资源配置所反映出来的结果，既包含时间因素，又包含效益和效果因素。它表明经济活动主体可以在多长时间内将所需资源组织起来，并做到降低资源耗费，收获更多产出成果，反映资源投资的成本与其所产生的收益之间的比例关系。资源配置效率高低的评价是通过同类资源在不同环境或时间内配置的结果进行比较确定的。同样的土地质量和面积，种植相同的农作物，投入同样的劳动力和生产资料，农民甲收获了比农民乙更高的产量，表明农民甲的资源配置效率高于农民乙。如果同样是这块土地，农民甲本年度收获的产量高于上一年，那么我们就说本年度的效率好于上一年度。

由于资源的稀缺性，资源配置就不仅仅是一个家庭或者一个企业内部的问题，它还会在不同的人和企业之间形成相应的影响。也就是说，当一部分资源被一个家庭或企业占有或支配之后，其他家庭或企业就要减少占有这种资源的量，甚至完全失去占有或支配这部分资源的机会。我们将这种现象称为资源配置过程的竞争。从经济学的意义上说，资源配置竞争对资源利用能力越强的经济主体越有利，资源配置效率和社会经济发展效率越高；对资源利用能力越弱的经济主体越不利，资源配置效率和社会经济发展效率越低。

将有限的资源配置到最有利的领域和支配主体上，是市场经济着力追求的目标。如果市场上所有生产者和消费者都从自身的利益和理性的行为方式出发，相互联系、相互作用，则能推动社会资源的配置达到最优状态。在这一状态下，整个经济都无法通过资源的重新配置在无损于其他社会成员利益的前提下，使其中一个或几个社会成员变得比以前更好。也就是说，社会资源在现有技术条件下已经没有改善的余地了。这就是经济学上所讲的“帕累托效率”或“帕累托最优”。

（一）帕累托最优

帕累托最优，又称帕累托效率，最早是由新福利经济学派重要代表人物、意大利经济学家维弗雷多·帕累托在1896年出版的《政治经济学讲义》一书中提出来的。帕累托最优是指资源配置达到了最佳状态：资源的任何重新配置都不可能使一部分人的境况变好而又不使其他人的境况变坏，或者说，任何人境况的改善必须以其他人的境况恶化为代价。在帕累托最优状态下，资源配置已经处于高效率状态，所获得的社会总效用或社会总福利已达到最大化。

（二）帕累托改进

帕累托改进是指资源的任何重新配置使一些人的境况改善而其他人的境况至少没有变坏。如果资源的重新配置使得所有社会成员的境况变好，或是至少一个社会成员的境况变好而其他社会成员的境况没有变坏，那么社会的总福利是增加的。

假定经济社会有A、B两个社会成员，个人境况取决于其消费的产品。如图1-1所示，横轴代表A的福利水平，纵轴代表B的福利水平，WW'代表福利边界，福利边界上的各点（如C、D、E点）是可以实现的最优组合，福利边界以外的点（如H点）是现有条件下无法达到的。如果资源配置使A、B的境况处于G点，资源配置是低效率的。通过资源的重新配置，可以从G点移到C点、D点、E点或是更接近D点的F点，都将实现帕累托改进。在C点，B的福利水平不受影响，提高了A的福利水平；在D点和F点，A、B的福利水平都提高了；在E点，A的福利水平不受影响，B的福利水平提高了。达到C、D、E三点后，无法再实现帕累托改进。当然，F点仍然是可以实现帕累托改进的点。

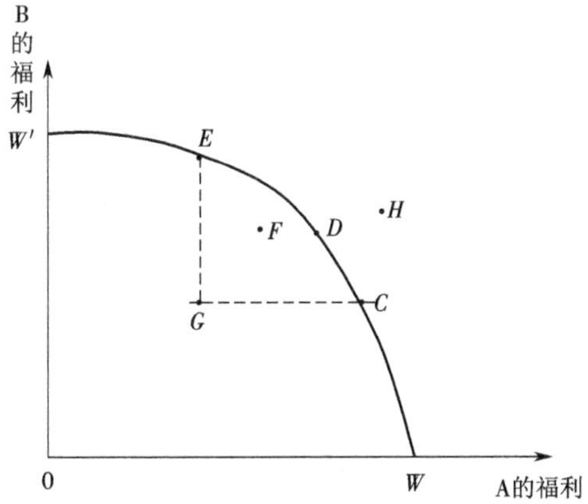

图 1-1　福利边界与帕累托最优

二、市场失灵

市场失灵是指通过市场配置资源不能实现资源的最优配置。市场失灵理论认为:完全竞争的市场结构是资源配置的最佳方式,但在现实经济中,完全竞争市场结构只是一种理论上的假设,理论上的假设前提条件过于苛刻,现实中是不可能全部满足的。由于外部效应、垄断、公共物品、信息不对称、收入分配不公和宏观经济失衡的存在,仅仅依靠价格机制来配置资源无法实现效率——帕累托最优,出现了市场失灵。

(一)外部效应

外部效应是指在市场活动中由于某个生产者或消费者对其他人的生产或消费产生了影响,却没有承担相应的额外成本或者得到额外收益,造成了私人边际成本与社会成本、私人边际收益与社会边际收益之间的非对称性。其有负效应和正效应之分。

1. 正外部效应

正外部效应是指一个经济主体的经济活动对其他经济主体产生了积极的影响,无偿为他人带来利益,表现为社会收益大于其私人收益,即"收益外溢"。例如,某一家庭在住房的周围建造花园。该花园不仅使主人享受到良好的美景,而且也可使邻居享受到幽雅环境对身心健康带来的益处。此外,养蜂人也能从中受益,无须付费就可使自己的蜂蜜产量得到提高。由于花园的主人没有从邻居家和养蜂人处获得相应的报酬,说明他的劳动发生了利益的外溢,即正的外部效应。

2. 负外部效应

负外部效应是指一个经济主体的经济活动对其他经济主体产生了消极影响,对他人施加了成本,表现为社会成本大于私人成本,即"成本外溢"。举例:吸烟者会迫使周围的人吸入二手烟,损害他人的身体健康。又如,开办在河流上游的化工企业或造纸企业,其对生产排出的废物、废水没有采取任何治理措施,而直接排放到河流中。此时,河流下游的企业、居民就无法使用清洁的水源。他们为了使自己的生产和生活不受影响,就需要投入资金清洁水源或者另外寻找新的水源。对于化工企业或造纸企业而言,他们的经济活动就发生了负的外部效应。负的外部效应意味着制造外部效应的个体单位将部分成本强加于他人。

3. 外部效应的经济影响

外部效应可以发生在生产者与生产者之间、生产者与消费者之间，也可以发生在消费者与消费者之间。外部效应的存在，与市场机制下的利益交换原则形成了矛盾。由此就会导致人们只愿意从事具有负外部效应的经济活动，而不愿意提供具有正外部效应的经济活动。经济学家对外部效应的最早理论研究可以追溯至马歇尔和庇古时期。庇古在其《福利经济学》一书中根据社会边际成本和私人边际成本的比较来说明这个问题。他指出，当社会边际成本大于私人边际成本时，将产生外部不经济，即负的外部效应，供给就会过多；相反，如果社会边际成本小于私人边际成本，则产生外部经济，即正的外部效应，供给就会不足。当存在外部效应时，即使是在完全竞争的市场经济中，价格也不会等于社会边际成本，所以不能达到资源的最优配置。

（1）正外部效应的资源配置效率

存在正外部效应的情况下，出现收益的外部化，经济主体经济活动的边际私人收益 MB_P 小于边际社会收益 MB_S。如图 1-2 所示，按照 $MC_P=MB_P$ 决策原则，公共物品的均衡产量为 Q_1。如果考虑正外部效应造成的边际外部收益 MB_E，经济主体经济活动的收益从边际私人收益 MB_P 转变为边际社会收益 MB_S，按照 $MC_S=MB_S$ 决策原则（私人边际成本 MC_P 与社会边际成本 MC_S 一致），均衡点为 E_2，产量由 Q_1 扩大为 Q_2。从社会角度看，经济主体的生产或消费的量应是 Q_2，但由于收益外溢而没有获得补偿，其生产或消费的量仅为 Q_1。存在正外部效应时，经济主体的经济活动偏离了帕累托最优，导致某种产品的消费或供给不足，从而产生社会福利的损失。

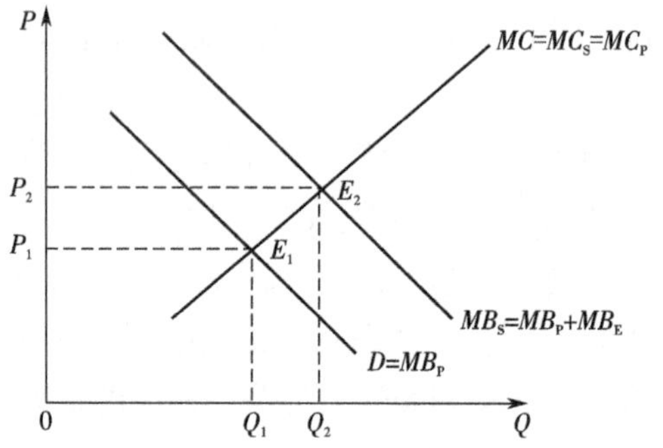

图 1-2 正外部效应的资源配置效率

（2）负外部效应的资源配置效率

存在负外部效应的情况下，经济主体经济活动的边际私人成本 MC_P 小于边际社会成本 MC_S。如图 1-3 所示，按照 $MC_P=MB_P$ 决策原则，公共物品的均衡产量为 Q_1。如果考虑负外部效应造成的边际外部成本 MC_E，经济主体经济活动的收益从边际私人成本 MC_P 转变为边际社会成本 MC_S，按照 $MC_S=MB_S$ 决策原则（私人边际收益 MB_P 与社会边际收益 MB_S 一致），均衡点为 E_2，产量由 Q_1 下降为 Q_2。从社会角度看，经济主体的生产或消费的量应只是 Q_2，经济主体不需要负担外部成本时，其生产或消费的量会扩大到 Q_1。存在负外部效应时，经济主体的经济活动偏离了帕累托最优，导致某种产品的消费或供给过度，从而产生社会福利的损失。

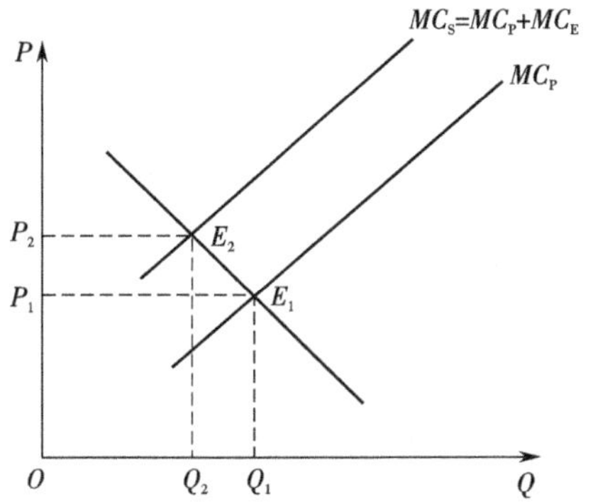

图 1-3　负外部效应的资源配置效率

4. 外部效应的矫正

（1）外部性内部化

将受利益影响的双方全部纳入利益框架内，将外部成本或收益内部化，矫正外部性所带来的效率损失。例如，果园的主人同时经营养蜂生意，外部收益就内部化了。只有在果园的规模足够大，所有的蜜蜂只能在这一个果园采蜜的情况下，这种机制才会奏效。

（2）产权交易——科斯定理

美国经济学家罗纳德·科斯认为，在某些条件下，经济的外部性或者说非效率可以通过当事人的谈判得到纠正，从而达到社会效益最大化。科斯定理是指只要财产权是明确的，并且交易成本为零或者很小，那么，无论在开始时将财产权赋予谁，交易双方总能通过协商谈判实现资源配置的帕累托最优。例如，一个农民在一块公共土地上种植小麦，而邻居家的马经常会闯进这块地偷吃小麦。由于是公共土地，农民无法让邻居向他赔偿损失，此时小麦的损失就是一种外部成本。假定农民拥有这块土地的产权，农民就小麦的损失向邻居索取赔偿，当小麦的损失变成了邻居的内部成本后，邻居自然会权衡管马的成本和向农民支付的赔偿费，二者相等时，小麦的损失程度就会降到有效的水平。反之，如果邻居拥有这块土地的产权，农民可以通过支付补偿费让邻居管好马，小麦损失得越少，农民得到的利润就越多。当支付的补偿费变成了农民的内部成本后，农民自然会权衡小麦的损失和向邻居支付的补偿费，二者相等时，小麦的损失程度也会达到有效的水平。

（3）税收

在存在生产的负外部效应时，如果政府对生产者课征相当于边际外部成本的税额，将生产者的私人边际成本提高到了与社会边际成本相一致的水平，由于对造成负外部效应的产品征税，提高了产品的成本和售价，将产量降到了社会边际收益和社会边际成本相等的水平，外部负效应的水平降到了可容忍的水平。英国经济学家庇古于 1932 年首先提出“庇古税”，是指对具有负外部性的产品，在效率产量水平上向污染者课征相当于边际外部成本的税收，使之变成污染者的内部成本。

(4)财政补贴

在存在生产的正外部效应时,如果政府对生产者给予相当于边际外部收益的财政补贴,将生产者的边际私人收益提高到与边际社会收益相一致的水平,由于对造成正外部效应的产品给予补贴,提高了生产者的边际收益水平,生产者将产量提高到了社会边际收益和社会边际成本相等的水平。例如,政府对有突出贡献的科技人员发放特殊补贴,政府以优惠价格向居民供应树苗,以鼓励居民在自己的庭院里植树。

(5)公共管制

公共管制是指政府部门依据法律法规,通过许可、禁止等行政手段,直接限制经济主体的经济行为。例如,为限制企业过量排污,政府可以规定排污标准或对企业的生产程序做出要求。

(二)垄断

市场机制的有效运行是以完全自由竞争为前提的,但现实的市场难以具备这种充分条件。社会化分工的发展导致产品的差异化程度不断扩大,市场准入、资本规模限制、专利技术控制、交易成本增加等因素阻碍了自由竞争,加之产业发展存在的规模收益递增或成本递减等情况,就会出现市场的垄断。在市场中处于竞争优势的市场主体依靠垄断地位索取高价,降低了资源配置效率,减少了社会福利。垄断会破坏市场机制的功能,限制竞争,扭曲市场价格,使资源配置偏离最有效率的状态。常见的垄断包括自然垄断和行政垄断。

1. 自然垄断

自然垄断是指某行业因为规模经济效应和沉淀成本过高所形成的垄断经营的市场格局,如电信、电力、邮政、铁路运输、自来水等行业凭借垄断特权制定高于均衡价格的价格,获得垄断利润。

2. 行政垄断

行政垄断是指行政主体或依法具有公共事务管理职能的组织通过行政权力对市场施加影响,排除或限制竞争所形成的垄断,如强制垄断交易、限定市场准入、限定交易行为、歧视性行政待遇等,这种垄断妨碍或限制了市场的竞争,不利于维持市场经济秩序。

(三)信息不对称

完全竞争市场的一个基本假定条件就是信息充分,但在现实的市场经济条件下,信息不对称的现象比较普遍。信息不对称,也称信息不充分,是指在市场经济活动中,各类人员对有关信息的了解是有差异的;掌握信息比较充分的人员,往往处于比较有利的地位,而信息贫乏的人员,则处于比较不利的地位。例如,在保险市场上,保险公司很难完全了解健康险投保人的健康状况,也很难完全了解车险投保人的驾驶技术,保险公司处于信息劣势地位。信息不对称容易引起道德风险和逆向选择,导致市场失灵。

1. 道德风险

道德风险是指在信息不对称的情形下,市场交易一方参与人不能观察另一方的行动或当观察(监督)成本太高时,一方行为的变化导致另一方的利益受到损害。该概念起源于海上保险,1963 年美国数理经济学家阿罗将此概念引入经济学中,指出道德风险是个体行为由于受到保险的保障而发生变化的倾向,是一种客观存在的,相对于逆向选择的事后机会主义行为，是交易的一方由于难以观测或监督另一方的行动而导致的风险。例如，在保险市场上，购买了家庭财产保险的投保人，往往会减少本身防范风险的努力，放松对财产的保护和看管，这种情况反而加大了家庭财产发生损失的概率。

2. 逆向选择

逆向选择是指市场交易中信息劣势的一方难以判断另一方所提供的产品质量，被迫做出反向选择，出现了劣质品驱逐优质品的现象。例如，在医疗保险市场上，身体状况欠佳者比身体健康者有更强的购买意愿。假定健康者每年的医疗费用为 500 元，身体欠佳者每年的医疗费用为 9500 元。保险公司难以准确区分这两类人，只能按照平均患病风险收取保险费 5000 元。此时，健康的人选择不投保，身体欠佳的人继续投保。为避免遭受损失，保险公司进一步提高保险费，结果患病风险较高的人继续投保，患病风险较低的人选择不投保。最终，由于逆向选择，保险市场留下的都是患病风险高的人。

（四）收入分配不公

在市场经济条件下，收入分配只能在既定的要素禀赋分配格局下进行，却无法改变初始的要素禀赋分配状况。由于财产所有权、社会地位、就业机会、市场竞争条件、劳动能力等的差异，加之每个人拥有的初始要素禀赋存在很大差异，市场竞争不会自动带来收入分配结果的均衡，必然会产生劳动收入、财产收入分配上的较大差异。例如，那些拥有较少资源禀赋、在市场竞争中处于不利地位的穷人、失业人员、残疾人等弱势群体，市场对其分配的结果肯定是不公平的，如果没有政府的收入分配调节，他们几乎难以维持基本的生活水平。

（五）宏观经济失衡

市场经济稳定运行的基本条件之一是保持总供给与总需求的平衡。但是，由于市场经济内部各种矛盾相互交织，不同经济主体的经济活动（如消费、储蓄、投资、生产等）及其决策总是分散进行的，总供给与总需求之间的关系总是在不平衡到平衡再到不平衡的关系中循环发展的。从 1929 年资本主义经济大危机开始，宏观经济失衡的各种最为明显的表现，即通货膨胀、高失业率以及周期性的经济萧条，一直伴随经济发展的进程，对各个市场经济国家形成了持续的压力。宏观经济失衡意味着社会经济资源配置中的损失和浪费。

（六）公共物品

公共物品，又称“集体物品”“公共产品”“公共货物”“共用品”“公共财货”等。1954 年，萨缪尔森在《经济学与统计学评论》上发表的《公共支出的纯理论》一文中首次赋予了公共物品严格的定义。在标准的经济学教科书中，萨缪尔森将公共物品定义为：将该商品的效用，扩展于他人的成本为零；无法排除他人参与共享。公共物品是指具有消费或使用上的非竞争性和受益上的非排他性的商品和服务。

1. 公共物品的基本特征

公共物品具有非竞争性、非排他性、效用非分割性和消费外部性等特征，最基本的特征是非竞争性和非排他性。

（1）消费的非竞争性

非竞争性是指消费者对公共物品的任何同时消费均不会影响其他消费者的消费，公共物品的消费增加时,成本并不会增加。例如,国防保护了所有公民,其费用以及每一个公民从中获得的好处不会因为多生一个小孩或多出国一个人而发生变化。非竞争性表现为:边际成本为零和边际拥护成本为零两个方面。边际生产成本为零是指增加新的消费者不需追加供给公共产品的生产成本,如增加一个电视观众并不会导致卫星发射成本的增加。边际拥挤成本为零是指每个人对这种产品的消费都不会导致其他人对该产品消费的减少,增加新的消费者不会造成对公共产品消费的拥挤现象。

(2)消费的非排他性

非排他性是指一个消费者对公共物品消费时并不能排除其他消费者对于该公共物品的消费,即任何社会成员不具有对公共物品的唯一享受权。当某些产品投入消费领域后,任何人都不能独占专用,而且要想将其他人排斥在该产品的消费之外,不允许他人享受该产品的利益是不可能的,所有者如果一定要这样办,则要付出高昂的费用,因而是不合算的,所以所有者不能阻止任何人享受这类产品。例如,海洋中的灯塔或航标,甲船使用并不排斥乙船同时使用。又如,环境保护中清除了空气、噪声等污染,为人们带来了新鲜空气和安静的环境,如果要排斥这一区域的某人享受新鲜空气和安静的环境是不可能的,在技术上讲具有非排他性。

(3)效用非分割性

效用非分割性是指公共物品向全体社会成员共同提供,具有共同受益或联合消费的特点。公共物品的消费只能在保持其完整性的前提下,由众多的消费者共同享受,而不能将其分割为可以计价的单位供市场销售。例如,交通警察给人们带来的安全利益是不可分割的。

(4)消费外部性

消费外部性是指一个公共物品的消费者在消费公共物品时可能对其他消费者产生一定有利或有害的影响。公共物品的正外部性容易造成“搭便车”行为,因为它无法排除未付费者对其免费使用。例如,一个国家的人一部分为国防交税,一部分不交税,那么不交税的人也能够享受到国家安全的保护,这对于交了钱的那部分人来说是不公平的,但是对不交钱的人却产生了正的外部效应。但是公共物品的提供也可能会给消费者产生负外部效应,例如,政府在某小区附近修建了地铁站,对于喜欢出行的人来说,会产生正的外部效应;对于不喜欢出行的人来说,地铁附近的客流会产生大量噪声,破坏安静的居住氛围,即产生了负的外部效应。

2. 私人物品、纯公共物品与准公共物品

1)私人物品

私人物品是指具有排他性和竞争性的物品。私人物品具有产权归属明确、效用可分割性、消费竞争性和受益排他性等特征。萨缪尔森认为“私人物品是像面包那样,其总量可以在两个以上的人之间进行分配的物品,如果一个人多吃一片就会有其他人少吃一片”。

2)纯公共物品

纯公共物品是完全具备非排他性和非竞争性的商品和服务。在现实生活中,纯公共物品屈指可数。典型的纯公共物品包括国防建设、公共安全、外交、政府政策、法律法规、环境

保护、基础科学研究、政府行政管理、公共卫生服务等。

3）准公共物品

准公共物品是指部分具有非竞争性或非排他性的物品。根据具有非竞争性和非排他性的强弱程度，将准公共物品分为俱乐部型公共物品和共同资源型公共物品。

a. 俱乐部型公共物品

俱乐部型公共物品是指在消费上具有非竞争性但又具有排他性的物品，通常也被称为排他性公共物品，主要包括公共图书馆、交通运输设施、供气设施、供电设施、通信设施、城市供水设施、保健服务设施、博物馆、公共桥梁及公共电影院等。以加密电视节目为例，一方面它具有非竞争性，一个人的消费并不减少另一个人的消费；另一方面它又具有排他性，只有为加密电视付费的人才能收看这种电视节目。使用这种物品的个人往往需要付费购买物品的使用权，未付费者会被排斥在外。

b. 共同资源型公共物品

共同资源型公共物品是指在消费上无排他性或排他性弱，但具有一定程度竞争性的物品。美国经济学家埃莉诺·奥斯特罗姆称这类物品为"公有池塘物品"。一般来说，公共牧场、公共花园、公共池塘、地下的石油、地下矿藏、江河湖海都属于共同资源型公共物品。这类物品在消费上无排他性或排他性弱，谁都可以自由地使用，但是自由使用所获得的资源就成了私人物品，此时的消费就具有竞争性。例如，公共池塘的水谁都可以用，抽水用于灌溉，但是抽出来的水的消费就具有竞争性。这类产品的私人消费容易产生负外部性，一般采用适当收费的方式加以限制，如资源使用费或资源使用税。

3. 公共物品的私人供给困境

公共物品不同于私人物品，市场机制通常不能引导个人显示其对公共物品的真实偏好，因而导致了公共物品供给的困难。

1）免费搭车问题

免费搭车，又称搭便车，是指消费者中的任何一人认为其他消费者的支付已完全能够供给所需的公共物品，从而隐藏自己的真实偏好，免费享受他人供给公共物品的好处。由于非排他性，效用的不可分割性强化了消费者免费搭车的心理，理性的消费者即使知道自己对于公共物品的真实需求，也不愿意说出自己的真实评价，导致公共物品需求偏好显示的困难。

2）囚徒困境

按照集体行动的逻辑，由于私人利益与集体利益的冲突，按私人利益行动的个人虽然都能获益于集体利益，但是每个人不愿为集体利益承担成本，都愿意免费搭车。如果所有的社会成员都成为免费搭车者，市场制度内不能有效提供任何公共物品，最后没有一个人能享受到公共物品的好处，从而出现公共物品供给的"囚徒困境"。

下面通过图 1-4 加以说明。假如某社区有 A、B 两个成员，社区内有条道路凹凸不平，每逢雨天时积水成洼难以通行。修路总成本为 8，修路后 A 的收益为 7，B 的收益为 6。如果联合修路，每家分摊的成本是 4，A 的净收益为 3，B 的净收益为 2。如果 A 修路 B 免费搭车，A 的净收益为 −1，B 的净收益为 6。如果 B 修路 A 免费搭车，A 的净收益为 7，B 的净收

益为 -2。如果 A、B 都不修路，两者的收益都为 0。显然，A、B 联合修路是收益最大化的选择，但是 A、B 都从自身利益最大化的角度出发，不修路的收益总是大于修路的收益，所以选择不修路总是最优策略。

选择	B 修路	B 不修路
A 修路	3，2	-1，6
B 修路	7，-2	0，0

图 1-4 免费搭车的囚徒困境

4. 政府对公共物品的供给范围

一般情况下，政府应供给的公共物品应包括以下几个方面。

（1）能够满足社会成员基本公共需求的典型公共物品，如国防、司法、公共安全、政府行政管理等受益范围广泛、公共性程度较高的纯公共物品。

（2）能够提高社会成员人力资本存量、改善收入分配状况及增加社会成员福利的增进福利型公共物品，如社会保障、医疗保健、公共卫生、基础教育、公共娱乐等。

（3）能够调节经济供求关系、稳定宏观经济、保障经济稳定增长、促进社会发展的具有广泛外在利益的公共物品，如基础设施、基础产业、战略产业、公共工程等。

（4）关系国计民生的、只适宜政府垄断供给的自然垄断类公共物品，如水、电、天然气等。

（5）促进经济、社会可持续发展的公共物品，如公共绿化、生态环境建设和保护、江河治理等。

三、政府的经济作用

政府早在市场经济确立以前就存在了，并在客观上一直扮演着推进社会发展的重要角色。但是，在强调依靠市场自发力量发展经济的历史时期，政府的经济作用被限制在最小的范围内，以至于我们可以将其暂时排除在经济运行系统之外。在没有政府参与的经济系统中，基本决策单位只有两个，即家庭（或个人）和企业（或厂商）。其中，家庭为了生存或其他方面的需要，必须消费一定数量的产品。这些产品可以是自身拥有的，也可以是他人生产的。当一个家庭需要消费他人生产的产品时，该家庭就成为一个购买者。为了实现购买他人产品的目的，该家庭需要向市场提供自身所拥有的资源，以换取购买产品时所需要支付的费用。经济系统中的另一个决策单位是企业。企业是将资源投入转换为产出的经济单位，通常又称为厂商或生产者。企业都是以取得利润为目的，从事自己的生产经营活动的，并通过市场交换，为满足家庭消费的需要提供服务。由此，家庭和企业就以市场为媒体，在经济上形成了双方之间的联系。

在商品市场中，家庭和企业之间存在两个方面的联系。一方面，家庭作为消费者，向企业购买商品，付出应该支付的费用；企业则生产并向家庭提供商品，获得商品的销售收入。另一方面，企业利用家庭支付的费用购买各种生产要素来实现生产过程，而家庭则需要向企业出卖他们所拥有的生产要素来获取货币收入。

当人们注意到政府作为一个决策单位,在经济运行中扮演着重要角色时,原来的二元经济系统就扩展成三元经济系统,如图 1-5 所示。政府作为经济运行的一元介入经济生活后,原有的经济运行秩序进行了新的整合。此时,三个决策单位之间的联系如下。首先,家庭不仅通过提供生产要素从企业获得收入,而且还从政府的转移性支出中获得了补贴等收入;同时,家庭获得的收入除支付商品的购买费用外,还有一部分必须向政府纳税。其次,企业不仅向家庭,而且也向政府提供商品,取得销售收入;同时,它需要向家庭提供要素的购买费用,并向政府纳税。最后,政府一方面以税收等方式从家庭和企业取得收入,另一方面又通过购买商品、提供公共产品及转移性支出等方式,运用已取得的收入。

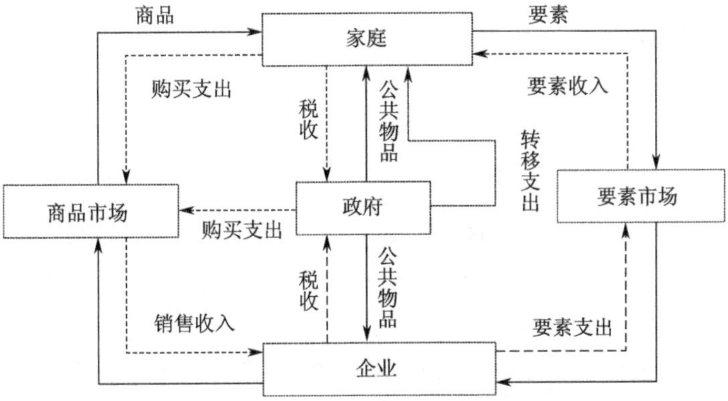

图 1-5　家庭、企业和政府运行示意图

现代三元决策单位组成的经济运行系统表明,政府存在的意义已经超越了人类对其开始创造时进行的设定。作为社会公共利益的代表,政府所能活动的范围不再仅仅限于维护国家安全和社会秩序,还充当"守夜人"的角色。随着所从事的公共事务活动范围的扩展,政府经济方面的作用不断增强,已经成为经济发展不可或缺的一元。

(一)内在地融入并影响现代经济的运行过程

从这一层面来考虑,政府的经济作用体现在以下两个方面。

首先是对资源利用与社会财富增长的影响。如果说,社会的经济活动就是对经济资源的利用过程,那么作为现代经济运行体系的一个组成部分,政府同样参与了资源的利用并生产出相应的产品——政府公共服务。政府对资源的占有量是经济资源总量的一部分,在资源有限的前提下,政府与民间主体对资源的利用就存在着此消彼长的关系。因此,必须审慎地权衡政府对资源的占有率,并对其资源的利用过程实施有效监督,以防止对民间主体占有资源份额的挤出,产生低效或无效利用情况的发生。同时,政府所提供的公共服务,是政府部门的工作人员提供的劳动成果,无论在统计上如何核算,它们都在事实上增加了社会财富规模,为增加社会成员的消费、提高社会福利水平带来了实际的利益。如教育产品的提供不仅有利于提高全社会的精神文明水平,而且也直接提高了劳动者的科学技术素养和劳动技能,进而提高了劳动者个人的劳动能力和企业的劳动生产率。再如,交通道路等基础设施的建设,一方面增加了社会固定资产的价值总量,另一方面又带来了居民个人出行的便利和企业运输成本的降低。可见,政府融入经济运行过程之后,原有的资源利用模式使社会财富的创造源泉都有了新的变化。

其次是对市场价格机制的影响。政府对资源的占有过程和向社会提供公共产品的过程,并不像民间经济主体一样,单纯地按照市场交换原则通过完全的买卖关系实现,而是在交换关系和分配关系并存的基础上,来完成整个经济行为的实施过程。其中,政府以税收方式占有货币形式的资源,是一种依托于政治权力形成的分配关系,继而通过市场购买所需要的物质资源和劳动力,这是一种市场交换关系;在提供公共产品的供给环节上,基本上采取的是无偿形式。在这样的经济运行方式下,政府在要素市场上的购买过程,会直接影响到市场价格水平的变化;而征税的过程和提供公共产品的过程虽然看起来与市场价格无关,但实际上由于税收会作用于价格,无偿提供公共产品也会使市场上一部分商品受到替代效应的影响,从而使其价格关系发生变化。

总之,政府进入经济运行系统后,就必须注意政府对市场关系格局的重塑所拥有的能力。

(二)为经济运行提供国家权力干预

政府对经济发展的作用,与民间经济主体有一个显著的区别,即它并非一个单纯的经济主体,而是一个握有政治权力的公共利益代言人。从一定意义上讲,经济活动只是其政治活动的副产品。但是,这样的一种定位并不能否定政府对于经济发展的重要作用。因为随着社会经济生活的复杂化程度不断提高,越来越多的经济问题在经济运行系统内部无法得到自行解决。例如,市场秩序的规范化问题。市场经济以经济利益联结各个经济主体之间的关系。这并不意味着为追求自身经济利益就可以损害他人利益,市场经济要求有序运行。为了促进市场秩序的规范化,不同的经济主体可以通过行业或利益团体组成自己的组织,以便既约束内部当事人的经济行为,又制约相关当事人的经济行为。但是,这并不能保证完全消除有碍市场秩序的所有因素。如垄断的存在,由于垄断者已经具有了以经济实力为基础的不平等地位,因此在具有支配市场、控制价格的能力之后,往往依靠维持垄断价格而不是依靠提高经济效率来实现自己的利润目标。又由于被垄断的商品市场缺乏弹性,消费者在与生产者的关系中必然处于弱势地位。为此,就需要由政府出面对垄断行为进行必要的干预,促进市场竞争。又如,发展对外贸易关系问题。从市场经济内在的要求看,国际贸易应该像国内贸易一样,完全不受限制地在国与国之间进行。但事实上,在国家利益至上的今天,自由贸易与贸易保护主义总是并存的。要消除国际贸易壁垒,只靠各国的民间经济主体的努力是远远不够的。国际经济一体化的发展进程表明,只有通过国家间的相互合作,在平等互利的基础上达成具有法律权威的国家贸易协议,才能将贸易保护主义控制在最小的范围内。

可见,政府利用国家权力对经济发展提供支持作用,就是通过政府手中的行政手段和法律手段,来保护正常的市场经济环境,处理经济手段所无法解决的问题。

(三)对经济运行实施宏观调控

如果说依靠国家权力干预经济发展利用的是行政手段和法律手段,那么宏观调控利用的就是经济手段,如财政政策手段、货币政策手段、投资政策手段等。这些手段体现的主要是国家经济实力，而不是国家权力。政府利用这些手段的途径是通过经济利益的诱导来间接改变微观经济主体的行为，并促使微观经济主体决策与政府宏观决策保持协调的关系。同时这些手段可以与其他手段结合一道发挥作用，如借助于政府的经济活动，在经济衰退时扩大财政投入，兴建基础设施等公共工程，增加政府在市场上的采购规模；或者在利用行政法规控制自然垄断行业价格水平的同时，政府再拿出一定数量的财政资金对有关企业给予补贴支持等；也可以是单独运用，如扩大社会保障支出以提高低收入者的消费能力，增加对弱势产业的财政补贴以实现产业结构的优化等。比较而言，政府的宏观调控作用效果比国家权力干预效果温和得多，留给微观经济主体决策的空间更大。例如，政府向低收入者提供的社会保障支出，会在什么时间形成购买力，形成多大的购买力，主动权并不掌握在政府手里；中央银行降低利率，是否会提高企业投资的积极性，也由企业自己来决定。这种作用方式显然更加符合市场经济的内在要求。

四、政府失灵

20 世纪 70 年代后，各国政府对经济活动的干预产生了一系列社会问题，引发了人们对政府失灵问题的关注。政府失灵是一个和市场经济本身紧密联系的概念，是指政府作为弥补市场失灵和缺陷的手段时，不能实现预期的社会和经济目标或给社会带来额外的福利损失。政府失灵和市场失灵相对应。政府失灵是一种客观存在，不管过去、现在还是将来，无论是发达国家还是发展中国家，都不同程度地存在着政府干预失灵这种现象，产生的原因和表现如下。

（一）政府提供信息不充分

政府应提供如经济形势判断、气象预报、自然灾害预测等多方面的信息，因为这些都是引导经济运行的重要信息，一旦失误，都会带来不可挽回的巨大损失。如果政府不能准确及时地了解广大人民的愿望，或误解了人们的行为，其提供的信息就可能不及时、不充分甚至失真。

（二）错误的政府决策

政府决策失误往往会造成难以挽回的巨大损失，大的方面包括发展战略和经济政策失误，小的方面包括一个投资项目的选择或准公共物品提供方式的选择不当等。比如，提供居民出行的城市交通是地方政府的一项重要职责，可以有许多种决策方案（虽然公共交通属于标准的公共物品，可以由政府通过招标的方式兴办，也可以由企业兴办），是提倡私人飙车还是发展公共交通，哪一种方式更有利于缓解交通拥挤和方便居民；发展公共交通，是建设地铁还是建设地上轻轨，如何决策才能达到效益的最大化；是由政府包办还是吸引企业参与等。这些不仅仅是决策问题，更是效率问题。

（三）政府职能的“越位”和“缺位”

明确政府与市场的关系是经济体制转轨的一个核心问题，规范政府经济行为，转变政府经济职能，其中包括转变财政职能。我们知道，政府干预是为了弥补市场失灵，而政府干预失灵，是指政府干预不但不能弥补市场失灵，反而加重了市场失灵，进而损害了市场效率。政府职能的“越位”，是指本应当通过市场机制解决的事情，政府却通过财政手段强行人为地参与,如政府代替了市场职能,而热衷于竞争性生产领域的某项投资。政府职能的"缺位",是指应该由政府通过财政手段办的事情而财政没有办或者没有办好,如公共设施、义务教育、公共卫生、公共服务的投入不足等,这些都是政府干预失灵或财政失职的表现。当然,政府职能和财政职能的规范和转变,要靠经济体制和政治体制整体改革的逐步到位来实现,需要一个相当长的过程。

(四)寻租行为

寻租的根源是政府。寻租是指人们凭借政府保护而进行的寻求财富转移的活动,包括旨在通过引入政府干预或者终止政府干预而获利的活动。寻租从根本上是与劳动和公平原则相违背的,也是对公共资源的侵害和浪费。它的主要特征是不经过相应的生产劳动而将社会公众财富转移到一部分人手中。在市场经济特征下,几乎不可避免地会产生由于滥用权力而发生的寻租行为。

"政府应做的,就是财政要干的",这并不是说政府可以为所欲为。政府应该做和政府可能做的,除了取决于政府的自身性质和一定的社会生产力水平外,还受政府与市场作用范围的制约。实际上,要想明确政府应该干什么,不该干什么,就需要严格办公室政府与市场的责任范围。概括来说遵循以下基本原则:第一,从责任范围上看,政府所干预的活动的界限应在市场失灵领域内,而市场机制的调节应在政府失灵的领域;第二,从作用的层次上看,政府活动主要在宏观经济层面上,而市场经济主要在微观经济层面上;第三,从公平与效率准则的实现上,政府主要致力于社会公平,市场主要致力于社会效率提高。

具体来说,政府必须向社会提供个人或私人企业不愿或不可能提供的公共服务;必须承担起保护自然资源的责任;必须向社会提供诸如公共教育等个人或私人企业所承受不了而社会效益往往大于个人利益的公共服务;必须提供或者帮助提供那些市场正常运行所必不可少的公共服务,如食物和药品等商品的质量管理;必须对那些与公共利益密切相关且具有垄断性的企业加以适当的调节,以确保公众利益不受侵犯;必须负责生产那些私人企业不能生产的或不能以同等效率生产的公共产品,如邮政;必须将核武器与原子弹等有关国家安全的产品生产置于自己的控制之下;必须运用税收减免、优惠贷款与补贴等直接或间接的经济手段,来促进那些社会需要的新企业的成长与发展;应当承担起社会保障、制定最低工资法以及消除企业间竞争过度等职能,保证每个公民最低限度的生活标准,使他们免除经济生活中那些不合理的或不必要的风险;必须采取反垄断法等措施,以限制社会经济权力在个人手中的集中和产业的垄断;必须从人道主义立场出发,为社会提供医疗保健方面的服务;必须运用主观的财政与货币政策来保证国民经济的充分就业;应该积极发展与其他国家的经济关系;应该采取各种手段和措施对付来自他国的武力威胁与军事侵略;必须建立全国安全网,以防范国家经济风险和外来金融冲击等。

第三节　财政的职能

一、资源配置职能

（一）资源配置职能的含义

财政的资源配置职能是指通过财政收支活动，对现有的社会资源的分配状况进行合理调配，最终促进社会资源的优化配置。资源配置职能可以从两个层面来理解。第一，从微观层次上看财政资源配置职能是指对市场提供过度的商品和服务进行调整，而对市场提供不足的商品和服务进行补充，以实现社会资源的有效配置。第二，从宏观层次上看财政资源配置职能是指改变公共部门与私人部门之间的资源配置状况。可见，在市场经济中，财政既是分配者，又是全社会资源配置的调节者。

（二）资源配置职能的目标

世界上所有国家都将高效地配置资源作为头等重要的经济问题，而资源配置的核心是效率问题，效率问题又是资源的使用方式和使用结构问题。经济学中，关于资源配置效率含义最严谨的解释，也是最常使用的解释是“帕累托效率”准则，是指社会资源的配置已经达到这样一种状态，即任何重新调整都不可能在不使其他任何人境况变坏的情况下而使任何一个人的境况更好，那么，这种资源配置的状况是最佳的，也就是具有效率的。如果达不到这种状态，即可以通过资源配置的重新调整而使某人的境况变好，而同时又不使其他人的境况变坏，那就说明资源的配置状况不是最佳的，也是缺乏效率的。当然，“帕累托效率”准则只是一个理想的状态，现实中难以实现。

在市场经济体制下，市场在资源配置中起基础性作用，在具备充分竞争条件下的市场，会通过价格与产量的均衡自发地形成一种资源配置最佳状态。但由于存在市场失灵，市场自发形成的配置不可能实现最优的效率状态，因而需要政府的介入和干预。财政的配置职能是由政府介入或干预产生的，它的特点和作用是通过本身的收支活动为政府提供公共物品，提供经费和资金，引导资源的流向，弥补市场的失灵和缺陷，最终实现全社会资源配置的最优效率状态。因此，财政的资源配置职能要研究的问题主要是：资源配置效率用什么指标来表示，如何通过政府与市场的有效结合提高资源配置的总效率以及财政在配置资源中的特殊机制和手段。

（三）资源配置职能的内容

在市场失灵领域内，政府财政所承担的优化资源配置职能是为弥补市场在资源配置方面的缺陷而存在的，其基本前提和要求是尽可能不影响市场机制的有效性。其内容主要有以下几个方面。

1.将资源配置于无法按付费原则经由市场配置的政府各职能部门和事业单位

将资源配置于政府各职能部门和事业单位，以提供社会所需要的公共物品和公共服务，是财政优化资源配置职能的首要内容。由于所有的公共物品都不同程度地具有效用的不可分割性、消费的非竞争性和非排他性等特征，这一方面使其生产成本无法通过市场交易来回收，所以追求利润最大化的生产者不可能向社会提供公共物品；另一方面，理性的消费者都寄希望于别人付费购买公共物品，而自己“免费搭车”，因此，公共物品的生产和公共服务的提供是市场失灵的领域，其任务只能落到国家身上。财政的资源配置范围主要包括国防、外交、政府行政管理、社会治安安全、法律秩序、教育卫生等各项社会公益性事业、环境保护等。

2. 将资源配置于具有垄断或自然垄断倾向，不宜由市场配置的非竞争性行业和部门

在现实生活中，有一些产品和行业不具备有效竞争的条件，而存在规模效益递增的情况，这就使市场竞争本身产生垄断或自然垄断倾向。此外，有一些行业和产品天然存在竞争失效而应由国家直接控制的问题，上述垄断或自然垄断倾向符合市场追求利润最大化的法则，但又反过来抑制市场竞争，妨碍市场效率在更大范围内提高。可见，对这些产品和行业，市场存在资源配置无效或低效的缺陷，这种缺陷应该通过政府对资源进行直接配置或间接引导和干预来弥补。

3. 将资源配置于具有高风险且预期收益不确定，但对经济发展有带动作用的高新技术产业

高新技术产业如新材料、新能源、生物工程、海洋开发、宇宙飞船等是推动经济快速发展的先导性产业，它有投资大、研究与开发初期风险大、预期收益不确定等特点，因而是企业和个人无力或不愿投资的领域，这就要求政府承担起对这些行业的投资责任。

4. 将资源配置于投资大、建设周期长、私人部门无力投资的基础设施和部门

农业、原材料、交通运输、能源等行业是国民经济的基础性产业，其发展是整个国民经济发展的前提，但这些产业具有投资大、建设周期长、投资回报相对缓慢的特点，因此，其投资不可能完全经由市场形成，而必须借助于政府财政力量来实现。财政通过直接投资或给予补贴等方式将资源直接或间接地配置于基础设施和部门，可以协调基础设施与加工业之间的资源配置比例，进而提供资源配置的宏观效益。

（四）资源配置职能的机制与手段

1. 根据市场经济体制下政府的职能，确定财政收入占国内生产总值（GDP）的比例

通过对财政收入占 GDP 比例的调整，可调节社会资源在政府部门和非政府部门之间的配置，做到一方面要保证满足政府提供公共物品的需要，另一方面也要保证私人部门顺利发展的需要。我国在过去一段时间内，预算内的财政收支占 GDP 的比重、中央财政收入占全部财政收入的比重明显偏低，不能有效地保证理应由财政承担的重要投入，对引导社会资金的合理流动也缺乏力度，教育、公共卫生、环境保护、社会保障、科技进步、农业发展等方面的投入不足，财政在支持经济建设特别是结构性调整方面处于软弱无力的地位。这些都是财政资源配置职能弱化的表现。当前，我国财政收入占 GDP 的比重已由逐年下降转为逐年上升，但也要防止财政收入增长速度过快，财政收入占 GDP 的比重过高，以致影响市场在资源配置中的基础性作用。

2. 优化财政支出结构

我国国民经济和社会发展战略规划明确规定了当前对资源配置的要求：向农业、教育、社会保障、公共卫生和就业等经济社会发展的薄弱环节倾斜，向困难的地区和群体倾斜，向

科技创新和转变经济增长方式倾斜。着力支持就业和再就业，完善社会保障，促进构建和谐社会；着力推动自主创新，促进经济增长方式的转变；着力加大转移支付力度，促进区域协调发展；着力支持改革，完善社会主义市场经济体制；着力加大财政保障力度，加强政权建设。因此，优化财政支出结构，要求保证重点支出，压缩一般支出，提高资源配置的结构效率。

3. 合理安排政府投资规模、结构，保证国家重点建设

政府投资规模主要是指政府投资在社会总投资中所占的比重，它表明政府对社会总投资的调节力度。通过调整国家预算支出中的投资结构，达到合理配置资源的目的，这种作用对发展中国家具有至关重要的意义。过去一段时间内，我国预算内投资占全社会投资比重过低，公共设施和基础设施发展滞后对经济增长形成了“瓶颈”制约，直到实施积极的财政政策后才大有改观，今后仍然必须从财力上保证具有战略性的国家重大建设工程。

4. 合理运用财政政策，调节社会投资方向

通过财政投资、税收政策、国债和财政补贴等手段的运用，调节非政府部门的资源配置，特别是按照国家的发展战略和经济发展规划，引导社会资源在不同地区和不同部门之间的流动，鼓励和支持基础设施和重点项目的建设，带动和促进民间投资，吸引外资和对外贸易，从而提高社会总体的资源配置效率。

5. 提高财政资源配置本身的效率

对每项生产性投资的确定和考核都要进行成本—效益分析，对于公用建筑和国防工程之类的不能回收的投资项目，财政拨款应视为这种工程的成本，力求以最少的耗费实现工程的高质量，甚至作为财政收入主要形式的税收，也存在税收收入与税收成本的对比问题。我国近年来编制部门预算，实行政府采购制度，实施集中收付制度、“收支两条线”制度以及加强税收征管，都是提高财政资源配置本身效率的重大举措。

二、收入分配职能

（一）收入分配职能的含义

财政的收入分配职能是指政府在兼顾效率与公平的基础上，运用财政手段对不同经济主体的收入进行合理调节，实现收入分配的结构优化和公平，形成合理有序的收入分配格局。财政的收入分配职能有两层含义：一是指对社会产品和国民收入的分配，即集中组织收入，这是一般意义上的分配；二是指对已经完成的各种分配的结果所出现的偏差进行纠正、调整或再分配，以实现收入的公平分配。公平分配一般来说包括经济公平和社会公平两个方面。经济公平是指生产要素投入与生产要素收入应相对称，因为在经济活动中，收入和财富的分配取决于生产要素的投入以及这些生产要素的市场价格，等量的要素投入应获得等量的收入，这是市场经济的内在要求。但在市场经济条件下，由于每个分配主体所提供的生产要素的数量不同，质量也有差异，所拥有资源的稀缺程度也不同，再加上市场价格也可能存在偏差以及各种非竞争性因素的干扰，使得各分配主体获得的收入可能与其要素投入不相对称，存在一定的差距。当这种差距超出社会各阶层的接受程度时，就会导致社会不安定，经济也会受到影响。因此，就需要政府对收入进行调整和再分配，以达到社会公平。社会公平是指将收入差距维持在现阶段社会各阶层居民所能接受的合理范围内。

（二）收入分配职能的目标

在社会主义市场经济发展中，在完善按要素贡献参与分配的初次分配机制的同时，健全以税收、社会保障、转移支付为主要手段的再分配调节机制，实现居民收入增长，缩小收入分配差距，规范收入分配秩序，形成合理有序的收入分配格局。

（三）收入分配职能的内容

在市场经济条件下，财政之所以具有收入分配的职能，是由于市场机制的缺陷造成的收入和财富分配的不公平，其内容如下。

1. 调节个人之间的收入

在社会主义市场经济条件下，市场机制对个人收入的分配尽管能体现效率准则的要求，极大地调动劳动者的积极性，但却难以兼顾社会公平。由于人们所拥有的财产不同、劳动力不同，就业机会、竞争条件存在差异，市场分配的结果会形成投资者与劳动者之间、劳动者之间、就业者与失业者之间、有劳动能力者与无劳动能力者之间收入份额相差悬殊。这种差距不利于社会经济的稳步发展，又是市场机制本身所难以克服的，因而需要政府财政来协调，从而使对个人收入分配关系的协调成为财政调节收入分配职能的首要内容。

2. 调节部门及产业间的收入分配关系

现代市场经济是以社会分工为基础的专业化协作经济。各部门、各产业之间相互依存，客观上存在着一定的比例要求并相互牵制。但在现实生活中，由于各部门、各产业的特点不同，会引起其经营成本及利润的差距，有些产业和部门会因其所具有的投入小、产出多的客观优势而从市场分配中获取较多的收入；有些产业和部门则会由于其天然存在的投入大、见效慢等特点而出现要素投入与所获报酬不对称的情况。按照市场法则，资源将流入收益率较高的部门和产业，进而破坏部门或产业间客观存在的比例关系。为了促进国民经济按比例健康发展，必须调节各部门和各产业的利润水平。

3. 调节地区间的收入分配关系

地区间的均衡发展是经济发展和社会进步的重要标志。在市场经济条件下，按照要素投入与要素报酬对等的原则，经济条件不同的地区之间会形成收入分配不均等的情况，进而导致居住在不同地区的社会成员所享受的个人福利和社会福利悬殊，使生产要素流向收入高的地区，加剧地区间经济和社会发展的差距。这种差距的存在不符合资源优化配置、社会共同进步、人类福利普遍提高的要求。而对缩小差距的要求，市场又难以满足，因此必须借助政府的力量，通过财政的调节收入分配的职能来实现。

4. 调节企业利润水平

企业的税收负担要适度。应使政府税收既满足国家行使职能的财力需要，又要使企业有自我发展、自我积累和自我改造的能力。企业的利润水平要能反映企业的经营管理水平和主观能力状况。

（四）收入分配职能的机制与手段

在市场经济条件下，财政实现收入分配职能的机制和手段具体表现在以下几个方面。

1. 划分市场分配与财政分配的界限

政府和市场都要各负其责，属于市场分配的范围主要包括企业职工工资、企业利润、租金收入、财产收入、股息收入等。对此，财政不宜直接介入，更不能替代。属于财政分配的范围主要包括两个方面：一是规范工资制度，即对由国家预算拨款的公务员的工资制度以及相似的事业单位职工的工资制度进行规范，使公务员以及由国家预算拨款的事业单位职工的工资标准按照国家经济发展状况并参照企业职工的平均工资水平来确定，各种工资性收入都应纳入工资总额，取消各种明补和暗补以及实物工资，提高工资的透明度，实现个人消费品的商品化。二是对医疗保健、社会福利等社会保障资金，财政应履行集中分配的职责，通过各种转移支付形式，使每个社会成员都能享受同等的待遇，实现社会化。属于财政分配职能范围的，财政应尽力做到公平分配。

2. 加强税收调节

税收是对全社会各种收入进行强制性调节的分配形式，是财政实现收入分配与再分配的最常用的手段。通过间接税（如增值税），可以调节各类商品的相对价格，从而调节各经济主体的要素分配；通过企业所得税，可以调节公司的利润水平；通过个人所得税，可以调节个人的劳动收入和非劳动收入，使之维持在一个合理的差距范围内；通过资源税，可以调节由于资源条件和地理条件而形成的级差收入；通过遗产税、赠予税，可以调节个人财产分布，等等。

3. 规范工资制度

这里是指由国家预算拨款的政府机关公务员的工资制度和视同政府机关的事业单位职工的工资制度。凡应纳入工资范围的收入都应纳入工资总额，取消各种明补和暗补，提高工资的透明度；实现个人收入分配的货币化和商品化；适当提高工资水平，建立以工资收入为主、工资外收入为辅的收入分配制度。

4. 扩大转移性支付

转移性支付包括各种专项拨款、补贴和社会保障支出，将资金直接分配给特定的地区、单位和个人，通过提高低收入者的收入水平来改变收入分配不公的程度。这样做，可以使每个社会成员都能维持起码的生活水平和福利水平，体现社会公平。

三、经济稳定和发展职能

（一）经济稳定和发展职能的含义

经济稳定是指宏观经济处于相对稳定的运行状态，主要表现为经济适度增长、充分就业、物价稳定和国际收支平衡。经济发展是指国民经济的可持续增长状态，主要表现为经济总量产出的增长、经济结构的优化、经济质量的不断提高、人们生活品质和福利水平的改善。财政的经济稳定和发展职能是指根据经济运行状况实施特定的财政政策，熨平经济波动，保障经济稳定和实现经济可持续发展。

（二）经济稳定和发展职能的目标

在市场经济条件下，财政之所以能稳定经济并使之适度发展，也是因为市场存在缺陷，不能自动调节并稳定经济。市场机制在稳定经济并使之适度增长方面起着基础性作用，市场能够在一定程度、范围、对象、内容方面调节和稳定经济。由于市场经济活动具有周期性，往往会出现经济波动，会使供给和需求总水平稳定，而市场竞争又可能受外部干扰。财政的职能目标是保持劳动力的充分就业、物力资源的充分利用以及稳定的物价和有利的国际收支平衡，尤其是适度的经济增长。

（三）经济稳定和发展职能的内容

1. 调节社会总供求的总量平衡

经济稳定增长的关键在于社会总供给与总需求的平衡。如果社会总需求大于社会总供给，国民经济处于需求过热的状态，可以采用紧缩性财政政策，减少政府转移性支出和采购性支出，提高税率和扩大征税范围，抑制经济社会总需求的过快增长，防止通货膨胀的发生。如果社会总需求小于社会总供给，国民经济处于需求不足的状态，可以采用扩张性财政政策，增加政府转移性支出和采购性支出，降低税率或实施结构性减税政策，刺激经济社会总需求的增长，防止经济衰退。

2. 调节社会总供求的结构平衡

经济运行中往往会出现结构失衡的情况，如消费需求不足，社会固定资产投资需求膨胀，但对基础设施和基础产业的投资相对不足；进口需求增长较快，而出口需求不足；政府投资需求相对活跃，而民间投资动力不足；在投资需求和消费需求都膨胀的情况下，非生产性的投资需求的增长快于生产性投资的增长，而生产性投资中基础产业、新兴战略产业的投资相对不足。对于经济运行中出现的结构失衡问题，通过税收、财政补贴、政府投资等各种财政手段进行预调、微调。

（四）经济稳定和发展职能的机制和手段

1. 通过财政预算政策进行调节

经济稳定的目标集中体现为社会总供给和社会总需求的大体平衡。如果社会总供求保持平衡，物价水平就是基本稳定的，经济增长率也是适度的，而充分就业和国际收支平衡也就不难实现。财政政策是维系总供求大体平衡的重要手段。当总需求超过总供给时，财政可以实行紧缩政策，减少支出和增加税收或两者并举，一旦出现总需求小于总供给的情况，财政可以实行适度放松政策，增加支出和减少税收或两者并举，由此扩大总需求。在这个过程中，财政收支发生不平衡是可能的而且是允许的。针对不断变化的经济形势而灵活地变动支出和税收被称为“相机抉择”的财政政策。

2. 发挥财政“自动稳定器”的作用

在财政实践中还可以通过一种制度性安排发挥某种“自动稳定”作用，例如累进税制度、失业救济金制度，都明显具有这种作用。原则上说，当经济现象达到某标准就必须安排的收入和支出，均具有一定的“自动稳定”作用。当然，这种“自动稳定”的机制究竟有多大的作用尚存疑，更何况，在类似我国这样的发展中国家，这种机制本身就是欠缺的。

在收入方面，主要实行累进所得税制。在这种税制条件下，当经济过热出现通货膨胀时，企业和居民收入增加，适用税率相应提高，税收的增长幅度超过国民收入增长幅度，从而可以抑制经济过热；反之，当经济萧条时，企业和居民收入下降，适用税率相应降低，税收的降低幅度超过国民收入的降低幅度，从而可以刺激经济复苏。在财政支出方面，主要体现在转移性支出（社会保障、补贴、救济、福利支出等）的安排上，其效应正好同税收相配合。经济高涨时，失业人数减少，转移性支出下降，对经济起抑制作用；反之，经济萧条时，失业人数增加，转移性支出上升，对经济复苏起刺激作用。

3. 加强公共设施的投资力度

通过投资、补贴和税收等多方面安排，加快农业、能源、交通运输、邮电通信等公共设施的发展，消除经济增长中的“瓶颈”并支持第三产业的兴起，加快产业结构的转换，保证国民经济稳定与高速增长的最优结合。

4. 切实保证非生产性的社会的公共需要

为经济和社会发展提供安定的环境。提高治理污染、保护生态环境以及文教、卫生支出的增长速度；同时，完善社会福利和社会保障制度，使增长与发展相互促进、相互协调，避免出现某些发展中国家曾出现的“有增长而无发展”或“没有发展的增长”现象。

本章小结

1. 在帕累托最优状态下，资源配置已经处于高效率状态，所获得的社会总效用或社会总福利达到最大化。

2. 市场失灵是市场机制固有的缺陷，包括存在外部效应、垄断、无法有效提供公共物品、信息不对称、收入分配不公、宏观经济失衡。

3. 政府时刻充当着“公共物品供给者”和“市场经济行为调节者”两种角色，但是经济发展的实践表明政府对市场的干预是有限度的。

4. 公共物品是具有非竞争性和非排他性的产品或服务。公共物品消费具有非竞争性、非排他性、效用非分割性、消费外部性等特征，最基本的特征是非竞争性和非排他性。非排他性、效用非分割性导致公共物品的“免费搭车”问题，但是如果所有的社会成员都成为免费搭车者，公共物品的供给就会出现“囚徒困境”。

5. 存在外部效应时，经济主体的经济活动会偏离帕累托最优，负外部效应导致某种产品供给过度，正外部效应导致某种产品供给不足。消除外部效应的措施包括：外部性内部化、产权交易、税收、财政补贴、公共管制。

6. 在我国社会主义市场经济条件下，财政的职能可以概括为三个方面：资源配置职能、收入分配职能、经济稳定和发展职能。

思考与练习

1. 请你结合所学的财政理论知识，简要谈谈身边存在的财政现象。

2. 简述财政配置资源的机制及其效果。

3. 财政实现收入分配职能有哪些机制？

4. 财政如何实现经济的稳定职能？

5. 简述外部效应及其矫正。

6. 利用“囚徒困境”说明公共物品供给的困难。

7. 如何理解政府与市场的关系。

8. 什么是帕累托最优？简要叙述帕累托最优与帕累托改进的关系。

第二章　财政支出

教学要求

通过学习，学生应掌握财政支出规模的增长趋势、投资性支出的主要内容、社会保障制度、财政支出效益的评价方法；理解财政支出的内涵、财政支出规模扩张原因的理论解释；了解财政支出的分类、财政支出效益的含义与特点。

重点难点

本章的学习重点是财政支出规模的衡量指标；难点是财政支出规模扩张原因的理论解释、财政支出效益的评价方法。

第一节　财政支出概述

一、财政支出的内涵

财政支出又称公共财政支出，是国家依据法律、法规将筹集到的财政资金有计划地分配出去，用以满足社会公共需要，实现政府职能的一种供应资金的活动。

财政支出是与财政收入相对的财政行为，财政收入是从社会中获取财政资金的行为，是财政活动的第一阶段；财政支出涉及财政收入使用的方向和效率，是政府为实现其职能对财政资金进行的再分配，属于财政资金分配的第二阶段。国家集中的财政收入只有按照行政及社会事业计划、国民经济发展需要进行统筹安排运用，才能为国家完成各项职能提供财力的保证。财政支出的内涵如图 2-1 所示。

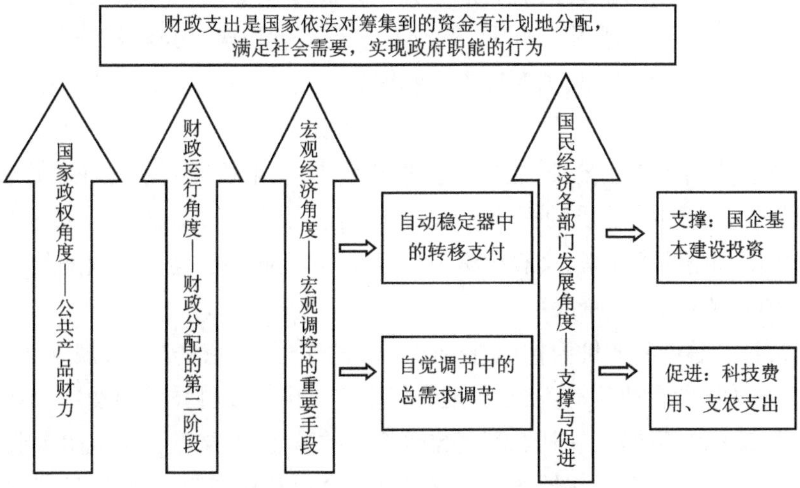

图 2-1　财政支出的内涵

财政支出是为政府财政满足公共需要，实现国家职能提供资金的经济活动。国家的职能体现为满足社会的公共需要，提供社会公共服务，维护社会的安定，促进经济协调发展。国家职能的实现离不开资金的铺垫，而这些资金的安排使用过程就是政府的财政支出活动。

财政支出是对筹集的财政资金进行合理安排使用的活动。财政收入与财政支出是整个财政活动的两个有密切联系的阶段，组织财政收入的目的是为了保证财政支出，为实现财政职能提供资金保证，而安排财政支出是将财政收入筹集的资金有效合理地安排使用，使之发挥应有的作用。离开财政支出，组织财政收入将会失去方向和意义。

财政支出是政府财政对宏观经济进行必要调控的经济活动。市场经济运行过程中不可避免地会出现各种偏差，进而导致市场失灵，市场效率下降，破坏经济发展。为了弥补市场失灵，促进市场协调高效运转，政府可以通过财政手段渗透经济发展的各个方面，对市场经济进行宏观调控。

二、财政支出的分类

财政支出分类是对财政支出进行类别和层次划分，以便能够全面、准确、清晰地反映财政支出活动的结构、规模和绩效。对财政支出进行分类，有助于科学分析政府对财政资金使用的情况，说明财政资金做了哪些事，政府是如何支出这些财政资金的。

（一）按支出用途分类

根据马克思主义经济理论，社会总产品反映社会在一定时期内的生产成果，在价值形态上由三部分组成，即生产过程中已经消耗掉的生产资料的价值（C）；物质生产部门的劳动者所创造的必要产品的价值（V）；物质生产部门的劳动者所创造的剩余产品的价值（M）。经过初次分配之后，社会总产品相应地转化为补偿基金、消费基金和积累基金。剩余产品并非都转化为积累基金，有一部分转化为社会消费基金，用于扩大再生产和提高人民的物质文化生活水平。

从最终使用状况来看，补偿基金并非全部用于补偿消耗掉的生产资料，因为在固定资产规模不断扩大的情况下，在全社会的固定资产折旧价值中，有一部分可以用于积累性的投资。消费基金也不会全部消费掉，有一部分会以储蓄的形式沉淀下来，用于新增投资。一般来说，积累基金都用于新增投资。可见，社会总产品经过初次分配和再分配之后，最终的使用在静态上形成了补偿性支出、消费性支出和积累性支出；在动态上形成了投资性支出和消费性支出。

我国的财政支出按用途分类，主要有基本建设支出、增拨国营企业流动资金、企业挖潜改造资金、科技三项费用、地质勘探费、工业交通商业等部门的事业费、支援农村生产支出、农林水利气象等部门的事业费、文教科学卫生事业费、抚恤和社会福利救济费、国防费、行政管理费、价格补贴支出共 13 个大项。

我们可按社会总产品的价值构成进行归类，其中企业挖潜改造资金属于补偿性支出；基本建设支出、增拨国营企业流动资金、支援农村生产支出以及科技三项费用、地质勘探费、工业交通商业等部门的事业费、农林水利气象等部门的事业费、文教科学卫生事业费等支出中增加固定资产的部分，属于积累性支出。抚恤和社会福利救济费、行政管理费、国防费、价格补贴支出以及科技三项费用、地质勘探费、工业交通商业等部门的事业费、农林水利气象等部门的事业费、文教科学卫生事业费等支出中非增加固定资产的部分，则属消费性支出。

（二）按费用类别分类

按费用类别分类，也就是按国家职能分类。一般来说，财政支出结构与政府职能存在着紧密的对应关系。如果将政府职能划分为两大类，即经济管理职能和社会管理职能，那么国家财政支出就形成了经济管理支出和社会管理支出，前者主要是经济建设费，后者包括社会文教费、国防费、行政管理费和其他支出。这样，按国家职能划分的国家财政支出分别为经济建设费、社会文教费、国防费、行政管理费和其他支出五大类。

经济建设费主要包括基本建设拨款、国营企业挖潜改造资金、科学技术三项费用（即新产品试制费、中间试验费、重要科学研究补助费）、简易建筑费、地质勘探费、增拨国营企业流动资金、支援农村生产支出、工交商等部门的事业费、城市维护费、国家物资储备支出、城镇青年就业经费等。社会文教费包括用于文化、教育、科学、卫生、出版、通信、广播、文物、体育、地震、海洋、计划生育等方面的经费、研究费和补助费等。国防费包括各种武器和军事设备支出、军事人员给养支出、有关军事的科研支出、对外军事援助支出、民兵建设事业费支出以及用于实行兵役制的公安、边防、武装警察部队和消防队伍的各种经费和防空经费等。行政管理费包括用于国家行政机关、事业单位、公安机关（包括国家安全机关）、司法机关、检察机关、外交机关（包括驻外机构）等方面的各种经费、业务费、干部培训费。

按国家职能对财政支出分类，能够明显地揭示出国家执行了哪些职能以及侧重于哪些职能。对一个国家的支出结构进行纵向分析，可以清楚地看出该国的国家职能发生了怎样的演变；对若干国家在同一时期的支出结构进行横向分析，可以比较各国国家职能的差异。

（三）按经济性质分类

在各种名目下安排的财政支出，虽然无一例外地表现为资金从政府手中流出，但不同的财政支出对国民经济的影响却存在着差异。通过按经济性质将财政支出划分为购买性支出和转移性支出，可以看出不同类型的支出对经济影响的领域差异。

购买性支出是指政府从个人和企业中购买原材料与土地、劳动力、资本的生产性服务并由政府直接使用的支出，又称消耗性支出。政府这种购买商品和服务的活动，包括购买进行日常政务活动所需的或用于国家投资所需的商品和服务的支出，前者如政府各部门的事业费，后者如政府各部门的投资拨款。这些支出的目的和用途虽然有所不同，但却有一个共同点，即财政一方面付出了资金，另一方面相应地获得了商品和服务，并运用这些商品和服务实现国家的职能。也就是说，在这样一些支出安排中，政府同其他经济主体一样，从事等价交换活动。它体现的是政府的市场性再分配活动。

转移性支出是指政府在公民之间再分配购买力的支出。政府的这种支出表现为资金无偿的、单方面的转移，主要有社会保障支出、财政补贴支出、捐赠支出和债务利息支出。这些支出的一个共同点是，政府不是为了交换商品和服务而支出。也就是说，财政付出了资金，却没有直接获得什么东西；或者说，转移性支出是接受者的一种收入来源，而接受者无须提供任何服务作为获得这种收入的交换。它体现的是政府的非市场性再分配活动，能使接受者自由地做出他们将消费什么东西或他们将如何组织生产的决策。

在财政支出总额中，购买性支出所占比重越大，政府配置资源的规模就越大，财政活动对生产和就业的直接影响就越大；反之，转移性支出所占比重越大，财政活动对收入分配的直接影响就越大。从财政职能角度来说，购买性支出比重大的支出结构表明财政的资源配置职能较强，转移性支出比重大的支出结构表明财政的收入分配职能较强。

（四）按政府层级分类

财政支出按政府层级分类是指财政支出按照国家政权的级次设置来划分，每个政权级次都有本级的财政支出范围。按政府层级对财政支出进行分类，可以准确反映各级政府在财政资源配置中的地位和相互关系。

美国作为联邦制国家，政权级次大体分为联邦政府、州政府和地方政府，与之对应的财政支出由联邦财政支出、州财政支出和地方财政支出三个级次构成。日本政权级次分为中央、都道府县和市町村三级，与之对应的财政支出由中央财政支出、都道府县财政支出和市町村财政支出组成。我国的政权级次分为中央、省（自治区、直辖市）、市（自治州、盟）、县（不设区的县级市、自治县、旗）和乡（镇）五级，与之对应的财政支出分为中央财政支出、省级财政支出、市级财政支出、县级财政支出和乡级财政支出五个级次。其中，省及省以下的财政支出统称地方财政支出。

（五）国际分类方法

在国际上，财政支出的分类并非完全一致。从现有的分类方法来看，大体上可以归为两大类：一类是用于经济分析目的的理论分类；另一类是用于编制国家预算的统计分类。

从理论分类来看，根据经济分析目的的不同，可按政府职能、支出目的、组织单位、支出受益等标准分类。例如，以支出的用途和去向为标准，财政支出可分为防务支出和民用支出两大类，前者包括与国防有关的支出；后者包括除防务支出以外所有的其他各项支出。这种分类方法的目的在于分析一国财政支出的军事化程度或民用化程度。上面所讲的按经济性质分类，也是种理论分类。

从统计核算角度来看，国际货币基金组织采取了职能分类法和经济分类法对财政支出进行分类（详见表 2-1）。财政支出按职能分类法分，包括一般公共服务支出，国防支出，公共秩序和安全支出，教育支出，保健支出，社会保障和福利支出，住房和社区生活设施支出，娱乐、文化和宗教事务支出，经济事务和服务支出以及无法归类的其他支出。财政支出按经济分类法分，包括经常性支出、资本性支出和净贷款。其中，国际货币基金组织的职能分类法与我国目前按费用类别分类法比较接近。

表 2-1　国际货币基金组织的财政支出分类

职能分类	经济分类
1. 一般公共服务 2. 国防 3. 公共秩序和安全 4. 教育 5. 保健 6. 社会保障和福利 7. 住房和社区生活设施 8. 娱乐、文化和宗教事务 9. 经济事务和服务 （1）燃料和能源 （2）农林牧渔业 （3）采矿和矿石资源业、制造业和建筑业 （4）交通和通信业 （5）其他经济事务和服务业 10. 其他支出	1. 经常性支出 （1）商品和服务支出 ①工资和薪金 ②雇主缴款商品和服务的购买 ③其他商品和服务的购买 （2）利息支付 （3）补贴和其他经常性转让 ①补贴 ②对下级政府的转让 ③对非营利机构和家庭的转让 ④国外转让 2. 资本性支出 （1）固定资本资产的购置 （2）存货购买 （3）土地和无形资产的购买 （4）资本转让 ①国内资本转让 ②国外资本转让 3. 净贷款

第二节　财政支出规模

财政支出作为社会总资源配置的有机组成部分，其支出总量占社会总资源配置的比重是否适当，不仅直接影响着政府职能的实现情况，更直接制约着社会资源配置的优化程度，关系到社会再生产能否持续高效发展。因此，财政支出的规模研究是财政支出研究的重要任务。

一、财政支出规模的含义与影响因素

（一）财政支出规模的含义

财政支出规模是指在一定时期（预算年度）内，政府通过财政渠道安排和使用财政资金的绝对额及相对比率，即财政支出的绝对量与相对量。财政支出规模反映了政府对国民（内）生产总值的实际占有规模和程度，体现了国家的职能和政府职责的活动范围，是研究和确定财政分配规模的重要指标。

从概念上讲，财政支出规模有预算支出规模和决算支出规模两种形式。预算支出规模是指在编制年度预算时根据支出的预算要素测算出的年度支出数；决算支出规模则是指预算年度内政府财政实际完成的支出总量。预算支出与决算支出往往是不完全相等的。

（二）影响财政支出规模的因素

在一定时期内财政支出规模的变动受多种因素影响，同当时的政治经济条件和国家的方针政策甚至国情都有密切的联系，概括起来主要有三个方面的因素。

1. 经济因素

制约财政支出规模最根本的因素是经济因素。这些经济因素主要是指一国的经济发展水平、经济体制的类型和政府干预政策等。经济发展水平对财政支出规模的影响表现在以下几个方面。

1）经济实力

一定时期内经济发展水平从根本上制约着国家财政所能聚集的财力规模，因而也就制约着财政支出的规模。由于财政收入是财政支出的前提和基础，因此一个国家在一定时期内经济发展水平越高，取得财政收入的数量越多，其财政支出的规模可能就越大。

2）经济发展

经济的发展必然促使其他社会事业如科教文卫、行政管理、国防、城市公用事业、社会保障等规模不断扩大，这些都要求财政安排相应数量的资金，财政支出规模也必然会随之膨胀。

3）经济体制

财政支出规模也会受到经济体制及与之相适应的分配体制的影响。同样实行市场经济体制的国家，如果其政府职能和财政活动范围比较宽，分配体制的集中度比较高，财政支出规模就比较大；相反，如果其政府职能的运用范围较小，参与再分配的能力有限，分配体制相对分散，其财政支出规模就比较小。

2. 政治因素

政治因素对财政支出规模的影响主要表现在以下几个方面。

1）国家的职能

财政是实现国家职能的分配手段，国家的职能决定了政府活动的范围，也决定了政府财政支出的范围和规模。随着生产社会化程度的提高，国家管理职能和宏观调控经济运行功能的不断加强及市场规模的不断扩大，财政支出的规模也会相应加大。

2）政局是否稳定

一旦一个国家出现政局不稳定、内乱或外事冲突等事件时，财政支出会大幅度增长。这种情况无论是在我国还是在世界上其他国家，都无一例外地被验证了。

3）政体结构的行政效率

一般来说，一个国家政体结构的行政效率越高，政府机构越精简，经费开支必然越少，相反，如果政府机构臃肿，就会导致人浮于事、效率低下，其经费开支也必然增多。

3. 社会因素

社会因素也会影响财政支出的规模，其中最突出的两个因素就是人口因素和国际环境因素。

1）人口因素

人口因素直接关系着财政支出的规模。如果维持原有的消费水平不变，财政支出的规模就会因人口增加而扩大。如果要提高消费水平，那么支出的规模将会更加膨胀。人口数量对财政支出规模的制约主要表现在以下三个方面。①人口总量的增长。人口总量增长要求政府财政相应增加用于社会生产、科教文卫、行政管理以及其他事业的支出。②适龄劳动人口的增加。这部分人口的增加要求财政增加劳动就业及再就业方面的支出。③老年人口的增加。这要求财政相应增加老年人生活设施的投资和赡养费用的支出，以改善社会生活质量。特别是我国这样的人口大国，又是发展中国家，人口对财政支出规模的影响更是不可忽视。

2）国际环境

国际环境包括国际经济环境和政治环境两个方面。全球经济一体化的发展进程有利于经济快速发展，当在一定范围内出现经济危机时，各国为维护国民经济的稳定发展，就需要有相应的财政政策和财政支出的扶持。同时，国际政治环境，特别是周边国家的环境，及其对国内政局的稳定和社会安定的影响，也是制约财政支出规模的重要因素之一。

3）政府的社会政策

对于社会福利高的国家来说，政府用于社会保障等方面的支出比重高，规模大；对于实行免费教育、免费医疗等社会政策的国家来说，其社会事业支出相应较多，财政支出总规模也会跟着扩大。

二、财政支出规模的衡量指标

衡量财政支出规模的指标分为绝对量指标、相对量指标两种。

（一）绝对量指标

绝对量指标是指以一国货币单位表示的财政年度内政府实际安排和使用的财政资金的数额。绝对量指标的作用有两个：第一，其是计算相对量指标的基础；第二，绝对量指标从时间序列加以对比，可以看出财政支出规模发展变化的趋势。

（二）相对量指标

相对量指标是指预算年度内财政支出数量的相对变化量，主要包括财政支出的经济负担率、财政支出增长率、财政支出增长边际倾向、财政支出增长的弹性系数等。

1. 财政支出的经济负担率

财政支出的经济负担率是指财政支出占国内生产总值（GDP）的比率，说明一定时期内GDP中可以由政府集中支配使用的份额。以 $G\%$ 代表财政支出的经济负担率，G_n 代表当年财政支出。财政支出的经济负担率的计算公式为：

$$G\%=G_n/GDP$$

2. 财政支出增长率

财政支出增长率主要是指当年财政支出比上年同期财政支出增长的百分比。以 $\Delta G(\%)$ 表示财政支出增长率，ΔG 代表当年财政支出比上年增加（减少）的数额，G_n 代表当年财政支出，G_{n-1} 代表上年同期财政支出，财政支出增长率的计算公式为：

$$\Delta G(\%)=\Delta G/G_{n-1}=(G_n-G_{n-1})/G_{n-1}$$

3. 财政支出增长边际倾向

财政支出增长边际倾向是指财政支出增加额占GDP增加额的比例，表明GDP每增加一个单位的同时财政支出增加多少。以 MG 表示财政支出增长边际倾向，计算公式为：

$MG=\Delta G/\Delta GDP$

4. 财政支出增长的弹性系数

财政支出增长的弹性系数是指财政支出增长率与 GDP 增长率的比例。以 Eg 表示财政支出增长弹性系数，ΔG 代表财政支出增加额，G_{n-1} 代表上年同期财政支出，ΔGDP 代表当年 GDP 比上年 GDP 的增加额，财政支出增长的弹性系数用公式可表示为：

$Eg=(\Delta G/G_{n-1})/(\Delta GDP/GDP_{n-1})$

$Eg>1$，说明 GDP 增长<财政支出增幅；

$Eg<1$，说明 GDP 增长>财政支出增幅；

$Eg=1$，说明 GDP 与财政支出同步增长。

三、财政支出规模发展变化的一般趋势

（一）政府活动扩张论

19 世纪 80 年代，德国经济学家瓦格纳考察了英国产业革命和当时的美、法、德、日等国的工业化状况之后，认为一国工业化经济的发展与本国财政支出之间存在着一种函数关系，即随着现代工业社会的发展，“对社会进步的政治压力”增大，以及在工业经营方面因“社会考虑”而要求增加政府支出，后人称之为“瓦格纳法则”。瓦格纳法则可以表述为：随着人均国民生产总值的提高，财政支出占 GNP 的比重相应提高。

瓦格纳认为，形成财政支出规模上升趋势的最基本的原因是工业化。从政治因素看，随着经济的工业化，不断扩张的市场与这些市场中的行为主体之间的关系更加复杂化。这需要建立司法体系和管理制度，以规范行为主体的社会经济活动。从经济因素看，政府对经济活动的干预以及从事的生产性活动也会随着经济的工业化而不断扩大。因为随着工业化经济的发展，不完全竞争市场结构更加突出，市场机制不可能完全有效地配置整个社会资源，需要政府对资源进行再配置，实现资源配置的高效率。另外，城市化以及高居住密度会导致外部性和拥挤现象，这些都需要政府出面进行干预和管制。最后，教育、娱乐、文化、保健以及福利服务的需求收入弹性较大，也就是说，随着人均收入的增加，人们对上述服务的需求增加得更快，要求政府为此增加支出。

（二）梯度渐进增长论

英国经济学家皮考克和威斯曼在 20 世纪 60 年代初对英国 1890 年以后的财政支出历史数据进行了经验分析，认为在正常年份财政支出呈现一种渐进的上升趋势，但当社会经历激变（如战争、经济大萧条或其他严重灾害）时，财政支出会急剧上升；当这种激变时期过后，财政支出水平将下降，但不会低于原来的趋势水平。这就是所谓的梯度渐进增长（见图 2-2）。因其理论实质上揭示了财政支出增长的两类原因，即内在因素和外在因素，故也称之为内外因素论。

财政支出增长的内在因素是指公民可以忍受的税收水平的提高。一般来说，政府的意愿是财政支出越多越好，这样可以使政府的权力不断扩大；而民众的意愿是税收负担越低越好。政府的征税水平一旦超过了公众的忍受限度，他们就会通过手中的选票行使否决权。因此，政府的财政支出水平在一定程度上受到税收水平的制约。但是，随着经济的发展和人

均收入水平的提高，即使税率保持不变，税收收入也会随之增加，从而使财政支出与 GNP 呈同步增长。

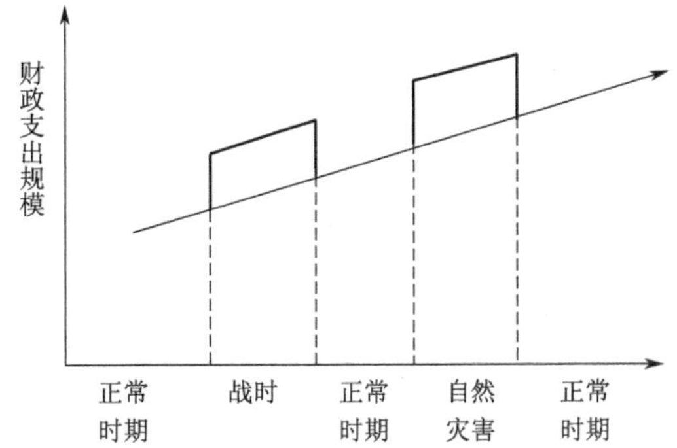

图 2-2　财政支出梯状发展趋势

财政支出增长的外在因素是指社会动荡对财政支出造成的压力。在危急时期，私人部门无法解决战争、饥荒、经济危机等所造成的种种社会经济问题，只有政府采取行动才能缓解这些灾难对社会、经济的消极影响。因此，此时的财政支出必然呈阶梯式上升。皮考克和威斯曼利用三个相互联系的概念即置换效应、审视效应以及集中效应，分析了非常时期的财政支出增长过程。

1. 置换效应

置换效应包括对以前财政支出水平的置换和对私人部门支出的置换。前者是指在危急时期，新的、较高水平的支出（税收）替代了以前的、较低水平的支出（税收）；而在危急时期过后，这种新的支出水平因公众的税收容忍程度提高而不会逆转；即使支出水平有所下降，也不会低于原来的趋势水平。后者是指在社会总资源的配置中，私人部门的份额因公共部门的份额增加而减少。也就是说，在危急时期，财政支出在一定程度上会取代私人支出，而且财政支出的增加呈阶梯状。

2. 审视效应

社会动荡暴露出许多社会问题，迫使政府和公众重新审视公共部门和私人部门各自的职责，同时我们意识到有些社会经济活动应当纳入政府的活动范围，公共部门需要提供一些新的公共物品。与此同时，随着公众觉悟水平的提高，可容忍的征税水平在危急时期过后明显增加。这样，公共部门规模的扩张、财政支出规模的增长趋势不可避免。

3. 集中效应

在非常时期，中央政府显然要集中较多的财力，甚至会发行大量国债以满足其猛增的需求。即使在正常时期，为了促进经济增长，中央政府的经济活动在整个公共部门的经济活动中所占比重也具有明显提高的倾向。

（三）马斯格雷夫和罗斯托的经济发展阶段增长理论

美国经济学家马斯格雷夫和罗斯托用经济发展阶段增长理论来解释财政支出增长的原因。

在经济发展的初期，公共基础设施对经济增长、社会进步有着巨大的促进作用。由于私人不愿投资,经济基础设施和社会基础设施往往供给不足而成为经济发展的瓶颈。政府需要加大经济基础设施和社会基础设施的投资力度,加速经济的"起飞"。在经济发展初期,政府所供给"公共物品"的范围比较广,不仅提供了公共性较强的物品,还提供了公共性较弱而具有外部经济效应的物品。

在经济发展的中期,公共基础设施日趋完善且供求趋于均衡,政府对基础设施的投资在社会总投资中的比重有所下降。不过,市场失灵问题的日益突出需要政府矫正和完善市场机制,加大对经济的干预。政府除了供给必要的自然垄断类公共产品外,主要供给旨在调节经济供求关系、稳定宏观经济、增加社会福利和涉及公共福利改善的公共物品,如宏观经济调控、基础产业和战略产业投资、社会保障、失业补助、医疗保健、转移支付、基础科学研究、污染治理等方面。

经济发展的成熟时期,由于市场经济发展程度很高、基础产业不断发展壮大、公共设施比较完备、私人资本规模不断扩大,经济基础设施领域的公共物品不再需要政府供给,一些"公共性"较典型的公共物品可能也不需要政府过多地介入供给了。但是这一时期政府供给的公共物品范围不仅没有缩小,反而扩大了,主要原因在于经济发展、收入水平提高导致公共物品需求的扩大。教育、保健、社会福利等支出逐渐增加,进一步推动财政支出增长。

(四)官僚行为增长论

威廉·尼斯坎南认为,官僚属于理性经济人,追求自身效用最大化,官僚的效用包括薪金、福利津贴、社会名望、权力、影响力等。由于这些效用大多与官僚机构的预算规模具有正相关关系,官僚对自身效用最大化的追求会转化为预算规模最大化的追求。

官僚在公共物品提供中不仅处于垄断地位,还具有信息优势。由于信息不对称,立法机构对公共物品提供的成本和收益缺乏足够的了解。在进行公共物品供给决策时,官僚凭借自身优势地位,可能人为地"制造"公共物品的需求,导致财政支出的扩大。

(五)鲍莫尔非均衡增长理论

美国经济学家威廉·鲍莫尔从公共部门与私人部门的平均劳动生产率的差异来解释财政支出增长的原因,形成了非均衡增长理论。

私人部门是一个技术密集型的进步部门,技术进步起着主导作用。由于技术进步,私人部门的劳动生产率迅速提高,进而导致该部门的工资水平上升。公共部门是一个劳动密集型的非进步部门,劳动起着主导作用。因缺少进步技术,公共部门的劳动生产率比私人部门的劳动生产率提高得慢。为提供足够的公共服务,公共部门的工资率与私人部门的工资率呈同方向等速度变动。此时,公共服务的单位成本上升,公共服务的相对价格上升,导致财政支出的增长。

四、财政支出规模变动趋势的实证分析

(一)经济发达国家财政支出规模的变动

在早期的资本主义经济中,财政支出总额及其占 GDP 的比重都是比较小的,那时,资本主义国家奉行经济自由主张,采取放任政策,对私人生活和私营企业的经营活动不加干预,国家的职能基本上限于所谓"维持社会秩序"和"保卫国家安全",在经济、文化、社会等方面

很少有所作为。随着资本主义基本矛盾的发展和激化,资本主义国家为了维持经济发展和克服日益频繁的经济危机,加强了对经济的干预。同时,为了防止社会动荡,不得不为公众提供基本的社会保障,由此导致财政支出日益膨胀。另外, GDP 的增长、筹措财政收入措施的加强以及增发公债作为弥补支出的手段成为可能,这也从财源方面支持了财政支出的不断增长。尤其从 20 世纪 50 年代之后,财政支出占 GDP 的比重也都超过了 30%,其中,欧盟 2014 年的财政支出为 6.7 万亿欧元,占 GDP 的 48.1%,如表 2-2 所示。

表 2-2 部分发达国家财政支出占国内生产总值的比重

%

年份	法国	德国	瑞典	英国	美国	意大利	荷兰
1880	15.00	10.00	6.00	10.00	8.00		
1929	19.00	31.00	8.00	24.00	10.00		
1960	35.00	32.00	31.00	32.00	28.00	29.00	31.00
1973	43.40	40.50		40.70	31.10	37.70	49.00
1980	45.20	46.20		41.70	32.70	46.50	57.70
1985	52.00	47.00	65.00	48.00	37.00		
1998	46.90	32.08	38.98	37.12		41.49	41.37
1999	46.07	32.07	38.00	36.43		40.45	40.46
2000	44.81	31.75	35.77	36.41		39.18	39.26
2001	45.01	31.44	36.81	37.19	19.86	39.91	39.68
2002	45.96	31.94	36.82	37.92	20.59	39.25	40.08
2003	46.37	32.47	37.15	39.85	21.21	39.52	41.12
2004	45.84	31.42	35.78	39.73	21.00	38.71	40.48
2005	45.98	31.53	36.17	40.51	21.29	39.35	39.86
2006	45.65	30.58	35.44	41.21	21.26	40.83	41.49
2012					32.63		
2013						50.60	
2014	57.20	43.90	53.00				

资料来源:宋凤轩,孙健夫,谷彦芳. 财政与税收 [M]. 北京:人民邮电出版社,2017

自 20 世纪 80 年代中后期开始,主要西方国家财政支出的绝对额依然继续增长,但占 GDP 的比重变化不大,有些国家甚至出现略有下降的局面。例如,德国财政支出比率由 1985 年的 47% 下降至 2014 年的 43.9%;变化最明显的当属瑞典,财政支出比重由历史最高值 65% 降至 53% 以下,等等。

尽管由于各经济发达国家的国情有所不同,其财政支出占 GDP 比重的高低以及变化情况也有所不同,但却明显存在一种共同趋势:随着人均 GDP 的增长而逐步上升。同时,历史数据也说明,财政支出占 GDP 的比重的上升不可能是无止境的,当经济发展到一定程度,则呈相对稳定的趋势,即稳定在一定的水平上,上下有所波动,目前经济发达国家已经达到这个阶段。

(二)发展中国家财政支出规模的发展变化

发展中国家在经济发展过程中,同样出现了财政支出增长的情况。发展中国家自第二次世界大战结束后,纷纷走上了经济独立的道路,为了能够早日赶上发达国家,解决本国贫困问题,政府大量参与经济方面的建设,从而使政府的财政支出规模迅速扩张。特别是20世纪80年代以来,这种财政支出增长的态势更加明显。尽管发展中国家的财政支出无论从绝对量还是从相对量来看都在增长,但与发达国家相比,发展中国家的支出增长主要集中在购买性支出方面,这与发达国家转移性支出增长更快是有区别的。

(三)中国财政支出规模的变动

1. 财政支出增长情况

我国自1978年改革开放以来,经济体制发生了巨大变化,从高度集中的计划经济转变到有计划的商品经济,继而走向社会主义市场经济。经济体制的改革充分调动了生产要素的积极性,生产效率不断提高,人均GDP大幅度增加。根据瓦格纳法则,随着经济不断增长和人均收入增加,财政支出占GDP的比重应不断提高。从中国改革开放40多年的情况来看,财政支出规模在不断扩张,财政支出增长率也较高。

2. 财政支出比率的变动

(1)从静态角度来看,虽然2014年我国财政预算支出达到151 785.6亿元,对我国社会经济发展起到了重要支持作用,但我国仍处于经济发展时期,需要建设大量的社会经济基础设施、完善各项民生事业。当前我国在经济发展过程中仍有许多阻碍经济快速发展的"瓶颈"部门。例如,交通、能源、通信等设施滞后于经济发展的需要,覆盖城乡的社会保障体系仍需要进一步完善,完善的就业服务机制还没有形成,这些都需要政府增加投入予以保障。

(2)从动态角度来看,财政支出增长率反映财政支出的同比变化趋势,从表2-3中我们可以看出2003—2017年我国财政支出增长率波动变化:2003—2007年我国财政支出增长率逐渐上升,2008年国际金融危机发生以后,财政支出增长迅速,尤其是2008年当年财政支出增长率达到25.7%,2010年略有下降,2011年又有所回升,而自2012年以来受到经济增长速度下降等因素的影响我国财政支出增长率明显下降。

财政支出增长弹性系数表示财政支出增长率与GDP增长率之比。表2-3中,2003年以来我国财政支出增长弹性系数均大于1,2008年、2009年、2011年、2015年该系数超过2,这表明在这期间政府的公共开支增加,财政支出增长速度快于GDP增长速度,在一定程度上可以解释我国对应期间出现了的财政赤字。

财政支出增长边际倾向表明财政支出增长额与GDP增长额之间的关系,其越接近于1,表明GDP每增加一个单位财政支出增加越多;其越接近于0,则表明GDP每增加一个单位财政支出增加越少。我国财政支出增长边际倾向基本稳定在0.15~0.30,除2009年为0.47,2015年为0.53(较高)以外,其余各年财政支出增长边际倾向均在0.15~0.35波动。

表 2-3　我国财政支出比率变化趋势

年份	财政支出增长率(%)	财政支出占 GDP 比重(%)	财政支出增长弹性系数	财政支出增长边际倾向
2003	11.8	18.10	1.18	0.17
2004	15.6	17.80	1.54	0.16
2005	19.1	18.30	1.69	0.22
2006	19.1	18.70	1.51	0.20
2007	23.2	18.70	1.63	0.19
2008	25.7	19.90	2.68	0.26
2009	21.9	22.40	2.38	0.47
2010	17.8	22.40	1.68	0.21
2011	21.6	23.10	2.27	0.26
2012	15.3	22.60	1.99	0.33
2013	11.3	24.65	1.47	0.26
2014	8.3	23.87	1.14	0.24
2015	15.9	25.50	2.27	0.53
2016	6.8	25.20	0.85	0.22
2017	8.3	24.60	0.74	0.19

资料来源：根据《中国统计年鉴》计算所得

第三节　财政支出结构

一、财政支出结构的含义与影响因素

（一）财政支出结构的含义

财政支出结构是指各类财政支出占总支出的比重，也称财政支出构成。从社会资源的配置角度来说，财政支出结构直接关系到政府动员社会资源的程度，从而对市场经济运行的影响可能比对财政支出规模的影响更大。不仅如此，一国财政支出结构的现状及其变化，表明了该国政府正在履行的重点职能以及变化趋势。财政支出结构状况既与一国经济体制和相应的政府职能有关，又受经济发展阶段的制约；中国的财政支出结构的演变是与前者相适应的，而合理的财政支出结构最终取决于经济发展的影响。

（二）影响财政支出结构的主要因素

1. 政府职能

随着生产力的发展、社会再生产组织结构的演进、技术和知识的进步、环境与制度的变迁和社会发展程度的提高，政府的职能范围必然发生改变。例如，生产力的发展带来了环境污染问题，而对于环境治理的诉诸集体行动使之成为政府职能范围内的事情；随着社会发展程度的提高，社会公众对自由、公正等日益关注，促使政府提供更多改善社会福利水平的公共物品。政府职能范围变化进一步导致财政支出结构的变化。

2. 经济发展阶段

财政支出结构的演变取决于经济发展阶段,即不同的经济发展阶段,财政支出的侧重点不同,因而财政支出结构就有所不同。随着经济发展阶段由早期进入中期,公共物品的供给由以经济性基础设施为主的财政支出结构逐步转向以社会性基础设施为主的财政支出结构;随着经济发展阶段由中期进入成熟期,公共物品供给由以社会性基础设施为主的财政支出结构逐步转向以福利增进型公共物品、环境类公共物品为主的财政支出结构。

3. 社会性因素

社会进步、人口增长及其结构变化、收入分配状况等社会性因素在一定程度上影响着财政支出结构。

1)社会进步

社会进步对提高公共福利与改善收入分配状况的内在要求,促使政府加大社会保障支出。1941 年,阿奇比肖普·坦普尔提出了“福利国家”的概念,这一概念立刻为人们所接受,并相继被西方国家确立为自己政府所追求的重要经济目标之一。1942 年,威廉·贝弗里奇在《社会保险和相关服务》的报告中提出,国家要建立一种新的、更完善的社会保障制度,使社会保障与社会福利覆盖全体公民;政府把实行社会福利事业作为一项重要社会责任确定下来,并对社会福利事业实行全国的统一管理。西方国家肯定了贝弗里奇提出的有关建立全国范围社会保障体系的主要原则,开始着手设计现代“社会福利保障制度”。20 世纪 70 年代前后,主要发达国家相继完成从“基本生存保障制度”向“全面社会保障制度”的过渡。由于社会保障不仅有助于提高国家的人力资本存量,还有助于社会收入分配的不平等状况,因而许多国家加大了社会保障支出,尤其是在发达国家,政府的社会保障支出的增长速度往往超过同期的国民经济增长速度。

2)人口增长及其结构变化

人口增长及其结构变化不仅导致财政支出规模的扩大,还会对财政支出结构产生重要影响。人口的增长意味着对公共物品有更多的需求,因此,人口的增长客观上要求政府加大对各类公共物品的供给。人口的增长变化伴随着人口结构的变化,不同年龄结构的社会成员对不同类型的公共物品有不同的消费偏好。年轻人要求政府供给较多的公共教育物品,中年人要求政府更多地供给诸如就业保障、失业保险、医疗保障、工伤保险等公共物品,老年人需要政府较多地供给养老保险、医疗保健等公共物品。由此可见,人口增长及其结构的变化必然导致财政支出结构的变化。

3)收入分配状况

收入分配状况的变化影响着财政支出结构。收入分配状况的恶化使得处于低收入水平的社会成员状况恶化。在追求公平、公正的现代社会中,对穷人的转移性支出的规模会越来越大。

二、购买性支出

购买性支出是指政府在商品和劳务市场上购买所需商品和劳务的支出。它也包括政府投资兴办各种事业和投资于经济建设项目所需商品与劳务的支出。购买性支出,政府直接以商品和劳务的购买者身份出现在市场上，对社会的生产和就业有直接的影响，而对国民收入分配的影响是间接的。该支出侧重于财政的资源配置职能，其目标是效率。

（一）投资性支出

政府投资是指为履行政府职能和实现社会、经济发展战略，政府对农业、基础设施、基础产业、国家重点战略产业、新兴产业等领域所进行的一种集中性投资。政府投资的主要特点是：注重社会效益，主要投资于非盈利或微利项目；资金规模大，主要投资于大型或长期项目；具有乘数效应，是宏观调控的重要工具；具有外溢性，能弥补私人投资的不足。

1. 基础产业投资

基础产业是指社会经济活动所依赖的基础设施与基础工业。基础设施包括各类交通运输设施（如铁路、公路、桥梁、机场、航道、港口等）、水利设施、通信设施及城市公用事业（如供水、供电、供热、排水）等。基础工业主要指能源工业（煤炭和原油开采、水电、火电、核电生产等）和基本原材料工业（如建筑材料、钢材、石油化工材料等）。

政府对基础产业投资的依据在于：第一，基础产业在产业链条中居“上游”环节，为国民经济运行和社会发展提供良好的“共同生产条件”，基础设施的投资属于一种“社会先行资本”，需要政府进行不同程度的干预。第二，支撑其他产业发展的基础产业大部分属于资本密集型行业，投资规模大，投资回收期长，风险相对较大，而私人企业资金积累能力和承担风险的能力非常有限。第三，基础产业投资具有较高的沉没成本，其生产的边际成本递减，因而基础产业具有自然垄断的属性。

2. 财政支农支出

农业在国民经济和社会发展中具有至关重要的作用。农业是国民经济的基础产业，不仅提供生存资料，也为工业提供重要的原材料和市场。农业发展是工业化、城市化、现代化的基础，农业为工业发展提供资本积累的源泉，而工业化又推动着城市化、现代化。农业稳定发展是社会持续稳定发展的重要因素，只有当农业持续提供满足城乡居民消费所需的生活资料时，社会才会稳定。

农业是具有自然风险、市场风险双重风险的弱质产业，需要政府予以保护和支持。自然风险表现在：农业生产具有季节性的特点，受地理、气候条件等因素影响较大，农产品供给具有明显的波动性和周期性。市场风险表现在：大多数农产品的需求弹性较小、供给弹性相对较大，导致供求关系不稳定，难以依靠自身及市场解决这种不稳定的问题；农产品市场属于典型的发散型蛛网市场，农产品供给的不规则波动会干扰市场经济的稳定运行；农业比较利益低，在市场竞争中往往处于不利地位。由于农业对国民经济发展和社会稳定具有基础性的作用，政府必须加大对农业的支持。因此，农业稳定发展所依赖的农业基础设施建设、支农工业体系建设、农业社会化服务体系建设、农业科研推广、农村生态环境保护、农村基础教育、农村公共卫生和农业社会保障等投资具有规模大、周期长、投资效益不易分割的特点，只适宜由政府来承担。

（二）社会消费性支出

社会消费性支出是指维持政府机构正常运转和政府提供公共服务所需经费的总称。它包括一般公共服务支出、外交支出、国防支出、公共安全支出、文教科卫支出等。社会消费性支出满足的是社会公共需要,是国家执行政治职能和社会职能的保证。

1. 一般公共服务支出

一般公共服务是指政府提供一般公共服务的支出。这类支出为国家政权机构履行其职能提供了财力保障,内容主要包括权力机关经费、行政业务费及其他行政费用等。按费用要素区分,一般公共服务包括人员经费和公用经费两大类。

2. 外交支出

外交支出反映了政府外交事务支出,包括外交行政管理、驻外机构、对外援助、国际组织、对外合作与交流、边界勘界联检等方面的支出。

3. 国防支出

国防支出是指国家用于军队建设、国防后备力量建设、国防科技事业、专项军事工程和其他国防建设方面的开支。国防支出的内容包括国防费、国防科研事业费、民兵建设费、专项工程支出及其他支出等。我国的国防支出主要用于人员生活费、训练维护费、装备费等方面。国防支出主要取决于经济发展水平、国家管辖控制的范围、国际政治形势变化、兵役制度等因素。如果一国经济发展水平越高,国家管辖控制范围越大,国际政治形势越复杂紧张,那么用于国防方面的支出就越大。反之,一国用于国防方面的支出就越小。义务兵役制度下,直接用于军事开支费用有所减少,但国家要承担退伍军人的生活保障开支;雇佣兵役制度下,利用市场机制动员兵力会增加军事开支。

4. 公共安全支出

公共安全支出反映了政府维护社会公共安全方面的支出。有关事务包括武装警察、公安、国家安全、检察、法院、司法行政、监狱、国家保密等。

5. 文教科卫支出

文教科卫支出是指国家财政用于文化、教育、科学、卫生、体育、通信、广播、电影、电视等单位的经费支出。从广义上讲,文化、教育、科学、卫生等事业不属于纯公共产品,而属于准公共产品。由于其具有较强的正外部效应,有助于整个社会文明程度的提高,有利于提升全体社会成员的素质,从而对经济的繁荣与发展起决定作用,各国均对文教科卫事业给予较大程度的财力支持,尤以发展中国家为甚。

三、转移性支出

转移性支出是指政府单方面的、无偿的资金转移,不相应地取得商品和劳务。它主要包括社会保险和救济方面的各种福利支出,对居民的补助支出、债务利息支出、捐赠支出。转移性支出,政府直接将资金拨付给受益者,对国民收入的分配产生直接影响。而受益者在获得这笔资金之后,脱离了政府的控制,因而对社会生产和就业的影响是间接的。该支出侧重于财政的收入分配职能,其目标是公平。

(一)社会保障支出

社会保障支出是指国家向丧失劳动能力、失去就业机会以及遇到其他不幸事故而生活困难的公民,提供基本生活保障而安排的有关支出。

1. 社会保障支出的主要内容

根据 1952 年国际劳工组织大会通过的《社会保障最低标准公约》，规定现代社会保障主要包括九项内容，即医疗津贴、疾病津贴、失业津贴、老龄津贴、工伤津贴、家庭津贴、生育津贴、残疾津贴和遗属津贴，其中最主要的是失业津贴、工伤津贴、老龄津贴、残疾津贴和遗属津贴。另据《社会保障最低标准公约》规定，一个国家只要实行了三种津贴（其中至少包括最主要的一种津贴）就可被确认为已建立了社会保障制度。

在实践中，各国根据各自的国情对社会保障内容进行了不同的规定。下面分别予以介绍。

1）社会保险

社会保险是国家依法强制实施，由个人、雇主和政府共同筹资，在个人及直系亲属遇到年老、疾病、失业、残疾、死亡等风险时，给予物质帮助，保障其基本生活的一种制度。社会保险具有强制性、基本保障性的特征，由国家通过立法强制实施，保障个人一定时期内的基本生活需要。社会保险是社会保障的核心纲领，主要包括养老保险、医疗保险、失业保险、工伤保险、生育保险。养老保险是指个人就业期间由个人、雇主履行缴纳社会保险费（税）义务后，在其达到退休年龄后享有领取养老金权利的一项社会保险制度，在社会保险体系中居核心地位。医疗保险是指由个人、雇主履行缴纳社会保险费（税）义务或低收入群体由政府给予医疗补助后，在其患病后给予其医疗费用和收入必要补偿的一项社会保险制度。失业保险是指由雇主履行缴纳社会保险费（税）义务后，对于那些非自愿失业者提供基本生活保障和医疗补助以促进其重新就业的社会保险制度。工伤保险是指由雇主履行缴纳社会保险费（税）义务后，对于因工作遭受意外事故伤害或患职业病的个人给予医疗救治、经济补偿、伤残补助等物质保障的社会保险制度。生育保险是指对于那些符合条件的妇女在生育时给予必要经济补偿的一种社会保险制度。

2）社会福利

广义的社会福利是指国家为改善和提高全体社会成员的物质生活和精神生活所提供的福利津贴、福利设施和社会服务的总称。狭义的社会福利是指国家向老人、儿童、残疾人等社会中需要给予特殊关心的人群提供的必要的生活保障。社会福利是社会保障的最高纲领。社会福利的内容涉及了卫生、教育、住房、医疗、交通等方面，具有资金来源单向性、福利待遇普遍性、福利标准不确定性的特点。

3）社会救助

社会救助是指国家和社会对生活在贫困线以下的低收入者或者遭受灾害的生活困难者提供无偿物质帮助的一种社会保障制度。社会救助属于社会保障体系的最低层次，是实现社会保障的最低纲领。社会救助的目的是保障被救助者的最低生活需要；社会救助的对象主要是失业者、遭到不幸者；社会救助的基本特征是扶贫；社会救助的基金来源主要是国家及社会群体。

4）社会优抚

社会优抚安置是社会保障的特殊构成部分，属于特殊阶层的社会保障，是实现社会保障的特殊纲领。社会优抚安置的目的是优待和抚恤；社会优抚的对象是军人及其家属；社会优抚的基本特征是对军人及其家属的优待；社会优抚的基金来源是国家财政拨款。

2. 社会保障资金的筹集模式

1)现收现付制

现收现付制是指当年提缴的社会保险基金总额应以所需支付的社会保险费用总额为依据，当年提缴当年支付，收付实现平衡，不为以后年度保险支出储备资金。主要特点是：保险费(税)率低，但随保险支出需求增长经常调整；不会形成资金积累，避免了贬值风险，但解决不了人口老龄化带来的冲击。

2)完全基金制

完全基金制是指在投保者就业投保期间或一个相当长的计划期内所提缴的社会保险基金总额。应以投保者整个享受保险待遇期间或计划期所需支付的社会保险费用总额为依据，逐期按比例提缴和使用，长期内逐渐积累社会保险基金。主要特点是：保险费(税)率不需经常调整，但相对较高；形成资金积累，资金来源稳定可靠，但易遭受贬值损失。

3)部分基金制

部分基金制是指提缴的社会保险基金总额不仅要保证当年所需支付的社会保险费用总额，还要为以后年度的社会保险支出留有一定储备资金。主要特点是：保险费(税)率分阶段调整，呈阶梯式上升趋势；留有一定积累，保证了资金来源的稳定性，避免了贬值损失。

3. 我国社会保障支出的主要任务

1)加快推进养老保险制度改革

在法定的基本养老保险之外，鼓励个人储蓄性养老保险，逐步形成多层次的养老保险体系，以适应不同收入层次人群的需求。在理顺基金管理体制的基础上，拓宽投资渠道，实现积累资金的保值增值。提高养老保险的统筹层次，以适应就业结构、就业方式的发展变化。

2)加快推进失业保险制度改革

提高失业保险基金统筹层次，在更大的范围内调剂使用失业保险基金。失业保险制度应当强化其促进就业的功能，如就业培训、就业服务等，从而使失业保险制度在维护失业劳动者利益的同时，由消极的失业救济与补助转向积极的促进就业。

3)加快推进医疗保险制度改革

打破城乡、所有制等各种界限，建立覆盖全体城乡居民一体化的医疗保险制度。针对弱势群体制定特殊的费用标准和待遇标准，妥善处理好特殊人群的医疗保险。取消社会成员的身份进行划分的保险制度，不论劳动者的收入、职业、性别如何，都能享有公平的医疗保险待遇。健全基本医疗保险基金的管理和监督机制，保证其安全、有效地使用。

4)进一步完善最低生活保障制度

根据城乡居民人均纯收入、人均消费水平、物价上涨指数和财政承受能力等因素，确定和调整最低生活保障线。建立有效的家计调查系统，准确核实保障对象的家庭收入、家庭财产和劳动力就业状况，及时掌握保障对象的动态情况。

(二)财政补贴支出

财政补贴是国家为了某种特定的需要向生产者、经营者或居民个人提供的无偿补助。国家进行财政补贴,实质上是把纳税人缴纳的一部分税收收入无偿地转移给补贴领受人。从性质上看,财政补贴显然是一种转移性支出,它与社会保障支出一样,也可以带来国民收入的再分配。但财政补贴与社会保障支出不同,社会保障支出起因于生老病残等的社会经济事故,而财政补贴则与价格因素有关。

1. 财政补贴的分类

财政补贴的分类有不同的划分标准。按补贴的透明度分类,可以分为明补和暗补;按补贴资金的接受主体分类,可以分为企业补贴和居民补贴;按补贴在生产环节分类,可分为生产环节补贴、流通环节补贴和消费环节补贴;按补贴是否与具体的购买活动相联系分类,可以分为实物补贴和现金补贴等。

在我国政府预算中,一般是按财政补贴的政策目的进行分类。财政补贴按照这种分类可分为价格补贴、国营企业计划亏损补贴、财政贴息、税式支出等。

1)价格补贴

主要包括国家为安定城乡人民的生活,稳定市场物价,由财政向企业或居民个人支付的、与人民生活必需品和农业生产资料的市场价格政策有关的补贴。按产品的类别划分,价格补贴可以分为农副产品价格补贴、农业生产资料价格补贴、日用工业品价格补贴、工矿产品价格补贴等,其中,农副产品价格补贴是价格补贴的主要内容。我国价格补贴在1985年以前冲减财政收入,1986年以后作为支出项目列在财政支出项目中。

2)国营企业计划亏损补贴

国营企业计划亏损补贴是指国家为了使国营企业能够按照国家计划生产经营一些社会需要的产品,但由于客观原因使生产经营出现亏损时向这些企业支出的财政补贴。国营企业亏损补贴包括政策性亏损和经营性亏损补贴。政策性亏损是指企业因为国家某项经济政策的影响而造成的亏损,经营性亏损是由于企业自身经营管理不善所导致的。一般而言,国家财政对经营性亏损原则上不予补贴,只对政策性亏损给予补贴。但对一些生产急需的产品和重要产品的企业,经国家财政部门审批后,可给予暂时性的补贴,并通过整顿限期扭亏为盈,以促进生产,调节供给需求平衡。在预算管理上,将企业亏损补贴列入预算收入科目,做冲减收入处理。

3)财政贴息

财政贴息是指国家财政对使用某种规定用途的银行贷款的企业,就其支付的贷款利息提供的补贴。它实质上等于财政代替企业向银行支付利息。财政贴息在我国政府预算中被直接列为财政支出。运用财政贴息的好处是:①用较少的财政资金可以吸引大量的社会资金,以保证国家重点建设资金的需要。②由于财政贴息首先用于国家重点建设项目,因而有利于调整投资结构,实现产业结构合理化。③有利于降低企业产品成本,增加企业盈利,从而也有利于增加财政收入。④对不同行业实行不同的利率,有利于建立合理的利率体系,有利于间接调节生产和消费。

4)税式支出

税式支出是指国家财政对某些纳税人或课税对象给予的减免税。税式支出只减少财政收入,并不列为支出,是一种隐蔽的财政补贴支出。之所以把税式支出也看作财政补贴的一种,是因为一方面对国家来说,税式支出会使国家掌握的财力减少,这与一般的财政补贴一样;另一方面,受益者因减免税使得实际的收入增加,这也与一般的财政补贴一致。所以,税式支出是财政补贴的一种,是政府将纳税人的一部分收入无偿转移给补贴领受者。与其他财政补贴不同的是,一般的财政补贴下,纳税人与补贴领受者不一定一致,而税式支出下,补贴领受者就是纳税人。

2. 财政补贴的特征

财政补贴是对国民收入进行再分配的一种形式,也是政府调节经济的杠杆。较之其他财政分配形式和经济杠杆,财政补贴有以下特征。

1)政策性

财政补贴的对象、补贴的数额、补贴的期限等都是依据政府在一定时期的政策需要制定的,因而财政补贴具有很强的政策性。由于政府的政策是多方面的,因此,财政补贴不仅是政府调节经济的手段,而且也是协调各种社会关系、保障社会秩序和稳定的手段。

2)灵活性

财政补贴的对象具有针对性,补贴给谁、补贴多少、补贴多久,都由财政部门根据政策的需要而定。政府也可以根据经济形势的变化,及时地修正和调整财政补贴。在世界各国,财政补贴通常是政府在短期内实现经济稳定的手段之一。

3)时效性

任何财政补贴措施都是政府依据一定时期的经济形势和政策需要制定的,是为实现政府的政策目标服务的。当相关政策发生变化时,财政补贴措施也应做相应的调整;当相关政策随经济形势的变化失去效力时,财政补贴措施也应随之终止。

3. 财政补贴的作用

财政补贴具有双重作用:一方面,财政补贴是国家调节国民经济和社会生活的重要杠杆。运用财政补贴特别是价格补贴,能够保持市场销售价格的基本稳定;保证城乡居民的基本生活水平;有利于合理分配国民收入;有利于合理利用和开发资源。另一方面,补贴范围过广、项目过多也会扭曲比价关系,削弱价格作为经济杠杆的作用,妨碍正确核算成本和效益,掩盖企业的经营性亏损,不利于促使企业改善经营管理;如果补贴数额过大,超越国家财力所能,就会成为国家财政的沉重负担,影响经济建设规模,阻滞经济发展速度。

4. 我国财政补贴支出的主要任务

1)合理定位,弥补市场失灵

在市场经济中,市场机制起着基础性资源配置作用。财政补贴只能是对市场机制的一种矫正和有益补充,只能依据弥补市场失灵这一基本准则开展活动,实现市场机制不能实现的社会经济目标。因此,财政补贴是一种辅助性的调节手段,它不应干扰市场机制的正常运转,也不能取代市场机制的主导地位。

2)合理确定补贴范围,调整补贴结构,压缩补贴规模

对现有的名目繁多的财政补贴进行科学的整合。归并和取消一部分不合理或已不适应经济形势的财政补贴项目,将财政补贴的范围合理地限定在宏观经济效益和社会效益大、政策性强、关系国计民生的产品和项目上。对企业亏损进行补贴,要改变企业只负盈不负亏,企业亏损由政府包揽的局面。这样才能真正压缩财政补贴的规模,减轻财政负担,增强政府的宏观调控能力,促进改革深化与经济发展。

3)加强监督管理,及时调整补贴政策

对财政补贴的监督管理要到位,尽可能地减少违规行为和钻制度空子的行为,提高财政补贴资金的使用效率。同时,财政补贴应依据国民经济发展和财政收支状况进行安排,体现它的政策性与时效性。对已实现短期目标的财政补贴要及时进行清理、调整,改变财政补贴长期化、刚性化的趋势。

四、我国财政支出结构的变化

(一)财政支出的职能结构

鉴于财政支出结构与政府职能存在着紧密的对应关系,我们将政府职能简化为两大类,即经济管理职能和社会管理职能,相应地,财政支出也就形成了经济管理支出和社会管理支出。

中华人民共和国成立 70 年来,经济管理体制和政府职能在 20 世纪 70 年代末发生了根本性变革。在计划经济时期,国家注重经济职能的实现,政府调动几乎全部资源,直接从事各种生产活动,推崇“生产型财政”,财政支出大量用于经济建设。在社会主义市场经济体制下,市场在资源配置方面发挥着基础性作用,政府正在逐步减少资源配置的份额,退出一些适合民间部门从事的生产活动领域,财政用于经济建设方面的支出比例已大大降低。伴随着政府职能的这种转变,财政支出结构发生了很大变化。

不论是改革开放前还是改革开放后,我国的经济建设费都是占比重较大的财政支出项目,不过,经济建设费所占比重的下降趋势是非常明显的。经济建设费所占比重最高的时期是 1958—1962 年的“二五时期”,平均高达 66.6%。而改革开放以来,经济建设费所占比重持续下降,到 1996—1998 年平均为 39.6%,比历史最高时期的平均水平低 27 个百分点,2006 年经济建设费支出所占比重进一步下降到 26.6%,这表明我国财政支出正在适应市场经济体制建设的要求,从原来过多地直接介入经济建设,特别是从国营企业的投资活动中解脱出来,将资源配置的功能让位于市场。

经济建设支出比重下降主要有两方面的原因。一是流动资金支出下降。从 1983 年 7 月开始,除了核工业部、航空航天工业部部属的少数国营企业外,其他国营企业的流动资金供应由拨款改为银行贷款,从而使流动资金支出占总财政支出的比重大幅度下降,从改革开放前平均 6.6% 的水平下降到目前的平均 0.5% 的水平。二是基本建设支出下降。在经济体制改革过程中,投资主体的多元化以及投资主体资金来源的多元化,使得基本建设支出比重迅速下降,从改革前平均 36% 的水平急剧下降到 1996—1998 年不到 12% 的水平。这两项支出比重就下降了 30 个百分点。

在政府的经济管理职能减弱的同时，社会管理职能得到加强，社会管理支出比重必然提高。

一方面，随着我们对“科学技术是第一生产力”认识的提高，政府不断加大对教育、科学等领域的投入，文教科学卫生事业费支出比重增长速度很快，到2006年社会文教费支出占财政支出的比重达到26.8%。

另一方面，随着社会经济的发展，经济活动日趋复杂，公共事务也日益增多，行政管理支出增加有其必然性。但是，自改革开放以来，我国的行政管理费增长速度过快，1981—1995年行政管理费支出比重增长率平均高达35%，成为我国财政支出中增长最快的项目。随着改革开放前期对过去遗留问题的逐步解决，再加上政府机构的改革，行政管理费支出的快速增长势头已得到控制。特别是中央“八项规定”精神和厉行节约的要求实施以来，各政府部门严控“三公”经费支出，加强和规范公务用车配备使用管理，进一步规范公务接待活动，严控接待费开支范围，压缩“三公”经费效果显著。

可见，从财政支出结构的历史变化来看，国家职能的重点变化经历了三个阶段。中华人民共和国成立初期，国家的独立和安全职能表现得非常突出；从1953年开始到改革开放之前，国家的经济建设职能占据主导地位；而改革开放以来，国家的社会管理职能日益重要。

2007年以后，我国财政支出出现新的分类标准，表2-4根据《中国统计年鉴》的数据列出2007—2017年我国财政支出主要项目的数额在总体支出中所占的比重。

表2-4　2007—2017年我国财政支出结构部分项目与比重

单位：亿元

分类	一般公共服务支出	国防支出	教育支出	科学技术支出	文化体育与传媒支出	医疗卫生支出	社会保障就业支出	环境保护支出
2007年	8 514.24	3 554.91	7 122.32	2 135.70	898.64	1 989.96	5 447.16	995.82
比重(%)	17.10	7.14	14.31	4.29	1.80	4.00	10.94	2.00
2008年	9 795.92	4 178.76	9 010.21	2 611.00	1 095.74	2 757.04	6 804.29	1 451.36
比重(%)	15.65	6.68	14.40	4.17	1.75	4.40	10.87	2.31
2009年	9 164.21	4 951.10	10 437.54	3 276.80	1 393.07	3 994.19	7 606.68	1 934.04
比重(%)	12.01	6.49	13.68	4.29	1.83	5.23	9.97	2.53
2010年	9 337.16	5 333.37	12 550.02	4 196.70	1 542.70	4 804.18	9 130.62	2 441.98
比重(%)	10.39	5.93	13.96	4.67	1.72	5.35	10.16	2.72
2011年	10 987.78	6 027.91	16 497.33	4 797.00	1 893.36	6 429.51	11 109.40	2 640.98
比重(%)	10.06	5.52	15.10	4.39	1.73	5.89	10.17	2.24
2012年	12 700.46	6 691.92	21 242.10	4 452.63	2 268.35	7 245.11	12 585.52	2 963.46
比重(%)	10.08	5.31	16.87	3.54	1.80	5.75	10.00	2.35
2013年	13 755.13	7 410.62	22 001.01	5 084.30	2 544.39	2 879.90	14 490.54	3 435.15
比重(%)	9.81	5.29	15.69	3.63	1.81	5.91	10.33	2.45

续表

分类	一般公共服务支出	国防支出	教育支出	科学技术支出	文化体育与传媒支出	医疗卫生支出	社会保障就业支出	环境保护支出
2014 年	13 267.50	8 289.54	23 041.71	5 314.45	2 691.48	10 176.81	15 968.85	3 815.65
比重(%)	8.74	5.46	15.18	3.50	1.77	6.70	10.52	2.51
2015 年	13 547.79	9 087.84	26 271.88	5 862.57	3 076.64	11 953.18	19 018.69	4 802.89
比重(%)	7.70	5.17	14.94	3.33	1.75	6.80	10.81	2.73
2016 年	14 790.52	9 765.84	28 072.78	6 563.96	3 163.08	13 158.77	21 591.45	4 734.82
比重(%)	7.88	5.20	14.95	3.50	1.68	7.01	11.50	2.52
2017 年	16 956.50	10 432.70	30 259.50	7 286.40		14 599.70	24 812.40	5 672.10
比重(%)	8.34	5.13	14.88	3.58		7.18	12.20	2.79

资料来源:根据《中国统计年鉴》计算所得

我国财政总支出由 2007 年的 49 781.35 亿元增加至 2017 年的 203 330.03 亿元,增幅较大。近几年,我国教育支出占总支出比重最大,由 2007 年的 7 122.32 亿元上升至 30 259.50 亿元;一般公共服务支出由 2007 年 17.10% 下降到 2017 年的 8.34%。社会保障和就业支出由 5 447.16 亿元增加至 24 812.40 亿元。国防支出持续小幅度降低。文化教育与传媒支出、环境保护支出等支出所占的比重略小。

(二)财政支出的级次结构

我国自从 1994 年实行分税制以来,中央政府和地方政府事权得到明确的划分,中央政府主要承担全国性的公共事务,提供全国性公共产品;地方政府主要承担地方性公共事务,提供地方性公共产品。按照最优财政分工理论,地方财政应该在财政支出总额中占较大比重,而中央政府在财政支出总额中占较小比重,详见表 2-5。

表 2-5　我国财政支出的级次结构

单位:亿元

年份	财政总支出	中央财政支出	中央财政支出占财政总支出的比重	地方财政支出	地方财政支出占财政总支出的比重
1995	6 823.72	1 995.39	29.2%	4 828.33	70.8%
1996	7 937.55	2 151.27	27.1%	5 786.28	72.9%
1997	9 233.56	2 532.50	27.4%	6 701.06	72.6%
1998	10 798.18	3 125.60	28.9%	7 672.58	71.1%
1999	13 187.67	4 152.33	31.5%	9 035.34	68.5%
2000	15 886.50	5 519.85	34.7%	10 366.65	65.3%
2001	18 902.58	5 768.02	30.5%	13 134.56	69.5%
2002	22 053.15	6 771.70	30.7%	15 281.45	69.3%
2003	24 649.95	7 420.10	30.1%	17 229.85	69.9%
2004	28 486.89	7 894.08	27.7%	20 592.81	72.3%
2005	33 930.28	8 775.97	25.9%	25 154.31	74.1%

续表

年份	财政总支出	中央财政支出	中央财政支出占财政总支出的比重	地方财政支出	地方财政支出占财政总支出的比重
2006	40 422.73	9 991.40	24.7%	30 431.33	75.3%
2007	49 781.35	11 442.06	23.0%	38 339.29	77.0%
2008	62 592.66	13 344.17	21.3%	49 248.49	78.7%
2009	76 299.93	15 255.79	20.0%	61 044.14	80.0%
2010	89 874.16	15 989.73	17.8%	73 884.43	82.2%
2011	109 247.79	16 514.11	15.1%	92 733.68	84.9%
2012	125 952.97	18 764.63	14.9%	107 188.34	85.1%
2013	140 212.10	20 471.76	14.6%	119 740.34	85.4%
2014	151 785.56	22 570.07	14.9%	129 215.49	85.1%
2015	175 877.77	25 542.15	14.5%	150 335.62	85.5%
2016	187 755.21	27 403.85	14.6%	160 351.36	85.4%
2017	203 330.03	29 858.89	14.7%	173 471.14	85.3%

资料来源：根据《中国统计年鉴（2018）》计算所得

五、我国财政支出结构的优化

（一）减少行政管理支出的同时提高资金利用效率

近年来，我国的行政管理成本几乎与财政支出增长率同步增长。我们应采取措施来改善这一状况。如果道路、绿化、税收、投资、GDP 的增长和财政收入可以看作成就，做到精打细算，降低行政成本，也应该是一个重要的成果。另外，严格执行制度设计，对资金严格把关，加强对行政管理费用内容的控制规范。同时，政府管理部门应严格遵守支出管理的要求，按照规定办理支出事项。这样才能遏止行政管理费用增长过快的势头。2014 年 3 月 5 日，李克强作了本届政府首次工作报告，指出“三公经费”只减不增，公务车改革在全国统一启动。全部财政拨款的“三公经费”都要公开，建立阳光财政，做到让人民群众放心。各级政府必须厉行节约，反对浪费，坚持过紧日子。

（二）以改善民生为重点加强社会公共性财政支出

1. 增加对科学事业的财政投入

伴随着社会主义市场经济的快速发展，我国的科学事业也取得了相应的发展空间；伴随着“科教兴国”被列为我国的长期发展战略，增加对科学事业的财政支出是政府必须要考虑的重要内容，国家在科研经费上的投入越多，在一定程度上，其所创造出来的新系统、新产品、新知识就越多。

2. 增加对教育的财政投入与扶持力度

教育水平是一国综合国力的重要体现，所以应重视教育的发展，加大财政对教育的投入力度，逐步对教育费用支出实行分级负担、分级管理，科学地界定财政经费对教育领域的支出范围，并且优化其内部的资金配置结构。具体做法应包括：合理制定教育发展改革规划，积极稳步推进我国教育的现代化建设；建立健全义务教育经费保障制度；加快推行素质教育，努力促进基础教育的均衡发展，使我国的全民教育水平得以提高；加强教师队伍建设，按国家相关规定切实提高教师待遇。我国的财政还应该增加对职业教育、成人教育的投入力度，建设一批具有较高水平的示范性职业教育院校。对于中高等学校的特困生，应完善奖学金、助学金等的补助制度。另外，由于地区的经济差异，中、东、西部的教育水平也不尽相同，政府应该统筹兼顾划拨资金，使各地区的教育能够稳步发展。

3. 增加对文化的财政投入

文化产业是国民经济中不可缺少的组成部分，是经济和社会持续健康发展的重要支柱，我国应大力发展文化产业，提高金融投资的比例，特别是文化产业中的公益性文化建设。此外，为了提高财政资源的利用效率，政府应建立和完善投资文化事业评级体系，既做好基础性文化设施建设，又要突出重点工程，打造服务优质、均衡发展的文化服务平台。

4. 增加对医疗卫生事业的财政投入

我国政府应完善医疗卫生投入机制，加强财政支出，提高医疗卫生服务水平，全面实行并完善新型农村合作医疗制度。中央政府、地方政府和社会机构应支持筹集资金，主要对农村居民住院、大病费用给予补助。加强对医疗产业的监督，促进医疗卫生机构有序竞争和服务质量改善。尤其要加强对药品产业的监督，以保证居民的用药安全。政府应运用财税等制度，鼓励并引导社会资本流入医疗卫生事业，形成多元化的卫生服务市场。

5. 加强社会保障支出，完善社会保障制度

增加财政投入，其渠道可以是地方政府部分预算外资金。扩大社会保障基金规模，加强覆盖城乡居民社会保障体系建设，发展人口老龄化支持制度。另外，建立并完善农村居民最低生活保障制度，对于家庭收入低于当地最低收入的农村和城市人群提供最低生活保障。健全企业养老保险制度，对事业单位养老保险制度也应做出合理的改革。

第四节　财政支出的效益

一、财政支出效益的含义

财政支出效益是指财政支出活动中财政资金投入与产出之间的对比关系。财政支出的成本是指财政支出项目建设实际耗费的人力、物力和财力以及该项目给社会经济带来的实际损失，例如某项水利工程的建设所耗费的材料成本、人工成本等。财政支出的效益是指通过财政支出活动取得的成果，例如政府投资建设地铁项目，地铁公司获得的经济效益、交通拥堵状况的缓解以及居民交通成本的下降。

财政支出与一般的企业或个人等微观经济主体的经济活动有明显的区别，它是以政府为主体，为满足社会公共需要而进行的分配活动。不能像微观经济主体那样单纯考虑个体的经济利益，还必须从宏观的角度考虑社会和国民经济的整体利益，因此，分析财政支出效益有其特殊的意义。

例如，某县水利局向财政局打报告，申请拨款在某乡镇打一口井，钱拨出去后，很快把井

打出来了,但没有水;过了一段时间,交通局向财政局打报告,申请拨款把这口井填上,这样使交通畅通,且避免有人不慎落入井中,钱拨出去后,也很快把井填上了。可是有人说了,县财政花了两笔钱,群众一点好处都没得到,这钱花得值不值?从职责看,水利局、交通局都做事了,没闲着,但却花了冤枉钱。衡量其政绩不能简单地看其做了什么,还要看其做好没有,是否有实际效益。

二、财政支出效益的特点

从原则上讲,财政支出效益与微观经济主体的支出效益是相同的。但是由于政府处于宏观调控主体的地位上,两者在支出项目的性质上千差万别,因此,政府对财政支出效益的分析评估与微观经济主体对其生产经营支出效益的分析评估之间存在许多不同之处。通过分析这两者的不同,可以反映财政支出效益的特点。

(一)计算所费与所得的范围不同

微观经济主体在分析其生产经营支出的效益时,只计算其自身直接投入的各项费用和自身实际获得的所得。所费与所得相比,若所得大于所费,则可以说其生产经营活动是有效益的。而政府在分析财政支出的效益时,计算所得和所费的范围要比微观经济主体宽得多,不仅要计算直接的、有形的所得与所费,而且还需要分析间接的、无形的所得与所费;不仅要分析政府本身在某项支出上的投入以及所得到的效益,还要分析社会为该项支出所付出的代价和所获得的利益。

(二)衡量效益的标准不同

微观经济主体在进行效益分析时,其标准十分明确并且易于把握。其标准就是单纯的经济效益。而对于财政支出来说,衡量效益的标准就不是如此简单了。因为财政支出的用途十分广泛,有些财政支出项目,如电站投资之类,其效益是经济的、有形的,可以用货币计量。对于此类财政支出的效益,可以采用成本—效益分析法进行分析。而有些财政支出项目,如军事、政治、行政管理等支出,成本是易于计算的,但效益却不容易衡量,而且通过此类支出所提供的商品或劳务不可能以任何形式进入市场交换。分析此类财政支出的效益,一般采用"最低费用选择法"。还有一些财政支出项目,如公路、邮电之类,成本易于计算,而效益同样难以衡量,但通过这些支出所提供的商品或劳务可以部分或全部地进入市场交易。对于此类支出项目,可以通过设计某种"公共产品(服务)收费法"或"公共定价法"来衡量和提高效益。在财政实践中,能够带来直接经济效益的支出项目较少,更多的支出项目只产生社会效益。这在客观上决定了财政支出效益分析不能单纯地以经济效益为衡量标准,而必须确定经济效益和社会效益双重的效益标准。

(三)择优的标准不同

对财政支出效益分析的目的,是要通过效益比较选择出最优的支出方案,但微观经济主体与政府财政的择优标准有所不同。微观经济主体择优的标准很简单,自身直接所费最少、所得最多的支出方案即最优方案。它绝不会选择让自己赔钱的方案。而政府则不然,财政分配所追求的是整个社会的最大效益。因此,某些关系着整个国民经济发展、社会总体效益很大,而对于政府财政却毫无经济效益可言甚至赔钱的支出项目,仍是政府安排财政支出时的选择目标。

三、财政支出效益的评价方法

(一)成本—效益分析法

所谓成本—效益分析法就是针对公共支出的目标提出几个不同方案,分析各种方案的预期成本和收益,通过分析比较选择出最优的公共支出项目。成本—效益分析法自 20 世纪 40 年代问世以来,已在世界各国得到广泛应用。但是,这种方法的使用范围是有限的,主要使用在防洪、电力生产、邮政交通和文化娱乐设施建设等项目的评价上。

采用成本—效益分析法的一般步骤如下。

1. 通过确定各投资项目的影响因素来寻找影子价格

对于公共支出项目,既然不能仅从项目自身的成本和效益考虑其必要性,那么在计算其成本和效益值的时候,也就不能仅以市场价格为依据。一方面,公共部门要从社会福利最大化角度考虑现有的市场价格是否符合帕累托效率条件,要对被种种因素扭曲的市场价格加以调整,计算所谓"影子价格";另一方面,许多公共项目提供的产品或服务往往不存在市场,也就没有现成的市场价格可资利用,这时需要设法创造出"影子价格"来。

1)寻找影子价格

针对市场扭曲的调整,当市场被扭曲或不完全时,就要寻找影子价格。例如,如果炼油厂在生产汽油的过程中产生了污染,汽油的影子价格是多少?如果生产像汽油这样的商品有外部成本,这种外部成本就应当加到企业的边际成本中,以获得其影子价格。企业的边际成本加上每单位的外部成本就是这种商品给经济带来的总边际机会成本。同样,消费的外部效益加到市场价格中,也可得到其影子价格。一种商品的市场价格反映的只是这个人消费它的边际支付意愿,而且如果这种商品的消费有益于经济中的其他人,这些人的边际支付意愿也必须考虑。在消费的非竞争性情况下,所有消费者的边际支付意愿必须加总,以找到该商品的影子价格。对于企业的非竞争性行为,也要进行调整。如果政府购买的一种商品的市场价格包括了垄断加价,就要估计这个加价,并将它从市场价格中扣除,找到影子价格。垄断加价不是这种商品的边际机会成本的组成部分。尽管垄断加价是政府的货币成本的一部分,但它不是该商品影子价格的组成部分。

2)创造影子价格

在没有市场价格可资利用时,有必要设法对有关的收益和成本进行估算,这一过程即创造影子价格。在西方国家有以下 3 种估算方法。

a. 成本节约法

政府财政支出项目给社会所提供的福利减少了某一社会成本,从而节约了社会人力、物力的消耗,这个节约额就是该项目的无形效益的近似值。例如,美化环境增进了居民健康的效益,可以近似地等于医疗机构费用的降低额;减少中小学退学率项目的收益,可以用社会教养机构费用的节余额近似地表示。

b. 成本有效性分析法

对各备选项目分别计算其可能提供的效益,通过分析比较判断孰优孰劣。例如,某年度可提供一笔公共支出预算，备选项目分别是国防和教育。为此，可以分别估算该笔预算经费在增强军事实力或降低退学率方面的社会效益，并根据当时的政治经济形势，从中选择一项。

c. 生命价值法

对某些公共开支项目，如减少交通事故、降低疾病死亡率等项目的效益，可以用人们没有死亡或减少疾病、能健康地工作所取得的收入来计算。

2. 确定备选方案的成本（*C*）和效益（*B*）

很多项目的成本和效益都是在不同的年度发生的。例如，我国已经建成的三峡工程，兴建初期要发生大量支出，而其效益和成本则分布于该工程的整个寿命期。为了估价项目整个寿命期内的效益和成本，我们需要精确计算各个年度或各个时期的成本和效益的货币值，然后通过选择适当的贴现率（*r*），将成本和效益折算成现值，即收益现值（*PVB*）和成本现值（*PVC*），而后才能进行比较。

3. 选择适当的贴现率（*r*）

社会贴现率是指整个社会愿意用将来消费换取现在消费的利率。贴现率越高，未来效益和成本的现值就越低。但是，由于政府项目的成本通常集中在项目建设的头几年，而效益却分布于未来多年，这意味着贴现率越高，*PVB* 相对于 *PVC* 越小。可见，选择不同水平的贴现率不仅影响到备选项目（方案）的排序，而且直接关系到决策的结果：较低的贴现率有利于将来继续产生净效益的项目，从而使决策偏向于长期支出项目；较高的贴现率有利于现在产生净效益的项目，从而使决策偏向于短期支出项目。贴现率越高，得到批准的政府项目就越少。

那么，到底什么是适当的社会贴现率？由于社会贴现率应当反映出资源在各种私人用途上所能获得的效益，或者说它是投资于政府项目资金的机会成本，是种影子价格，在金融市场不完善的情况下不一定等于政府贷款的市场利率。因此，社会贴现率只能以市场利率作为参照标准。

首先，如果政府投资的资金来源减少了私人部门可用于投资的资金，那投资利率（私人投资的税前收益率）就是适当的贴现率。例如，私人投资 1 000 元的收益率是 16%，效益额为 160 元。假定政府将这 1 000 元资金投资于一个政府项目，社会就因此而损失 160 元，因为这笔公共投资等量地排挤掉了私人投资。正因为私人部门的这个 16% 的效益率衡量的是政府项目的机会成本，因此 16% 就是适当的贴现率。接下来的一个问题是，为什么是税前收益率而不是税后收益率？这是因为不管这笔收益是全部由私人投资者所拥有，还是其中一部分归政府，这笔资金都是为社会创造出来的产出的价值。

其次，如果政府投资的资金来源减少了私人部门可用于消费的资金，那么消费利率就是适当的贴现率。消费利率是私人储蓄得到的税后收益率。例如，某一消费者计划本年的消费额度为 1 000 元，这时他就必须放弃明年的 1 000 元消费加上这笔钱若储蓄起来所得到的利息。可是，到明年可用于消费的这笔储蓄收益额只能是税后的收益额，因此现在消费的实际机会成本是税后收益率。反过来说，如果政府项目的资金筹措减少了消费者现在的消费，这种消费减少给消费者带来的损失也只是税后收益率。以消费减少为代价的资金要按税后收益率贴现。

最后,投资利率和消费利率的加权平均利率是适当的贴现率。上述分析表明,投资利率显然比消费利率大得多,甚至可能高出 1 倍;而且在现实中,政府项目的资金筹措可能会同时减少私人部门的投资和消费,因此投资利率和消费利率的加权平均值也许是更适当的贴现率。投资利率的权数等于来自私人投资的资金比例,消费利率的权数等于来自私人消费的资金比例。

综上所述,不论是投资利率、消费利率还是加权平均利率,都只是社会贴现率的参照利率。社会贴现率在实际应用中一般比较低,主要原因有两个方面:第一,政府不仅要关心当代人的福利,还要关心下一代人的福利,所以选择的贴现率比市场贴现率低;第二,在现实中具有正外部效应的投资项目往往提供不足,政府要弥补这种市场失灵,矫正这种无效率,政府投资项目的贴现率也需要低于市场贴现率。

4. 根据适当标准,选择最佳项目

成本—效益分析的最终目的是要帮助政府决策者做出有效率的支出决策。这首先需要选择科学的支出项目评估标准。在成本—效益分析的实际应用中,我们常用的标准有净现值法、益本率法和内部收益率法。

1)净现值法

为了确定一个项目的收益是否大于其成本,我们需要计算该项目的净现值(NPV),即按净现值标准判断一个项目是否可行。令 r 代表实际社会贴现率,贴现一个项目发生在每一年的收益和成本,并将它们的现值加总,我们就找到该项目收益和成本的现值。一个项目的净现值就是收益现值减去成本现值。如果一个项目的净现值是正值,该项目就是可取的;如果不存在具有更高净现值的其他项目,该项目就应当实施。NPV 是决定实施还是放弃一个项目的良好标准,因为它衡量的是该项目创造的对社会财富的净增加。

其计算公式为:

$$NPV=\sum_{i=0}^{n}\frac{B_i-C_i}{(1+r)^i}$$

(2)益本率法

益本率法是指通过计算项目的收益现值与成本现值的比例来选择最优方案的方法。$P>1$,该项目是可行的;$P<1$,该项目不可行。其计算公式为:

$$P=PVB/PVC=\sum_{i=1}^{t}\frac{B_i}{(1+r)^i}/\sum_{j=1}^{n}\frac{C_n}{(1+r)^j}$$

(3)内部收益率法

内部收益率法是指通过计算项目内部收益率来判断项目可行性的方法。在实际中,人们在计算内部收益率时,首先是通过使收益的现值与成本现值相等,求出内部收益率 r,然后再将这种内部收益率与基点利率加以比较。如果内部收益率 r 超过了基点利率,该项目就是可取的；否则该项目就不可取。其计算公式为：

$$\sum_{j=1}^{n}\frac{C_n}{(1+r)^j}=\sum_{i=1}^{t}\frac{B_t}{(1+r)^i}$$

成本效益分析法决策的一般规则如下。

如果某一项目是可行的，其净现值必须是正值，或者益本率必须大于 1，或其内部收益率必须大于市场利率。

如果有两个以上的项目都是可行的，应该选择其中净现值最高者，或益本率最大者，或内在收益率最高者。

在项目的净现值为零或者益本率为 1 时，项目处于取舍之间状态，结合内部收益法判定，如果内部收益率大于市场利益，项目可行。

在折现率无法确定时，可以采用内部收益率法做出判断。

（二）公共服务定价法

公共服务定价法是指政府通过一定程序和规则制定、调整公共服务的价格和收费标准，借以改进公共服务的使用状况和提高财政支出效益的一种方法。这种方法不需要对财政支出的各个方案进行选择，只是通过制定不同价格和收费标准促进公共服务的有效使用。

公共服务定价包括公共定价和价格管制两类。纯公共定价是指政府对于一些自然垄断行业直接制定的价格，如政府对自来水、电力、燃气、供热、煤、石油的定价。管制定价是指政府对于涉及国计民生的竞争性行业制定的指导价格，如政府对教育收费、医疗服务收费、金融结算和交易服务收费、房屋和物业管理收费等制定的收费标准和浮动幅度就属于这类。

公共服务定价方法包括平均成本定价法、二部定价法和负荷定价法。平均成本定价法是指为保障财务收支的平衡性，对于成本递减的公共服务行业采取高于边际成本的平均成本来定价。二部定价法是指对于一些公共服务普遍采用“基本费用”（与使用量无关）加“从量费”（与使用量有关）的定价方法。负荷定价法是指按不同时间段或时期的需求制定不同的公共服务价格，在需求高峰时期或时段制定较高的价格，在需求低谷时期或时段制定较低的价格。

（三）最低成本选择法

最低成本选择法是指对于那些成本易于衡量但效益不易计量的财政支出项目，在无法采用成本—效益分析法时以成本最低为标准选择最优方案的方法。该方法主要适用于军事、政治、文化、卫生等项目。

最低成本选择法的实施步骤与成本—效益分析法基本相同，不同之处在于最低成本选择法不计算项目的效益，只计算项目的有形成本。对于跨年度的项目，同样要用折现率计算项目的成本现值。假定国家急需在 4 年内培养 6 000 名环境工程专业人才，专家提出了 3 个备选方案：①扩建现有开设此类专业的高等院校，增聘若干专业教师和管理人员；②兴办广播电视大学环境工程专业或相关远程教育专业，增加购置与电视教学、远程教学有关的设备、增聘专业教师和相关管理人员；③新办 2 所培养环境工程专业应用人才的学院，新建校舍，招聘教师和相关管理人员。假定 3 个方案均能在 4 年内培养出 6 000 名水平相同的专业人才，选择成本最低的方案作为可行方案。

（四）公众评判法

公众评判法是指政府通过专家评估、公众问卷、抽样调查等形式对财政支出项目的效益进行评判的方法。对于影响公众切身利益的重大投资项目，一般采用公众评判法。我国对于涉及环境影响评估的很多财政支出项目，都采用了这一方法。

公众问卷法要求政府采用便于公众知悉的方式，向公众公开有关投资项目的信息，公开征求公众意见。对于采用公众问卷形式进行支出效益评判的，问卷内容的设计应当通俗、明确、易懂，问卷的发放范围应当与投资项目的影响范围相一致。采用抽样调查形式的，抽样人群范围也应当与投资项目的影响范围一致。采用专家评估形式的，应当科学设计财政支出效益评价的各级指标体系，由参与评估的专家经过论证后给出明确意见。

本章小结

1. 从世界各国来看，财政支出规模总体上呈上升趋势。自改革开放以来，经过经济体制的改革和政府职能转换，我国财政支出规模有了较大变化。

2. 瓦格纳认为财政支出不断增长是由政治和经济两个因素造成的。皮考克和威斯曼认为影响财政支出的增长因素有内在和外在两种，其中外在因素是导致财政支出迅速增长的主要原因。威廉·尼斯坎南认为官僚凭借自身优势地位，可能人为地“制造”公共物品的需求，导致财政支出的扩大。威廉·鲍莫尔利用非均衡增长理论解释财政支出增长的原因，公共部门的工资率与私人部门的工资率呈同方向等速度变动，此时公共服务的相对价格上升，导致财政支出的增长。

3. 政府职能、经济发展阶段、社会性因素是影响财政支出结构的主要因素，社会主义市场经济体制逐步建立以后，我国财政支出结构呈现出由生产性向社会服务性转变且以社会服务性为主的特征。

4. 财政支出效益不仅包括可计量的经济效益，还包括难以计量的社会效益。成本—效益分析法、公共服务定价法、最低成本选择法和公众评判法是评价财政支出效益的方法。

思考与练习

1. 简述发达国家与发展中国家财政支出规模增长趋势的差异。
2. 根据影响财政支出结构的主要因素分析我国财政支出结构的变化趋势。
3. 简述财政支农支出的重点。
4. 我国财政教育支出的结构如何？怎样促进教育支出的改革？
5. 如何改革和完善我国社会保障制度？
6. 简述影响财政支出结构的主要因素。
7. 社会保险与商业保险有何不同之处？

第三章　财政收入

教学要求

通过学习，学生应掌握财政收入规模的影响因素、非税收入与税收收入的差异、非税收入的管理；理解非税收入的概念与范围、非税收入的主要形式；了解财政收入的分类、财政收入规模的衡量指标。

重点难点

本章的学习重点是财政收入规模的影响因素、非税收入的管理；难点是财政收入规模的衡量指标、非税收入的主要形式。

第一节　财政收入的含义及原则

一、财政收入的含义

财政收入是指为满足财政支出需要，国家通过一定形式和程序所筹集的所有财政资金，是衡量一国政府财力的重要指标。

首先，分别从动态和静态两个角度来理解。从动态角度看，财政收入应理解为一个过程，它是政府凭借各种权力，利用各种手段，从微观经济主体那里取得一定量社会产品的一种活动或过程，是财政分配活动的第一阶段或基础环节。从静态角度看，财政收入又表现为一定的货币资金，即政府为履行其职能而占有的以货币表现的一定量的社会产品价值，主要是剩余产品价值。

其次，从财政收入的预算管理方式来理解。财政收入可分为广义的财政收入和狭义的财政收入。广义的财政收入是指国家各级政府支配的全部资金，包括国家预算收入和预算外收入。狭义的财政收入仅指国家预算收入。随着国家对财政收入管理的逐步加强，政府对财政收入进行预算管理的范围越来越大，很多国家的全部财政收入都纳入预算管理。以前我国将政府收入分为预算外收入和预算内收入，现在为了更好地管理财政收入、提高财政资金使用效率、加强对政府收入的管理，我国将政府收入都纳入预算管理。例如，2014 年 8 月 31 日通过的《中华人民共和国预算法》规定，“政府的全部收入和支出都应当纳入预算”。

二、财政收入的形式

（一）税收

税收是国家凭借政治权力取得的一种财政收入，是财政收入最主要、最稳定的来源。税收在财政收入中占主导地位，它是征收面最广、最稳定可靠的财政收入形式。一般发展中国家的税收占其财政收入的比重达 80% 以上，发达国家超过 90%。我国近几年税收占财政收入的比重也在 80% 以上。与其他收入形式比较，税收收入形式具有强制性、无偿性和固定性的特征，保证了国家及时、稳定地获得财政收入。在市场经济体制下，税收是政府有效的财政政策工具之一，可以发挥宏观经济调控、优化社会经济资源配置以及公平收入分配的功能，以实现经济社会稳定发展等目标。2010—2017 年税收占财政收入的比重见表 3-1。

表 3-1　2010—2017 年税收占财政收入的比重

单位：亿元

年份	财政收入	税收收入	税收占财政收入的比重
2010	83 101.51	73 210.79	88.10%
2011	103 874.43	89 738.39	86.39%
2012	117 253.52	100 614.28	85.81%
2013	129 209.64	110 530.70	85.54%
2014	140 370.03	119 175.31	84.90%
2015	152 269.23	124 922.20	82.04%
2016	159 604.97	130 360.73	81.68%
2017	172 566.60	144 359.50	83.65%

数据来源：根据《中国统计年鉴》计算所得

（二）债务收入

债务收入是指国家以债务人身份按照信用原则取得的一种有偿性财政收入形式。债务收入通常被视为一种非经常性财政收入，主要用于弥补财政赤字。在市场经济条件下，债务收入也被作为宏观调控的重要工具。债务收入是一种特殊的财政范畴，也是一种特殊的信用范畴，兼有财政与信用两种属性。政府对于债务收入实行单独预算管理方式，目前我国对外公布的年财政总收入一般不包括债务收入。

（三）国有资产收益

国有资产收益是指政府凭借国有资产所有权取得的一种财政收入，主要包括股息收入、红利收入、上缴利润、租金收入、资源补偿费收入、资产占用费收入、国有股权转让收入、国有资产转让收入等。

（四）公共收费收入

公共收费收入是指政府部门、法律法规授权的机构提供特定公共服务时收取的费用、基金所形成的一种财政收入。公共收费形式主要包括服务性收费和管理性收费。服务性收费是国家机关、事业单位、代行政府职能的社会团体及其他组织向公民、法人提供特定公共服务项目的过程中所收取的费用、基金等，具有使用费的特征，例如，路桥费、城市水资源费、排污费等。管理性收费是履行行政管理职能的组织实施行政管理时收取的手续费和工本费，例如，工商执照费、商标注册费、户口证书费、司法诉讼费、公证费、护照费等。

（五）其他收入

其他收入主要包括事业收入、罚没收入、国家资源管理收入、外事服务收入等。事业收入是指中央和地方各部门所属事业单位的业务收入上缴国家预算的资金。如工交部门所属勘察设计机构取得的勘察设计收入、试验研究检验收入,农林部门所属水利机构取得的水利灌溉收入,以及其他事业单位开展各种技术服务包括技术转让取得的收入等。罚没收入是工商、税务、海关、公安、司法等部门依法取得的罚款、没收品收入,追回的赃款、赃物变价款收入等。国家资源管理收入是经国家批准开采国家矿藏资源的单位按规定缴纳的矿山管理费、沙石管理费等。外事服务收入是指国家机关及其所属事业单位在提供对外服务过程中取得的各项收入,例如,派往国际组织及其专门机构临时任职人员工资及劳务收入;派往国际组织驻京机构任职人员工资及劳务收入;派往国外的出国教师及其他人员的工资及劳务收入;同声传译的劳务收入;接待自费来华外宾、华侨所取得的各项收入;各部门代办护照、签证收取的手续费收入;办理护照、签证的加急费收入;出国举办展览的收入;其他外事服务收入。

三、财政收入的原则

(一)发展经济,扩大财源

这是组织财政收入的根本原则。经济发展伴随着社会财富的增加,政府部门可支配的资源也随之增加,财政收入的来源也会增加。实际上,财政收入的规模和增长速度取决于国民收入的规模和增长速度。国民收入的切实增长有赖于加快转变经济增长方式,优化经济结构。应着力于各经济部门之间的协调发展,强化政策支持,大力促进战略性新兴产业和劳动密集型产业的发展,培育新的经济增长点和扩大就业。同时落实重点产业调整振兴规划,大力推进技术改造,加快传统产业优化升级。

(二)兼顾国家、企业和个人三者利益

在我国,国家、企业和个人三者的根本利益是一致的。但是在国民收入确定的条件下,国家的财政收入和企业、个人的收入之间存在此消彼长的关系。企业、个人作为生产的直接参与者和财富的创造者,应该保证其合理利润的留存和正常消费的需求。只有在满足企业自我积累、自我发展的需要和人民合理的负担能力限度的前提下,国家的财政收入才能获得稳步而持续的增长。要达到兼顾三者利益的基本要求,就必须注意选择和运用兼顾三者利益的方法、政策。从财政收入的角度看,主要是税种的设置、税率的确定,影响国家收入的数量,涉及各种经济成分和个人的利益分配格局。

(三)合理负担,区别对待

国家财政收入的取得要使缴纳者承受的负担与其经济状况相适应,并使各处缴纳者之间的负担水平保持均衡。具体而言,包括两个方面:①经济能力或收入相同的社会成员应当向国家缴纳相同的数额,即以同样的方式对待条件相同的社会成员。②经济能力或收入不同的社会成员应当向国家缴纳不等的数额,即以不同的方式对待条件不同的社会成员。就我国目前而言,一是在区域协调发展的战略下,对不同的地区有所区别。财源的组织会对中西部地区、老少边穷地区采取优惠措施。二是在扩大就业、推进产业结构调整的战略下,对不同的产业有所区别。国家会对劳动密集型、智力密集型产业以及战略性新兴产业提供税收优惠措施。

（四）合理确定财政收入的数量界限

财政收入有一个数量界限问题。合理确定财政收入的数量界限，既可以达到“民不加赋而国用足”，又可以促进经济和提高人民生活水平。因此，合理确定财政收入的数量界限，使之“取之有度而民不伤”，便是组织财政收入时必须遵循的一项重要原则。根据财政客观规律和实际经济工作总结，财政收入数量界限有二：一是财政收入增长的最高限量，即当年财政收入的增长速度和规模不能超过同期居民收入的增长速度和规模；二是财政收入的最低限量，即在正常年景下，当年财政收入的规模不低于上一年已达到的水平。财政部门在组织财政收入时，要根据发生变化的情况，合理确定财政收入的数量界限，切实做好财政收入工作。在合理确定财政收入数量界限的问题上，还要注意到合理确定财政收入占国民收入的比重。财政收入占国民收入的比重反映了国家财政资金的集中程度，体现了国家财政分配集中和分散的关系。财政收入占国民收入的比重过大，国家财政集中太多，会影响到其他方面的积极性，不利于国民经济发展；反之，财政收入占国民收入比重过小，表明资金过于分散，国家掌握不了足够的财力，势必影响到全局利益。因此，组织财政收入时也要合理确定财政收入占国民收入比重。

第二节　财政收入的分类

一、按政府收入科目分类

根据《2019年政府收支分类科目》，财政收入按收入科目可以分为：税收收入、非税收入、债务收入和转移性收入。

（一）税收收入

税收收入分设20款：增值税、消费税、企业所得税、企业所得税退税、个人所得税、资源税、城市维护建设税、房产税、印花税、城镇土地使用税、土地增值税、车船税、船舶吨税、车辆购置税、关税、耕地占用税、契税、烟叶税、环境保护税和其他税收收入。

（二）非税收入

非税收入分设8款：专项收入、行政事业收费收入、罚没收入、国有资本经营收入、国有资源（资产）有偿使用收入、捐赠收入、政府住房基金收入、其他收入。

（三）债务收入

债务收入分设2款：中央政府债务收入、地方政府债务收入。

（四）转移性收入

转移性收入分设9款：返还性收入、一般性转移支付收入、专项转移支付收入、上解收入、上年结余收入、调入资金、债务转贷收入、接受其他地区援助收入、动用预算稳定调节基金。

二、按收入归属分类

按照收入归属，将财政收入分为中央财政收入和地方财政收入。

(一)中央财政收入

中央财政收入是指列入中央财政预算,由中央政府支配的财政收入。1994 年分税制改革后,中央财政收入包括地方财政的上缴收入;中央所属或管理的企业上交的缴款收入;中央税收收入;中央和地方共享收入中的中央分成收入;国债收入和其他收入等。中央财政收入在财政总收入体系中具有主导地位。

(二)地方财政收入

地方财政收入是指列入地方财政预算,由地方政府支配的财政收入。地方财政收入包括地方所属企业上交的缴款收入;地方税收收入;共享收入中的地方分成收入;中央税收返还和转移支付。地方财政收入在财政总收入体系中具有基础地位。

1978—2017 年中央和地方财政收支状况见表 3-2。

表 3-2 1978—2017 年中央和地方财政收支状况

单位:亿元

年份	财政总收入	中央财政收入	地方财政收入	财政总支出	中央财政支出	地方财政支出
1978	1 132.26	175.77	956.49	1 122.09	532.12	589.97
1979	1 146.38	231.34	915.04	1 281.79	655.08	626.71
1980	1 159.93	284.45	875.48	1 228.83	666.81	562.02
1981	1 175.79	311.07	864.72	1 138.41	625.65	512.76
1982	1 212.33	346.84	865.49	1 229.98	651.81	578.17
1983	1 366.95	490.01	876.94	1 409.52	759.60	649.92
1984	1 642.86	665.47	977.39	1 701.02	893.33	807.69
1985	2 004.82	769.63	1 235.19	2 004.25	795.25	1 209.00
1986	2 122.01	778.42	1 343.59	2 204.91	836.36	1 368.55
1987	2 199.35	736.29	1 463.06	2 262.18	845.63	1 416.55
1988	2 357.24	774.76	1 582.48	2 491.21	845.04	1 646.17
1989	2 664.90	822.52	1 842.38	2 823.78	888.77	1 935.01
1990	2 937.10	992.42	1 944.68	3 083.59	1 004.47	2 079.12
1991	3 149.48	938.25	2 211.23	3 386.62	1 090.81	2 295.81
1992	3 483.37	979.51	2 503.86	3 742.20	1 170.44	2 571.76
1993	4 348.95	957.51	3 391.44	4 642.30	1 312.06	3 330.24
1994	5 218.10	2 906.50	2 311.60	5 792.62	1 754.43	4 038.19
1995	6 242.20	3 256.62	2 985.58	6 823.72	1 995.39	4 828.33
1996	7 407.99	3 661.07	3 746.92	7 937.55	2 151.27	5 786.28
1997	8 651.14	4 226.92	4 424.22	9 233.56	2 532.50	6 701.06
1998	9 875.95	4 892.00	4 983.95	10 798.18	3 125.60	7 672.58
1999	11 444.08	5 849.21	5 594.87	13 187.67	4 152.33	9 035.34
2000	13 395.23	6 989.17	6 406.06	15 886.50	5 519.85	10 366.65
2001	16 386.04	8 582.74	7 803.30	18 902.58	5 768.02	13 134.56

续表

年份	财政总收入	中央财政收入	地方财政收入	财政总支出	中央财政支出	地方财政支出
2002	18 903.64	10 388.64	8 515.00	22 053.15	6 771.70	15 281.45
2003	21 715.25	11 865.27	9 849.98	24 649.95	7 420.10	17 229.85
2004	26 396.47	14 503.10	11 893.37	28 486.89	7 894.08	20 592.81
2005	31 649.29	16 548.53	15 100.76	33 930.28	8 775.97	25 154.31
2006	38 760.20	20 456.62	18 303.58	40 422.73	9 991.40	30 431.33
2007	51 321.78	27 749.16	23 572.62	49 781.35	11 442.06	38 339.29
2008	61 330.35	32 680.56	28 649.79	62 592.66	13 344.17	49 248.49
2009	68 518.30	35 915.71	32 602.59	76 299.93	15 255.79	61 044.14
2010	83 101.51	42 488.47	40 613.04	89 874.16	15 989.73	73 884.43
2011	103 874.43	51 327.32	52 547.11	109 247.79	16 514.11	92 733.68
2012	117 253.52	56 175.23	61 078.29	125 952.97	18 764.63	107 188.34
2013	129 209.64	60 198.48	69 011.16	140 212.10	20 471.76	119 740.34
2014	140 370.03	64 493.45	75 876.58	151 785.56	22 570.07	129 215.49
2015	152 269.23	69 267.19	83 002.04	175 877.77	25 542.15	150 335.62
2016	159 604.97	72 365.62	87 239.35	187 755.21	27 403.85	160 351.36
2017	172 566.57	81 119.03	91 447.54	203 330.03	29 858.89	173 471.14

资料来源:《中国统计摘要 2018》

三、按财政收入的产业来源分类

按财政收入的产业来源,财政收入可以分为第一产业财政收入、第二产业财政收入、第三产业财政收入。

(一)第一产业与财政收入

作为第一产业的农业是国民经济的基础,为国民经济其他部门的发展提供基本条件,也是各部门经济赖以发展的基础。没有农业的发展,国民经济其他部门的发展和财政收入的增加都将受到制约。从这个意义上说,农业也是财政收入的基础。第一产业对财政的直接贡献是上缴农业税。由于我国农业劳动生产率较低,通过税收上缴国家的只占很小一部分。2006 年之前,农业税的收入仅占我国税收收入的 5% 左右。为进一步增加农民收入、减轻农民负担, 2006 年,党中央、国务院总揽全局,审时度势,果断做出了全面取消农业税的重大决策,这个在我国长达 2 600 年的古老税种从此完全退出历史舞台,至此,财政收入中的农业税收入不复存在。表面看起来农业对财政的贡献并不大,但我国农业部门还有一部分是通过工农业产品价格“剪刀差”的形式间接提供财政收入,即农业部门创造的价值有一部分就是通过较低的价格为工业提供原材料而转移到工业部门来实现的,当然这部分也在不断减少。据估计,农业部门间接提供的财政收入比其直接上缴的财政收入多得多,只是在直接统计中没有表现出来。

(二)第二产业与财政收入

工业和建筑业是国民经济的主导产业,是创造和实现国民收入的主要部门,也是我国财政收入的主要来源。工业产值在国民生产总值中所占比重最大，工业部门的劳动生产率比农业高得多，所以工业部门提供的财政收入在整个财政收入中所占比重较高，工业发展状况对财政收入影响极大。1985 年以前，财政收入的 60% 以上来自于工业部门，随着税制改革和产业结构的调整，该比重有所下降，但仍达 40% 左右，仍然是财政收入的主要来源。第二产业中的建筑业是一个独立的生产部门，也创造价值，但在我国传统经济体制下，建筑产品只包括成本和很少的利润，建筑业向国家上缴的财政收入也很少。随着我国市场经济发展和城镇化进程加快，建筑业在我国国民经济中的地位上升，其贡献的财政收入增长较快。

（三）第三产业与财政收入

第三产业中的交通运输业、商业和服务业，是直接为国民经济服务的经济部门。交通运输业作为生产活动在流通领域的延续，是一种特殊的生产活动，直接创造和提供财政收入。交通运输业不仅直接为国家提供财政收入，更主要的是通过交通运输，使其他经济部门创造的价值得以实现。因此，交通运输业也是国家财政收入的重要来源。第三产业中的商业，以货币为媒介，从事商品交换活动，是沟通生产与消费的纽带。商业的发展不仅直接为国家提供财政收入，而且通过商品销售使工农业产品的价值得以实现，从而为国家增加财政收入做出贡献，对生产活动具有重大影响。随着增值税范围的扩展，商业部门提供的财政收入增长迅速，其占财政收入的比重也在增加。第三产业中的服务业，特别是金融保险、旅游、文化娱乐等的兴起和发展，不仅扩充了劳动就业岗位，而且直接为国家提供财政收入，成为国家财政收入的重要来源。

纵观世界各国各产业的发展情况，第一、第二产业首先发展，第三产业在国民生产总值中的比重随着经济发达程度而发生变化。随着社会生产力发展和科学技术的进步，第三产业产值占国民生产总值的比重越来越高，这是各国产业发展的一般趋势。与此同时，财政收入来源于第三产业的比重越来越高。

四、按征收权力分类

按征收权力，财政收入可分为强制性收入和非强制性收入。

（一）强制性收入

强制性收入是指国家行使政治权力强行取得的财政收入，如税收、罚款、规费等。

（二）非强制性收入

非强制性收入是指国家凭借经济法人的地位获得的收入，如公有财产收入、国营企业收入等。

五、按财政管理方法分类

按财政管理方法，可将财政收入分为预算内收入、预算外收入和制度外收入。

（一）预算内收入

预算内收入是指纳入国家统一预算的收入。

（二）预算外收入

预算外收入是指按现行制度规定不纳入预算管理的财政性资金和基金，一般由各级政府自行安排用于国家指定的用途或项目。

（三）制度外收入

制度外收入又称非预算收入，是指预算外收入之外的乱收费、乱罚款和乱摊派所形成的收入。

第三节 财政收入的规模及其影响因素

一、财政收入规模的含义

财政收入规模是指一定时期内财政收入的总体水平，是衡量一国政府财力的重要指标，在一定程度上反映政府所支配和占有资源的多少。财政收入规模决定了财政政策作用的空间，是分析财政相关问题的基础。财政收入规模除要考虑其实际规模大小外，还要考虑财政收入规模的适度性。

在任何一个国家的任何时期，对于政府财政收入总是存在一个客观的数量界限。如果超出这个数量界限，就会对社会经济产生不良的影响，甚至会扰乱社会经济秩序，阻碍国民经济的发展。也就是说，对政府财政收入有一个最高数量限制，我们称之为财政收入客观数量的上限。但是政府组织的财政收入也不能过少，否则政府便不能履行其最基本的财政职能。所以，对于财政收入也有一个最低数量的限制，我们称之为财政收入客观数量的下限。由此可见，所谓适度的财政收入，是介于这个上限与下限之间的财政收入量。

二、财政收入规模的衡量

财政收入规模常用绝对规模和相对规模这两类指标进行衡量。

（一）绝对规模

财政收入的绝对规模是指在一定时期内（如一个预算年度）各种财政收入的总量。它反映一国或一个地方政府在调控经济运行和影响社会发展方面经济实力的大小。现实中政府常用财政收入总额来表示财政收入的规模。例如，某一年度我国的财政收入总额为 140 370.03 亿元，这个数据在一定意义上可以表示当年大致的财政收入规模。

（二）相对规模

财政收入的相对规模是指某一时期财政收入的相对水平，反映财政收入的增长变化。财政收入相对规模的衡量指标包括财政集中率、财政收入增长率、财政收入增长的弹性系数、财政收入增长的边际倾向。

1. 财政集中率

财政集中率是指财政收入占 GDP 的比重，反映政府集中财力的能力，以及政府财力与其他市场主体财力之间的对比关系，同时还反映政府资源配置与市场资源配置之间的关系。

2. 财政收入增长率

财政收入增长率是指报告期财政收入与基期财政收入增长的比率。

3. 财政收入增长的弹性系数

财政收入增长的弹性系数是指财政收入增长率与 GDP 增长率的比值，反映财政收入与经济增长的相对变化。

4. 财政收入增长的边际倾向

财政收入增长的边际倾向是指财政收入变动额与 GDP 变动额的比值,表明每增加一个单位的 GDP 同时财政收入增加多少个单位。

无论是财政收入的绝对指标还是相对指标,都可以从历史角度进行纵向分析来观察一个国家财政实力的变化,也可以从横向角度对比分析不同国家的政府或者一个国家不同地区的政府在整个社会资源配置中的地位差别。

三、影响财政收入规模的主要因素

保证财政收入的持续稳定增长是世界各国政府追求的主要财政目标,谋求财政收入增长、满足财政支出的需要也历来被世界各国政府所重视。但是,财政收入的规模和规模增长速度是由一个国家的经济、政治、历史等多种因素决定的,也与一个国家的分配制度和财政管理能力有关。其中,经济因素包括经济发展水平、技术水平、价格水平、分配体制等。经济因素既决定长期财政收入规模,又影响一定时期内财政收入规模的变化与波动。

(一)经济发展水平和技术水平

1. 经济发展水平对财政收入规模的影响

经济发展水平从总体上反映着一个国家社会产品的丰富程度和经济效益的高低,它是影响财政收入规模的一个根本性因素,特别对财政收入的绝对规模来说更是如此。因为财政收入来源于对社会产品的分配。经济发展水平反映一个国家社会产品的丰富程度和经济效益的高低,社会产品越丰富,则 GDP 就越多,财政可分配的对象也越多。在其他条件不变的前提下,随着经济发展水平的提高,财政收入规模的绝对量会不断提高。因此,财政收入的增长离不开国民经济总量增长的支撑。

我国财政收入规模不断增长,其主要原因就在于我国经济发展水平越来越高。1978 年,我国经济发展水平很低,底子很薄, GDP 总量只有 3678.7 亿元,财政收入总额只有 1 132.26 亿元;到 2017 年我国 GDP 已经高达 827 121.7 亿元,全国一般公共预算收入达到 172 566.57 亿元。

从世界范围看,不同发展程度的国家的财政收入规模也存在差异。从绝对财政收入规模看,发达国家的财政收入规模基本上都高于发展中国家,中等收入国家又大都高于低收入国家。

2. 技术水平高低对财政收入规模的影响

技术水平对财政规模的影响主要通过技术影响新增价值来实现。在社会发展中,一定的经济发展水平总是靠一定的技术水平来维系。技术水平对财政收入规模的影响主要通过两个方面实现:一是技术进步会带来生产效率提高,促进生产速度的加快、新产品开发能力的加强和生产质量的提高, GDP 的规模也不断扩大,财政分配的物质基础越来越丰富;二是技术水平的提高和进步,会降低物质消耗,使整个社会的资源利用效率更高,产品中新增价值的比重提高得更快。财政收入主要来自社会新增加的价值,所以技术进步的幅度越大,对财政收入的贡献也越大。

随着技术水平的提高,技术进步对经济增长的贡献率不断提高。经济学上常用“科技进步贡献率”反映广义的技术进步程度。“科技进步贡献率”在国际上又称作全要素生产率，是一个很宽泛的宏观总量概念，它是指扣除资本投入贡献率和劳动力投入贡献率之后的所有其他要素贡献率的总和。在这些要素中，既包括技术发明和工艺改进，又包括体制、机制的进步和管理模式的进步等。据经济学家测算，在发达国家经济增长因素中，技术进步的贡献率在20世纪初仅为5.2%，到20世纪50年代技术进步贡献率上升到40%，20世纪70年代进一步上升到60%以上，其中美国和日本等发达国家高达80%左右。随着我国对创新的重视，技术进步对经济增长的贡献率还会进一步提高。我国已经提出到2020年科技进步对经济增长的贡献率达到60%的目标。随着技术进步速度的加快，国民经济新增价值也会越来越多，财政收入可分配的基础也会越来越雄厚。

（二）分配制度与分配政策

经济决定财政，财政收入规模的大小归根结底要受生产发展水平的制约。经济发展水平决定着财政分配的物质基础，财政收入还受到一个国家的分配制度和分配政策的影响。这一点在财政收入的相对规模方面表现得特别明显。在经济发展水平相同或者相似的国家，财政收入规模大小并不相同，主要原因在于各国的分配制度存在差异。如果一个国家实行集权制，政府统揽的社会事务多，提供的社会福利水平高，那么政府的财政收入相对规模就高，社会产品价值或者国民财富向政府集中的就会多些。如果一个国家实行财政分权，政府在社会福利方面承担的支出责任小，则国家的财政收入规模相对就会低些。例如，瑞典等北欧国家的财政收入相对规模要高于美国，主要原因在于不同国家在社会福利提供中承担的职责不同。瑞典属于典型的高福利国家，政府提供的社会福利水平高、范围广，美国则在社会福利方面更倾向于发挥市场作用。

我国财政收入相对规模经历了一个“V”字形变化曲线，这种变化也与我国的分配制度变革有关。在计划经济时期，国家将包括收入分配在内的社会经济运行过程基本上完全纳入计划管理的框架之内。国营企业没有独立的经济利益，其创造的利润要全部上交政府财政。居民工资水平非常低，即只能满足自身最低生活需要的水平。与此同时，人民的住房、医疗、养老等全部由政府和国营企业提供。例如，在1960年，财政收入占GDP的比例就达到了47%，处于历史最高水平。1978年财政收入占比为31.3%。1978年之后，我国进行经济体制改革，在分配领域调节国家与企业、个人之间的分配关系，经济利益逐渐向企业和个人倾斜。在个人收入分配上，为增加居民的个人收入，提高其消费水平，不仅大幅度提高了农产品的收购价格，也大幅提高城镇职工工资，推行资金制度；在企业与政府的关系上，国营企业逐渐成为独立经济利益的法人实体，国家对国营企业推行企业基金制度、利润留成制度、“利改税”、企业承包责任制等一系列改革措施，为企业放权让利。新的分配政策实施的结果，必然是在国家财政、企业和个人之间重新分配GDP的份额，政府在GDP中所占份额逐渐下降。到1994年，财政收入占国内生产总值的比重下降为12%，1995年为10.38%。我国建立市场经济体制后，政府为保证有足够的财力更好地实现经济调控功能，促进市场经济发展，在1994年进行了包括财政体制、税收体制在内的新一轮经济体制改革，建立起与市场经济相适应的分配制度和政府管理体制，不同层级政府之间、政府与市场主体之间的分配制度更加稳定规范，政府财政收入比重逐渐上升。经过20多年的发展，2017年我国一般公共预算收入占GDP的比重已经达到20.9%。由于政府财力增长，财政对经济调控的作用加强。

（三）价格水平

财政收入是在一定价格体系下形成的，价格变化也会引起财政收入规模变化，主要表现在两个方面。

1. 价格总水平上涨的一般性影响

如果价格总水平的上涨率大于财政收入增长率，那么财政收入名义增长而实际负增长，财政收入是虚增的。如果价格总水平的上涨率等于财政收入增长率，那么财政收入名义增长而实际不变，财政收入也是虚增的。如果价格总水平的上涨率低于财政收入增长率，那么财政收入名义增长而实际也增长，但名义增长高于实际增长。

改革开放以来的40年中，我国物价水平在1984—1989年曾有过剧烈的上涨，1998年后，除了个别年份有一定的通货紧缩外，大多数年份的物价总水平都呈现持续上涨态势，为此，我国税收收入也呈现出快速增长的态势。

2. 不同税收制度下价格总水平上涨的影响

采用累进所得税为主体的税收制度，价格总水平上涨时纳税人的收入名义增长，从而出现了税率“档次爬升”，因纳税人纳税额增加，财政收入名义增长实际也增长。采用以比例税率的流转税为主体的税收制度，价格总水平上涨幅度与纳税人收入名义增长是同步的，意味着财政收入名义增长而实际不变，财政收入是虚增的。采用定额税率或承包制形式的税收制度，价格总水平上涨时纳税人的纳税额不变，意味着财政收入名义不变而实际负增长。

（四）政府职能

政府职能范围是决定财政收入规模的直接因素。在一个经济社会，政府的基本职能是维护社会公共利益和解决社会公共问题。政府为履行社会契约所赋予的职能，需要提供大量公共物品。如果政府职能不断扩大，不可避免地导致公共物品供给范围的扩大，因而需要的财政收入规模也就越大。在自由资本主义时期，以亚当·斯密为代表的古典经济学家主张政府只需要充当“守夜人”，职能范围是防止外来侵略和维持国内治安，所需的财政收入规模较小。在垄断资本主义时期，特别是1929—1933年世界经济危机爆发以后，以凯恩斯为代表的经济学家主张政府更加全面地对社会经济进行干预，政府职能从内涵和外延都在不断扩大，导致公共物品供给范围的扩大，这样所需的财政收入规模必然呈不断增长的趋势。

（四）税收征管与财政收入规模

在经济增长水平、政府分配政策、价格水平等和政府职能既定的前提下，税收制度设计与税收征收管理水平也对财政收入规模有较大影响。前面的各项因素只是为财政收入准备了潜在的源泉，而现实的收入规模如何，取决于具体的征收制度和征管成效，即能否实现应收尽收，最大限度地减少收入的流失，做到保护财源。

世界各国普遍都存在税收收入流失的现象，区别仅限于流失程度不同。相对而言，发达国家税收法制健全，其税收征管机制设计缜密，纳税人信用制度健全，如果纳税人有偷逃税款的行为，不仅面临严重的经济损失，还会造成个人信用损失。因此，巨大的成本风险客观上有助于阻止税收的流失。税收流失有多种原因：一是税收制度本身的缺陷，制度本身与税源状况、纳税人的实际能力不尽一致，从而导致该收的税不能应收尽收；二是纳税人主观上的故意，由于征管制度设计不合理，存在征管漏洞，纳税人在利己动机的驱动下，故意采取税收不遵从的行为，规避纳税义务；三是征管手段不足，由于税务部门难以获得必要的信息，导致税务部门难以对有些税源进行征管。

四、我国当前财政收入规模分析

市场经济体制改革以来，我国财政收入水平经历一个先下降后逐渐提高的过程。财政收入占GDP的比重从1978年的30.78%下降到1995年的10.18%，之后财政收入占比逐渐回升，到2017年已经达到20.86%。我国财政收入相对规模还将如何变化，是社会各界普遍关心的问题，也是一个关系到国计民生和未来经济与社会发展战略的问题。当前，按照国际货币基金组织的统计口径，发达国家财政收入占GDP比例在35%~45%，大多数发展中国家的财政收入占GDP的比重一般在18%~25%。发达国家财政收入占比高，向社会提供的社会福利水平高。反之，发展中国家财政收入能力不足，难以有足够的财力提供高水平的社会福利。我国小口径的财政收入相对水平与西方发达国家相比并不太高。但如果按照国际货币基金组织关于财政收入统计口径（除一般财政收入外，还包括社会保险费收入、政府基金收入等），我国2010年统一口径的财政收入占GDP的比重已经高达34.6%，高于一般发展中国家的水平。将财政收入增长率与GDP增长率进行比较，我们可以得知，我国财政收入增长也快于GDP的增长。1978—2017年我国财政收入规模见表3-3。

财政收入的主要目的是为社会提供公共产品和公共服务。如果财政收入更多用于满足人们的公共服务，那么即使有较高的财政收入规模人们也不会感到负担过重。如果政府提供的公共产品和服务水平低，不能满足人们的基本公共需求，那么人们就会感到政府财政收入过多。因此，政府财政收入规模适度评价应该结合政府的社会职能实现程度进行分析。财政收入规模的确定，本质上也是如何处理政府与市场的关系。在市场经济条件下，政府财政收入规模的确定，既要考虑社会公平的实现，又要考虑整个社会资源配置效率的需求。

表3-3　1978—2017年我国财政收入规模

单位：亿元

年份	GDP	财政收入	财政收入集中率	财政收入增长率	弹性系数	边际倾向
1978	3 678.7	1 132.26	30.78%			
1979	4 100.5	1 146.38	27.96%	1.25%	0.11	3.35%
1980	4 587.6	1 159.93	25.28%	1.18%	0.10	2.78%
1981	4 935.8	1 175.79	23.82%	1.37%	0.18	4.55%
1982	5 373.4	1 212.33	22.56%	3.11%	0.35	8.35%
1983	6 020.9	1 366.95	22.70%	12.75%	1.06	23.88%
1984	7 278.5	1 642.86	22.57%	20.18%	0.97	21.94%
1985	9 098.9	2 004.82	22.03%	22.03%	0.88	19.88%

续表

年份	GDP	财政收入	财政收入集中率	财政收入增长率	弹性系数	边际倾向
1986	10 376.2	2 122.01	20.45%	5.85%	0.42	9.17%
1987	12 174.6	2 199.35	18.07%	3.64%	0.21	4.30%
1988	15 180.4	2 357.24	15.53%	7.18%	0.29	5.25%
1989	17 179.7	2 664.90	15.51%	13.05%	0.99	15.39%
1990	18 872.9	2 937.10	15.56%	10.21%	1.04	16.08%
1991	22 005.6	3 149.48	14.31%	7.23%	0.44	6.78%
1992	27 194.5	3 483.37	12.81%	10.60%	0.45	6.43%
1993	35 673.2	4 348.95	12.19%	24.85%	0.80	10.21%
1994	48 637.5	5 218.10	10.73%	19.99%	0.55	6.70%
1995	61 339.9	6 242.20	10.18%	19.63%	0.75	8.06%
1996	71 813.6	7 407.99	10.32%	18.68%	1.09	11.13%
1997	79 715.0	8 651.14	10.85%	16.78%	1.53	15.73%
1998	85 195.5	9 875.95	11.59%	14.16%	2.06	22.35%
1999	90 564.4	11 444.08	12.64%	15.88%	2.52	29.21%
2000	100 280.1	13 395.23	13.36%	17.05%	1.59	20.08%
2001	110 863.1	16 386.04	14.78%	22.33%	2.12	28.26%
2002	121 717.4	18 903.64	15.53%	15.36%	1.57	23.19%
2003	137 422.0	21 715.25	15.80%	14.87%	1.15	17.90%
2004	161 840.2	26 396.47	16.31%	21.56%	1.21	19.17%
2005	187 318.9	31 649.29	16.90%	19.90%	1.26	20.62%
2006	219 438.5	38 760.20	17.66%	22.47%	1.31	22.14%
2007	270 232.3	51 321.78	18.99%	32.41%	1.40	24.73%
2008	319 515.5	61 330.35	19.19%	19.50%	1.07	20.31%
2009	349 081.4	68 518.30	19.63%	11.72%	1.27	24.31%
2010	413 030.3	83 101.51	20.12%	21.28%	1.16	22.80%
2011	489 300.6	103 874.43	21.23%	25.00%	1.35	27.24%
2012	540 367.4	117 253.52	21.70%	12.88%	1.23	26.20%
2013	595 244.4	129 209.64	21.71%	10.20%	1.00	21.79%
2014	643 974.0	140 370.03	21.80%	8.64%	1.06	22.90%
2015	689 052.1	152 269.23	22.10%	8.48%	1.21	26.40%
2016	743 585.5	159 604.97	21.46%	4.82%	0.61	13.45%
2017	827 121.7	172 566.57	20.86%	8.12%	0.72	15.52%

资料来源:《中国统计摘要 2018》

第四节　政府非税收入

一、政府非税收入的内涵

（一）非税收入的概念与范围

政府非税收入是指除税收以外，由各级国家机关、事业单位、代行政府职能的社会团体及其他组织依法利用国家权力、政府信誉、国有资源（资产）所有者权益等取得的各项收入。政府非税收入的范围包括：行政事业性收费、政府性基金、罚没收入、国有资源（资产）有偿使用收入、国有资本收益、彩票公益金、特许经营收入、中央银行收入、以政府名义接受的捐赠收入、主管部门集中收入、政府收入的利息收入以及其他非税收入。非税收入不包括社会保险费、住房公积金（指计入缴存人个人账户部分）。非税收入是政府参与国民收入初次分配和再分配的一种形式，属于财政资金范畴。广义地说，非税收入是指政府通过合法程序获得的除税收以外的一切收入。

（二）非税收入与税收收入的差异

1. 征收依据不同

税收收入是政府凭借政治权力来征收的，取得依据比较单一。非税收入是政府凭借行政权力、财产所有权、政府信誉三种依据取得的，如行政事业性收费、政府性基金、罚没收入、主管部门集中收入是依靠行政权力强制征收，国有资源（资产）有偿使用收入、国有资本收益、政府收入的利息收入是依靠国家对国有资源、国有资产的所有权有偿取得的，彩票公益金、以政府名义接受的捐赠收入是依靠政府信誉自愿募集的。从这点来看，非税收入的取得依据具有多样性。

2. 使用方向不同

税收收入是政府财政收入的基本来源，具有普遍征收、普遍服务的特点，使用方向上主要是满足一般公共服务的需要，是提供基本公共物品的主要资金来源。而非税收入是税收收入的必要补充，具有分散性、专项性的特点，使用方向上主要是满足特定公共服务的需要，通常用于弥补政府提供特定公共服务的成本支出。

3. 征收主体和管理方式不同

税收是以国家为主体，具有强制性、无偿性、固定性的形式特征，主要由税务机关依照法律、行政法规征收，收入上缴国库，纳入一般公共预算收入。非税收入是以各级政府为主体，由各级政府及所属部门、事业单位、代行政府职能的社会团体及其他组织收取，根据非税收入不同性质，分别纳入一般公共预算收入、政府性基金预算收入和国有资本经营预算收入。

二、政府非税收入的主要形式

（一）国有资源有偿使用收入

国有资源有偿使用收入是指依法履行国有资源管理职能的各级政府及其所属部门和代行国有资源管理权的单位，开发利用国有资源取得的收益和依法出让、出租各类国有资源的开发权、使用权、开采权、特许经营权、广告权等取得的收入。对于国有资源采取有偿使用，有助于提高国有资源使用效益和优化国有资源配置。

国有资源有偿使用收入分为开发利用国有资源取得的收入和依法出让、出租国有资源开发权、使用权、开采权、特许经营权、广告权等取得的收入两类。具体包括国有土地出让收入,新增建设用地有偿使用费,江河湖泊、水资源、地热使用权出让、出租收入,海域使用金,探矿权、采矿权使用费和价款收入,场地和矿区使用费收入,出租汽车经营权收入,公共交通线路经营权收入,汽车号牌使用权收入,广播电视机构占用国家无线电频率资源取得的广告收入,政府投资建设公共设施的开发权、使用权、冠名权、广告权、特许经营权有偿使用收入,政府投资建设的道路、公共场地设置停车泊位取得的收入,利用政府信誉和政府所拥有的信息、技术等资源取得的收入,利用其他国有资源取得的收入。

(二)国有资产有偿使用收入

国有资产有偿使用收入是指各级政府及其所属部门、事业单位、代行政府职能的社会团体、其他组织按照国有资产管理规定,对其占有、使用的国有资产(固定资产、流动资产、无形资产等)出租、出售、出让、转让、处置、对外投资、对外经济合作、对外服务等取得的收入。

国有资产有偿使用收入包括处置国有资产取得的股权转让收入、置换差价收入、资产残值变价收入、拆迁补偿收入、保险理赔收入等,对外出租、出借国有资产取得的各种收入,利用国有资产对外投资、经济合作、服务等取得的国有资产收益,利用国有资产取得的其他收入。

(三)国有资本经营收益

国有资本经营收益是指各级人民政府及其部门凭借所有者身份从国家出资企业或直接管理的企业依法取得的国有资本收益。

国有资本经营收益包括:国有独资企业按规定上交的利润,国有控股、参股企业中国有股权(股份)获得的股息、红利和股利,企业国有产权(股权)出售、拍卖、转让的收入,国有独资企业的清算净收益和国有控股、参股企业中清算净收益中国有股权(股份)获得的净收益,依法由国有资本享有的其他收益。

(四)政府性基金

财政部颁布的《政府性基金管理暂行办法》规定,政府性基金是指各级人民政府及其所属部门根据法律、行政法规和中共中央、国务院文件规定,为支持特定公共基础设施建设和公共事业发展,向公民、法人和其他组织无偿征收的具有专项用途的财政资金。政府性基金可以由各级财政部门自行征收或者委托其他机构代征,全额纳入财政预算,实行"收支两条线"管理。

根据财政部网站2017年6月公布的《全国政府性基金项目目录》规定,全国政府性基金项目包括:铁路建设基金、港口建设费、民航发展基金、高等级公路车辆通行附加费(海南)、国家重大水利工程建设基金、水利建设基金、城市基础设施配套费、农网还贷资金、教育费附加、地方教育费附加、文化事业建设费、国家电影事业发展专项资金、旅游发展基金、中央水库移民扶持基金(包括:大中型水库移民后期扶持基金、跨省大中型水库库区基金、三峡水库库区基金)、地方水库移民扶持基金(包括:省级大中型水库库区基金、小型水库移民扶助基金)、残疾人就业保障金、森林植被恢复费、可再生能源发展基金、船舶油污损害赔偿基金、核电站乏燃料处理处置基金、库弃电器电子产品处理基金。

(五)行政事业性收费

行政事业性收费是指国家机关、事业单位、代行政府职能的社会团体及其他组织根据法律法规等有关规定,依照国务院规定程序批准,在实施社会公共管理以及在向公民、法人提供特定公共服务过程中,向特定对象收取的费用。

行政事业性收费分为行政性收费和事业性收费两种。行政性收费是国家行政机关或授权行使行政管理职能的单位在实施社会、经济等特定管理中,依照国家法律法规收取的费用。事业性收费是事业单位在提供特定服务时,依照国家法律法规向社会或个人收取的补偿性费用。按照类别,行政事业性收费分为行政管理类收费、资源补偿类收费、鉴定类收费、考试类收费、培训类收费和其他类别收费。

行政事业性收费标准实行中央和省两级审批制度。对于中央部门和单位(含中央驻地方单位)、全国或区域(跨省、自治区、直辖市)范围内收费项目的收费标准由国务院财政部门、价格主管部门审批,重要收费项目的收费标准应由国务院财政部门、价格主管部门审核后报请国务院批准。其他的收费标准由省级政府财政部门、价格主管部门审批并报国务院财政部门、价格主管部门备案,重要收费项目的收费标准由省级财政部门、价格主管部门审核后报请省级政府批准。

(六)彩票公益金

彩票公益金是按照规定比例从彩票发行销售收入中提取的,专项用于社会福利、体育等社会公益事业的资金。逾期未兑奖的奖金纳入彩票公益金。

按政府层级,彩票公益金分为中央彩票公益金和地方彩票公益金。中央彩票公益金用于社会福利事业、体育事业、补充全国社会保障基金和国务院批准的其他专项公益事业,地方彩票公益金按照国务院批准的彩票公益金分配政策,由省级财政部门与民政、体育等行政主管部门协商确定分配原则。

按彩票类型划分,彩票公益金收入分为福利彩票公益金、体育彩票公益金和其他彩票公益金。福利彩票公益金专项用于发展社会福利事业,体育彩票公益金专项用于发展体育事业,其他彩票公益金专项用于其他社会公益性支出。彩票公益金实行"收支两条线"管理,专款专用,不得用于平衡一般预算。

三、政府非税收入的管理

非税收入是政府财政收入的重要组成部分,纳入财政预算管理。非税收入实行分类分级管理。根据非税收入不同类别和特点,制定与分类相适应的管理制度。鼓励各地区探索和建立符合本地实际的非税收入管理制度。非税收入管理遵循依法、规范、透明、高效的原则。各级财政部门是非税收入的主管部门。财政部负责制定全国非税收入管理制度和政策,按管理权限审批设立非税收入,征缴、管理和监督中央非税收入,指导地方非税收入管理工作。县级以上地方财政部门负责制定本行政区域非税收入管理制度和政策,按管理权限审批设立非税收入,征缴、管理和监督本行政区域非税收入。各级财政部门完善非税收入管理工作机制,建立健全非税收入管理系统和统计报告制度。

(一)非税收入设立和征收管理

行政事业性收费按照国务院和省、自治区、直辖市(以下简称省级)人民政府及其财政、价格主管部门的规定设立和征收;政府性基金按照国务院和财政部的规定设立和征收;国有资源有偿使用收入、特许经营收入按照国务院和省级人民政府及其财政部门的规定设立和征收;国有资产有偿使用收入、国有资本收益由拥有国有资产(资本)产权的人民政府及其财政部门按照国有资产(资本)收益管理规定征收;彩票公益金按照国务院和财政部的规定筹集;中央银行收入按照相关法律法规征收;罚没收入按照法律、法规和规章的规定征收;主管部门集中收入、以政府名义接受的捐赠收入、政府收入的利息收入及其他非税收入按照同级人民政府及其财政部门的管理规定征收或者收取。非税收入全部上缴国库,实行国库集中收缴制度。

(二)票据管理

非税收入票据是征收非税收入的法定凭证和会计核算的原始凭证,是财政、审计等部门进行监督检查的重要依据。非税收入票据种类包括非税收入通用票据、非税收入专用票据和非税收入一般缴款书。具体适用下列范围:①非税收入通用票据,是指执收单位征收非税收入时开具的通用凭证;非税收入专用票据,是指特定执收单位征收特定的非税收入时开具的专用凭证,主要包括行政事业性收费票据、政府性基金票据、国有资源(资产)收入票据、罚没票据等;③非税收入一般缴款书,是指实施非税收入收缴管理制度改革的执收单位收缴非税收入时开具的通用凭证。加强非税收入的票据管理能够确保非税收入及时足额上缴,从而有利于预防和治理乱收费现象。

(三)资金管理

非税收入依照法律、法规规定或者按照管理权限确定的收入归属和缴库要求,缴入相应级次国库。非税收入实行分成的,应当按照事权与支出责任相适应的原则确定分成比例,并按下列管理权限予以批准:①涉及中央与地方分成的非税收入,其分成比例由国务院或者财政部规定;②涉及省级与市、县级分成的非税收入,其分成比例由省级人民政府或者其财政部门规定;③涉及部门、单位之间分成的非税收入,其分成比例按照隶属关系由财政部或者省级财政部门规定。非税收入通过国库单一账户体系收缴、存储、退付、清算和核算。根据非税收入不同性质,分别纳入一般公共预算、政府性基金预算和国有资本经营预算管理。各级财政部门按照规定加强政府性基金、国有资本收益与一般公共预算资金统筹使用,建立健全预算绩效评价制度,提高资金使用效率。

(四)监督管理

各级财政部门建立健全非税收入监督管理制度,加强非税收入政策执行情况的监督检查,依法处理非税收入违法违规行为。执收单位建立健全内部控制制度,接受财政部门和审计机关的监督检查,如实提供非税收入情况和相关资料。各级财政部门和执收单位通过政府网站和公共媒体等渠道,向社会公开非税收入项目名称、设立依据、征收方式和标准等,并加大预决算公开力度,提高非税收入透明度,接受公众监督。任何单位和个人有权监督和举报非税收入管理中的违法违规行为。各级财政部门应当按职责受理、调查、处理举报或者投诉，并为举报人保密。对违反本办法规定设立、征收、缴纳、管理非税收入的行为，依照《中华人民共和国预算法》《财政违法行为处罚处分条例》和《违反行政事业性收费和罚没收入收支两条线管理规定行政处分暂行规定》等国家有关规定追究法律责任；涉嫌犯罪的，依法移送司法机关处理。

本章小结

1. 财政收入是指为满足财政支出需要，国家通过一定形式和程序所筹集的所有财政资金，是衡量一国政府财力的重要指标。财政收入的形式包括：税收、债务收入、国有资产收益、公共收费收入和其他收入。

2. 财政收入的规模是指一定时期内财政收入的总体水平，是衡量一国政府财力的重要指标，在一定程度上反映政府所支配和占有资源的多少。财政收入规模常用绝对规模和相对规模这两类指标进行衡量。相对规模的衡量指标为：财政集中率、财政收入增长率、财政收入增长的弹性系数、财政收入增长的边际倾向。

3. 财政收入规模的影响因素包括：经济发展水平、技术水平、分配制度与分配政策、价格水平和税收征管。

4. 政府非税收入是指除税收以外，由各级国家机关、事业单位、代行政府职能的社会团体及其他组织依法利用国家权力、政府信誉、国有资源（资产）所有者权益等取得的各项收入。政府非税收入的范围包括：行政事业性收费、政府性基金、罚没收入、国有资源（资产）有偿使用收入、国有资本收益、彩票公益金、特许经营收入、中央银行收入、以政府名义接受的捐赠收入、主管部门集中收入、政府收入的利息收入以及其他非税收入。

思考与练习

1. 简析财政收入的主要影响因素。
2. 简述公共收费形式的主要区别。
3. 简述经济发展水平和技术进步对财政收入规模的影响。
4. 分析价格水平对财政收入规模的影响。
5. 分析非税收入与税收收入的差异。
6. 如何加强对非税收入的管理？

第四章 公　　债

教学要求

通过学习,学生应掌握公债的功能、公债的经济效应、公债的发行与偿还、公债风险防范;理解公债的概念与特征、公债风险的衡量、公债结构管理;了解公债的分类、公债市场的体系与交易方式、公债余额管理。

重点难点

本章的学习重点是公债的功能、公债的发行与偿还、公债风险防范;难点是公债的经济效应、公债结构管理。

第一节 公债概述

一、公债的含义

在信用经济高度发达的当今世界,为某种需要而举债已成为十分普遍的社会现象。举债的主体或举债人主要有两类:一是个人和企业;二是政府。个人和企业的债务称为民间债或私债,政府举借的债务称为公债。

公债是指政府为满足财政资金需求,依据信用原则,以债务人身份取得的一种财政收入。从性质上看,公债既是以信用为基础的债权债务关系,也是一种"延期的税收"。公债包括国债和地方债。中央政府在国内外发行债券或向外国政府、国际组织和银行借款时都会形成国家债务。

公债是一个特殊的财政范畴。它是一种财政收入补充形式。因为发行公债实际上是筹集资金,这意味着政府可支配资金的增加。但是,公债的发行必须遵循信用原则,即有借有还。债券到期不仅要还本,而且还要支付一定的利息。公债具有偿还性,是一种预期的财政支出,这一特点和无偿性的税收是不同的。公债还具有认购上的自愿性,除极少数强制公债外,人们是否认购、认购多少,完全由自己决定,这也与强制课征的税收明显不同。

公债是一个特殊的债务范畴。它与私债的本质区别在于发行的依据或担保物不同。私债是以私人信用为依据。由于作为私人信用保障的私人收入和财产具有有限性,其信息基础相对薄弱,从而对债权人来说风险较大。公债则不同,其属于国家信用,是政府为了弥补财政收支不平衡而向国内外举借的债务。由于发行公债意味着未来的、扩大了的财政支出,因此原来的财政收支"缺口"并未消失,而只是从现在转移到了未来的某个时期。国家信用是商品经济发展的产物。现代市场经济下国家信用又可分为财政筹资信用(如公债、政府借款)和财政投资信用(如基本建设投资的"拨改贷"、财政投资)。公债是重要的但不是唯一的国家信用形式。

二、公债的特征

(一)资金有偿

资金有偿是指政府通过发行公债募集财政资金,不仅需要按期偿还本金,还要按约定的认购条件向公债认购者支付一定数额的利息。政府发行的公债由认购者认购成功后,在认购者和政府之间形成了一种债权债务关系。作为债务人身份的政府,需要对发行的公债承担按期还本付息的责任;而作为债务人身份的认购者,因暂时让渡了资金的使用权获得了一定的报酬。对于认购者而言,由于公债具有很高的信用等级,购买公债是一种较安全的投资。

(二)认购自愿

认购自愿是指公债的认购不具有强制性,认购与否与认购多少完全由认购者自主决定。不同于税收的强制性,公债发行是以国家信用为依托,建立在自愿、平等、互利的基础上。作为具有独立经济利益的认购者,按照最优的经济决策认购公债,自愿让渡货币资金的使用权,并与政府结成一种债权债务关系。

(三)发行灵活

发行灵活是指政府根据财政收支状况和经济调控需要,灵活确定公债发行与否和发行的条件(如时间、利率、数量等),无须法律预先规定。公债发行不具有时间上的连续性,也不具有发行规模的相对固定性,完全依赖政府的发行需要灵活确定。

(四)持有安全

公债以国家信用为基础,以一国的主权和政府的信誉为保证,因而具有较高的信用,被视为"金边债券"。对于到期公债,政府一般会如期偿还本金和利息,因而公债的安全性比较高,持有者可以获得稳定的投资收益。

三、公债的分类

(一)按偿还期限分类

按偿还期限可将公债分为短期公债、中期公债、长期公债和永久公债。

短期公债是指偿还期限在一年以内的公债。周期短,流动性很强,主要用于平衡预算年度内的短期财政收支缺口。中期公债是指偿还期限在 1 年以上 10 年以内的公债,流动性弱于短期公债,主要用于弥补年度财政赤字和为建设周期较长的基础设施、重点投资项目筹集财政资金,在公债总额中所占比重较大。长期公债是指偿还期限在 10 年以上的公债,流动性较差,主要为建设周期较长的基础设施或重点投资项目融资,在公债总额中所占比重较小。永久公债,又称无期国债,是指不规定到期时间,债权人只能按期取得利息而不能要求偿还的公债。由于永久公债具有较大的负效应,很少有国家发行,历史上只有英、法等国为筹措备战费采用过。

我国的公债等同于国债,主要以中期国债为主,短期国债和长期国债所占比重较小。发达国家的公债期比较多,如美国的短期公债(国库券)有 3 个月、6 个月、1 年期三种,中期公债有 2 年、3 年、5 年、7 年四种,而长期公债有 10 年、30 年两种。市场化国家比较重视短期公债的发行，如美国 60% 的国债属于短期国债。

（二）按举债的主体分类

按举债的主体，可以将公债分为国家公债和地方公债。

国家公债（国债）是由中央政府发行的一种公债，列入中央政府预算，由中央政府分配使用。一般来说，国家公债的规模往往大于地方公债的规模。地方公债（地方债）是由地方政府发行的一种公债，列入地方政府预算，由地方政府分配使用。在发达国家，中央政府会对地方公债给予一定程度的管理，如日本的地方公债审核、英国对地方公债的担保等。

伴随着我国公债的发展，地方公债也经历了几个不同的发展阶段，经历着“断与续”。中华人民共和国成立初期，根据国家公布的《中华人民共和国地方经济建设公债条例》，各地区结合本地区实际，不同程度地发行了“地方经济建设公债”，作为筹集建设资金的一种辅助手段。地方公债的发行为地方政府开辟了新的财源，有力地支持了地方经济的建设。1994 年《中华人民共和国预算法》第 28 条明确规定：地方各级预算按照量入为出、收支平衡的原则编制，不列赤字。除法律和国务院另有规定外，地方政府不得发行地方政府债券。这样，从法律上否定了地方政府发债权。在 1998—1999 年实施的积极财政政策中，我国曾采用过由中央财政发行国债，再转贷给地方用于地方的建设项目的做法。在金融危机的影响下，为了扩大内需，刺激经济的发展，2009 年起，国务院同意地方发行债券，但由财政部代理发行，其信用实际上接近于国家公债。

（三）按举债的性质分类

按照举债的性质，将公债分为强制公债和自由公债。

强制公债是国家利用行政手段强制居民、企业或其他组织认购的一种公债，不考虑认购者的认购意愿。强制公债有悖于公债认购自愿的原则，强行剥夺了认购者的自由选择权，容易造成认购者的负担。只有在国家财政特别困难，无法筹集必需的财政资金且国债发行困难时，才能采用这一公债。

自由公债是指完全由认购者自愿认购的一种公债。这种公债的发行尊重认购者的认购意愿，认购者有很大的自由选择权。自由公债是一种常见的公债形式，常被认购者作为投资、理财的主要工具。

（四）按公债的流动性分类

按流动性，可以将公债分为自由流通公债和非自由流通公债。

自由流通公债是指在公债持有期限内可以自由转让的一种公债。自由流通公债在证券市场上自由交易，价格取决于该种公债的供给与需求。大多数发达国家的公债都属于自由流通公债，自由转让公债占全部公债发行量的 70% 以上。

非自由流通公债是指在公债期限内不能自由转让、只能持有到期获取本息的一种公债。这种公债的流动性差，公债的利率相对较高。

（五）按公债的发行凭证分类

按公债的发行凭证将公债分为实物公债、记账式公债和凭证式公债。

实物公债，又称有纸公债，是一种统一印制、具有标准格式的实物券面形式的公债券。

这种公债不记名，不挂失，可以上市流通转让，到期到兑换点兑现。1993 年，我国发行的国库券就属于实物公债。

记账式公债，又称无纸公债，是一种利用账户通过计算机系统完成公债认购、交易和兑付全过程的无纸化公债。这种公债没有实物券面和收款凭证，以电脑记账式记录债权，可以记名，可以挂失，也可以上市交易。记账式公债具有流动性好、安全性高、发行成本低、发行时间短、发行效率高的优势，是世界各国普遍采用的一种公债形式。我国 1994 年开始发行记账式国债，发行方式分为证券交易所市场发行、银行间债券市场发行、银行间债券市场与证券交易所市场共同发行三种情况。

凭证式公债是指通过填制公债收款凭证的形式记录债权的一种公债。这种公债也没有实物券面，以收款凭证作为债权证明，可以记名，可以挂失，可提前兑付，但不能上市流通。凭证式公债是一种储蓄性质的公债，具有安全性高、变现灵活、认购方便、收益稳定的特点。我国 1994 年开始发行凭证式国债，采用填制“凭证式国债收款凭证”的方式通过商业银行、邮政储蓄银行发行。

（六）按公债利率的变动分类

按照公债利率的变动将公债分为固定利率公债、浮动利率公债和保值公债。

固定利率公债是指在整个偿还期内利率保持不变的一种公债。这种公债的利率不受市场利率变化的影响，政府只按固定的公债利率支付利息。固定利率公债的发行成本和投资收益能够预计出来，不确定性很小。如果未来市场利率和公债利率不一致，容易有公债发行者和持有者利率波动的风险。如果偿还期内的市场利率下降，公债发行者原来的发行成本相对上升，而公债持有者的投资收益相对上升，原来的公债价格将上升；如果偿还期内的市场利率上升，公债发行者原来的发行成本相对下降，而公债持有者的投资收益相对下降，原来的公债价格将下降。

浮动利率公债是指在整个偿还期内公债利率随市场利率变动而调整的一种公债。这种公债能够规避市场利率波动所带来的风险，通常在通货膨胀严重时发行。

保值公债是指在整个偿还期内公债利率随价格指数变动而调整，从而达到保值目的的一种公债。英国 1981 年开始发行一种“随物价指数滑动国债券”，尽管票面利率较低，但支付的本息可以随零售物价指数变动进行调整。我国 1989 年发行了 125 亿元的保值国债，期限为三年，年利率以三年定期储蓄存款利率为基础加保值贴补率并外加一个百分点。

（七）按公债的用途分类

按公债的用途，可以将公债分为普通公债和特殊公债。

普通公债是指主要为弥补财政赤字和平衡财政收支缺口筹集资金的一类公债。普通公债可以分为凭证式公债、记账式公债和实物公债三种。我国的普通国债包括记账式国债、凭证式国债和储蓄国债。我国普通国债的规模越来越大，国债期结构日趋多样化。

特殊公债是指为特殊事项而非平衡预算收支缺口筹集资金的一类公债。我国的特殊国债包括定向债券、特种国债和专项国债等。定向债券是指国家为加强社会保险基金的投资管理，面向养老保险基金、待业保险基金及其他社会保险基金定向发行的一种国债。我国

1994 年发行定向国债，期限为 5 年，发行数额 20 亿元。这种国债是以财政部统一印制的“特种定向债券收款凭证”记录债权，可以记名和挂失，不能上市转让。特种国债是为特定用途筹集财政资金而发行的一种国债。1998 年 8 月，为补充国有商业银行资本金额，我国面向四大国有独资商业银行发行了 2700 亿元长期特别国债。2007 年，为购买约 2000 亿美元外汇作为国家外汇投资公司的资本金，我国发行了 15 500 亿元特别国债。专项国债是指政府为特定项目、特定事业筹集资金并规定专门用途的一类国债，包括国家重点建设债券、国家建设债券、基本建设债券、长期建设债券等。1998 年 9 月，我国面向中国工商银行、中国农业银行、中国银行和中国建设银行 4 家国有商业银行发行了 1 000 亿元 10 年期的附息国债，专项用于基础设施建设投入。

第二节　公债的功能与经济效应

一、公债的功能

（一）弥补财政赤字

公债的最基本功能是弥补财政赤字。相对于增加税收而言，公债是弥补财政赤字的最佳选择。在财政困难出现财政赤字时，如果通过提高税率、扩大税基、减少税收优惠等措施增加税收来弥补财政赤字，不仅难度较大，其结果也可能得不偿失。这是因为，税收的增加会受到经济发展水平的制约，强行增税不仅不利于经济的发展，也会损害税源，导致税收规模下降，进一步加剧财政的困难；税收的增加受立法程度的制约，手续繁杂且容易招致纳税人的不满。一般来说，通过公债发行将社会资金的使用权单方面转移给政府，由政府用来弥补财政赤字，不会产生太多的负效应。第一，公债发行可以将部分的社会闲置资金的使用权暂时让渡给政府，在排除公债货币化的情况下，一般不会导致货币供给量的增加和引发通货膨胀。第二，公债是政府重要的财政政策工具，政府可以利用公债进行宏观经济调控。当然，公债发行也不是医治财政赤字的“灵丹妙药”。过分依赖公债来弥补财政赤字，容易给财政带来较大的债务负担，而还本付息压力的加大又会造成新的财政赤字，引起新一轮债务规模和赤字规模的攀升，最终引发债务风险。在社会闲置资金有限时，过度发行公债会产生较强的挤出效应，提高投资和消费的成本，进而会抵制社会总需求的扩大，不利于宏观经济的稳定。

（二）筹集财政资金

发行公债是筹集财政资金的一种重要手段，是财政收入的一种补充形式。政府可以灵活设计公债发行的条件，充分吸收社会的闲置资金，弥补财政收入的不足。政府通过发行中长期的公债，可以为那些投资规模大、建设周期长、投资回收期长的基础建设项目和事关经济稳定、社会发展、保障民生的重点项目以及攸关新兴战略产业发展的政府投资项目筹集资金。国内外的财政实践表明，公债是国家财政投资的重要资金来源。

（三）调节社会经济

公债是财政政策的重要工具，是政府调节经济的重要手段。首先，政府通过调整公债发行条件，可以调节不同经济主体占有社会资源的规模，进而改变社会消费结构和投资结构，最终起到调节社会总供求平衡的作用。其次，政府通过调整公债资金使用范围，引导社会资金流向，从而起到调节产业结构的作用。再次，政府通过公债的发行或偿还直接影响流通领域的货币资金量，通过公债利率水平的调整影响货币资金的供求关系，通过公开市场公债的买入卖出调控流通领域的货币供给量实现宏观经济的稳定。

二、公债的经济效应

（一）公债的需求效应

1. 增加需求总量

公债将社会闲置资金或居民储蓄转化为财政资金后，政府的购买性支出直接构成了社会总需求，投资性支出也通过乘数作用扩大了社会总需求。中央银行认购国债，相当于公债货币化，增加了基础货币的供给，从而对总需求产生扩张效应。公债通常被视为一种能增加财富的资产，对公债本息的偿付直接刺激了持有者的消费需求和投资需求，从而扩大了社会总需求。

2. 改变需求结构

在私人部门认购公债时，通过减少本身的消费或投资，将自有资金的使用权让渡给政府，由政府进行消费性支出或投资性支出。显然，公债的认购改变了社会总需求的结构，将私人部门的消费或投资需求转化为政府的消费需求或投资需求。政府偿付公债时，在税收收入不能大幅度提高的情况下，政府需要减少政府的消费性支出或投资性支出，私人部门获得公债本息后增加了自身的消费或投资，显然公债的偿付也改变了社会总需求的结构，将政府的消费需求或投资需求转化为私人部门的消费或投资需求。

（二）公债的供给效应

公债是重要的财政政策工具，具有改善供给结构的作用。若政府将发行公债所筹集的财政资金用于生产性投资，如基础设施投资、高新技术投资、农业投资、教育投资、落后地区经济开发等，通过政府投资方向和范围的优化调整，在促进生产要素合理配置的同时，扩大了社会再生产，从而充分发挥了公债的供给效应。我国在1998—2002年实行了积极财政政策，发行了大量的长期国债，国债资金投向了大批的基础设施建设项目，有效地解决了产业发展的瓶颈问题，逐步改善了供给结构。

（三）公债的资产效应

公债的资产效应表现在公债具有再分配效应，不仅调节政府和非政府部门的可支配能力的变化，还影响着消费的变化。私人部门认购公债时，私人部门的实际可支配财力减少了，而私人将其资金的使用权让渡给了政府，政府的可支配财力大大增加，从而形成了一种分配效应。私人部门会将所购买的公债看作资产，公债利息的支付被认为是能够增加私人部门持有的资产。当人们持有公债时，可能觉得财富增加了，从而减少了储蓄而增加了消费，表明公债也具有了资产效应。一般认为，在经济衰退时期发行公债具有刺激消费需求的作用。原因在于，在经济衰退情况下虽然失业增加导致个人收入下降，但消费者认为持有公债的增加代表未来资产和财富的增加，因而会扩大消费。

第三节 公债的发行与偿还

一、公债的发行

公债的发行是指公债售出或被投资者认购的过程，是公债运行的起点和基础环节。公债发行主要涉及公债发行的价格、公债发行的利率、公债发行的方式。

（一）公债发行的价格

公债的发行价格是指政府债券的出售价格。政府债券的发行价格不一定就是票面值，可以低于票面值发行，少数情况下也可以高于票面值发行，所以这里存在一个发行的行市问题。按照与票面值的关系，公债发行价格可以分为平价发行、折价发行和溢价发行三种情况。

1. 平价发行

平价发行是指政府债券按票面值出售，即认购者按票面值支付购买金额，政府按票面值取得收入，到期也按票面值还本。政府债券按平价发行必须具备两个条件。一是公债利率与市场利率大体一致。若市场利率高于公债利率，按票面值出售可能找不到认购者或承购者，公债发行面临困难；若市场利率低于公债利率，按票面值出售则会使财政遭受不应有的损失。二是政府的信用必须良好。唯有在政府信用良好的条件下，人们才会乐于按票面值认购，公债发行任务的完成才有足够的保障。

2. 折价发行

折价发行是指政府债券以低于票面值的价格出售，即认购者按低于票面值的价格支付购买金额，政府按这一折价取得收入，到期仍按票面值还本。政府债券折价发行，其原因主要是在财政发行任务较重的情况下，需要政府提高利率或折价发行来调动投资者认购公债的积极性。但采取提高公债利率的方式会引起市场利率的上升，从而对经济产生紧缩性影响。这时，采用折价发行给予投资者额外的收益是较好的选择。

3. 溢价发行

溢价发行是指政府债券以超过票面值的价格出售，即认购者按高于票面值的价格支付购买金额，政府按这一价格取得收入，到期则按票面值还本。政府债券溢价发行，只有在公债利率高于同期市场利率时才能办到。虽然投资者按溢价认购，在价格上会有些损失，但高利率带来的收益足以弥补价格损失，以至于政府债券的综合收益率与其他证券相比仍是最高的。

比较上述三种发行价格，从政府财政的角度看，第一种价格即平价发行可以说是最为有利的。首先，采用平价发行，政府可按事先规定的票面值取得收入，又按此偿还本金，除了支付正常的债息外，不会给财政带来额外负担。其次，采用平价发行，公债利率与市场利率大体相当，不考虑政府利用公债利率调控经济的因素，就不会对市场利率带来上涨或下降的压力，从而有利于经济的稳定。采用溢价发行，虽可在发行价格上为政府带来一些差价收入，但因高利率财政也要负担更高的利息支出，而且收入存有差距（即不规则），也不利于政府对公债收入进行计划管理。至于折价发行,对财政明显是不利的,只有在公债发行任务非常重的情况下才会采用。

(二)公债发行的利率

公债利率是指公债利息与票面值的比例。公债发行到期时不仅要还本,而且还要支付一定的利息,付息多少则取决于公债的利率。公债利率的确定既关系到公债的发行,又关系到公债的偿还,还关系到对市场利率和经济增长的影响,因此制定公债利率需要多方权衡,综合考虑各种相关因素。

在市场经济国家,市场利率是制约公债利率的主要因素。市场利率一般是指证券市场上各种证券的平均利率水平。一般的原则是公债利率要保持与市场利率大体相当的水平。如果公债利率高于市场利率,不仅会增加财政的利息负担,而且还会出现公债券排挤其他证券或拉动市场利率上升,不利于证券市场和经济的稳定。反之,公债利率低于市场利率太多,则会使公债失去吸引力,影响公债的正常发行。在我国经济中,由国家制定的银行利率起主导作用,市场利率在银行利率基础上受资金供求状况的影响而有所浮动。因此,我国公债利率的确定主要是以银行利率为基准的。

公债利率在很大程度上受制于市场利率或银行利率,但二者并非完全一致,一般可以略低于市场利率。这是因为公债以国家信用为基础,信用等级较高,安全性好,投资者即使在收益上有所损失,也愿意认购公债,这是世界上一般国家公债利率都稍低于市场利率的主要原因。社会资金的供求状况是决定公债利率的基本因素。若社会资金比较充裕,闲置资金较多,公债利率可以适当降低;若社会资金十分短缺,公债利率必须相应提高。公债利率还受政府经济政策的影响,制定时要考虑政府经济政策的需要。公债利率的确定固然要考虑市场利率,但同时也会对市场利率产生影响。具体来讲,短期公债利率会影响货币市场,而长期公债利率则对资本市场利率产生影响。政府有时会利用公债利率来影响市场利率,实现调节经济运行的目标。

我国发行公债的历史较短,同时受客观经济条件的限制,对公债利率的选择还处于探索阶段。公债的利率水平和结构不尽合理。1989 年以前,公债利率低于储蓄利率,由于当时人们对公债认识不够,加上社会资金短缺和通货膨胀的形势,低利率导致公债发行的困难,不得不采取行政摊派和强制认购的方式推销公债,从而影响了公债的声誉。1989 年以来,公债利率开始提高,高利率固然有利于公债的发行,但与公债券作为“金边债券”的身份不相称,也加重了公债的利息负担。1999 年以后,随着利息所得税的恢复征收,公债因免于征税而显示出优势,政府相机降低了公债利率。从一般趋势来看,在利率水平上,公债利率应略低于市场利率或银行利率。在利率结构上,应对不同期限、不同用途的公债制定差别较大的结构性利率,即长期公债利率高于中期公债利率,中期公债利率高于短期公债利率,建设性公债的利率高于国库券和其他债券的利率。

(三)公债发行的方式

1. 固定收益出售方式

这是一种在金融市场上按预定的发行条件发行公债的方式。其特点是认购期限较短、发行条件固定、推销机构不限，主要适用于中长期债券的发行。在金融市场稳定的条件下采取这种方式是比较有利的。政府既可据此预测市场容量，确定公债的收益条件和发行数量，也可灵活选择有利的推销时间。但在金融市场利率易变或不稳定的情况下，采取这种方式就会遇到一定的困难，主要是政府不易把握市场行情并据此确定公债的收益条件及发行数量；即使勉强确定，也极有可能与市场行情不适应，难以保证公债发行任务的完成。

为了使固定收益出售不受市场波动的影响，采取这种方式推销公债的国家大都辅之以“销售担保”措施，具体来说有以下两种方式。

（1）辛迪加财团包销，即财政部门与银行、信贷机构和证券商等组成的辛迪加金融财团通过谈判签订合同，后者对政府的债券实行包销。例如，公债预定发行量未能完全推销掉，其余额由包销者自身购入。但作为包销者发行风险的补偿，政府必须支付高昂的佣金和手续费，因而实行这种措施的推销费用较高。

（2）中央银行包销，即由中央银行负责包销政府债券，并承购未能推销掉的余额，然后由其负责在市场上继续出售。采用这种包销方式一般不需要政府支付包销佣金和手续费，在推销费用上显然优于前者，但却可能导致中央银行货币增发，影响货币政策的效果。

2. 公募拍卖方式

公募拍卖方式也叫公募招标方式。这是一种在金融市场上通过公开招标发行公债的方式。其主要特点是：发行条件通过投标确定，招投标过程由财政部门或中央银行负责组织，即以它们为发行（推销）机构。这种方式主要适用于中短期公债，特别是国库券的发行，主要由一级自营商参与公债的投标。

具体的招标或拍卖的方式是多种多样的。其中，按标的来划分，可以分为价格招标和收益招标。价格招标是指公债的利率和票面值固定不变，认购者根据公债的价格进行投标，投标价格可以高于债券面值，也可以低于面值，推销机构则由高到低出售，额满为止。收益招标是指固定债券的出售价，认购者对债券的利率进行投标，发行机构则根据投标利率的高低，由低到高依次出售，额满为止。按照中标者认购公债的价格或利率来划分，又可分为单一价格（收益）招标和多种价格（收益）招标。单一价格（收益）招标又称荷兰式招标，即所有中标者都按最后一个中标者自报的价格或利率（终止价）来认购公债，因而适用于认购者的发行条件是单一的情况。多种价格（收益）招标，也叫美国式招标，即各个中标者要按投标时自报的价格或利率来认购公债，因而适用于认购者发行条件不一致的情况。

采用公募拍卖方式发行公债时，常常要附加某些限制性条件。其中主要是规定最低标价（发行价格）和最高标价（发行利率），低于最低标价或高于最高标价的投标，发行机构均不予接受。

3. 连续经销方式

连续经销方式也叫出卖发行法，一般由财政部门委托金融机构、中央银行或证券经纪人在金融市场上设立专门柜台代为经销。其特点是经销期限不定，发行条件不定，即不预先规定债券的出售价格和利率，而由财政部门或其代销机构根据推销中的市场行情相机确定且可随时进行调整。这种方式主要适用于不可转让债券，特别是对居民发行的储蓄债券。其主要优点是可灵活确定公债的发行条件和发行时间，从而确保公债发行任务的完成。其缺点是会排挤其他债券，如企业债券和金融债券，从而妨碍工商企业民间的筹资活动（实际上，其他方式也同样存在这个问题，只不过连续经销方式表现得更为突出）。目前只有澳大利亚、丹麦等少数国家采用这种发行方式。

4. 直接销售方式

直接销售方式也叫承受发行法。它是由财政部门直接与认购者举行一对一谈判出售公债的发行方式。其主要特点是发行机构只限于财政部门，而不通过任何中介或代理机构；认购者主要限于机构投资者，其中主要是商业银行、储蓄银行、保险公司、各种养老基金和政府信托基金等；发行条件通过直接谈判确定。这种方式主要适用于某些特殊类型的政府债券的发行。例如，我国 20 世纪 80 年代以来对银行、保险公司、养老保险基金和待业基金定向发行的财政债券、专项公债和特种公债等，就是采用这种方式发行的。

5. 综合方式

这是一种综合上述各种方式的特点而使用的公债发行方式。在某些国家的公债发行过程中，有时并不单纯使用上述的任何一种方式，而是将这些方式中的一些特点综合起来，取其所长，结合使用。英国是一个最典型的例子。在英国，公债的发行往往采取先拍卖后连续经销的方式，即最初先将公债以公募拍卖方式出售，由于拍卖期限较短且附有最低标价规定，难以避免投标数量不足的情况。拍卖余额由英格兰银行负责购入，其后再以连续经销方式继续出售，直到完成预定的发行任务。英国的这种发行方式综合了公募拍卖和连续经销两种方式的特点，取长补短，具有一定的灵活性。

6. 强制摊派方式

这是一种政府利用政治权力推销公债的方式。其特点是带有强制性，即一旦推销数额和对象确定，不论认购者是否愿意，都必须如数支付债款、接受债券，因而在形式上接近于税收。这种方式的优点是可为政府迅速地筹措到所需的资金，一般不会发生认购不足的情况。但它的弊端也非常明显，即它违背了信用经济的基本要求，容易使认购者产生抵触情绪。因此，一般情况下不宜采用。

二、公债的偿还

（一）还本方式

公债是要偿还的。公债本金的偿还数虽然是固定的，但政府在偿还方式上却有很大的选择余地。可供选择的还本方式主要有以下几种。

1. 分期逐步偿还法

分期逐步偿还法即对一种债券规定几个还本期，每期偿还一定比例，直到债券到期时，本金全部偿清。例如，5 年期票面额为 1 000 元的债券分 5 次在 5 年内偿还，每年偿还 1/5，持有人可以每年从政府那里收回 200 元，直到 5 年期限结束收回全部本金 1000 元。这种偿还方式可以避免到期一次偿还给财政带来的压力。但还本越迟，利率越高，公债偿还的工作量和复杂程度也越大。

2. 抽签轮次偿还法

抽签轮次偿还法即在公债偿还期内,政府通过定期对公债券号码抽签对号,以确定偿还一定比例的债券,直到偿还期结束,全部债券皆中签偿清为止。我国1981—1984年发行的国库券就采用了这种发行方式。例如,1981年的国库券,自1986年至1990年分5年偿还,每年偿还1/5,政府通过抽签确定各年度应偿还的国库券号码并向社会公布。每年只对本年度中签的那部分国库券进行偿还。这种还本方式的利弊与分期逐步偿还法大致类似。

3. 到期一次偿还法

到期一次偿还法即实行在债券到期日按票面额一次全部偿清。其优点是公债还本管理工作简单、易行且不必为公债的还本而频繁地筹措资金;缺点是集中一次偿还公债本金,财政支付压力较大。我国1985年以后发行的公债一般都采取这种还本方式。

4. 市场购销偿还法

市场购销偿还法即政府在债券期限内定期或不定期地从证券市场上买回一定比例债券,买回后不再卖出,从而使得这种债券到期时,已全部或绝大部分被政府所持有,从而债券的偿还已变成一个政府内部的账目处理问题了。这种偿还方式只适用于可转让债券。其中,由于各国中央银行进行公开市场业务活动,大量买卖短期债券,因此市场购销偿还法就成为短期债券还本的主要方式。其优点是给投资者提供了中途兑现的可能性,并会对公债券的价格起支持作用;缺点是只限于可转让公债,而且对公债流通市场有较高的要求。

5. 以新替旧偿还法

以新替旧偿还法即通过发行新债券来兑换到期的旧债券,以达到公债偿还之目的。采用这种方式的目的是缓解兑付高峰、国家财政资金紧缺与债务集中偿还的矛盾。我国1990年、1991年对到期公债券曾采取过这种转换债的方式偿还。具体做法是:继续沿用原来的债权凭证(或收款单),按新公布的转换债利率,采取推迟偿还、分段计息的做法。这种偿还方式,严格来说,政府并没有按期偿还公债,不利于维护政府的债信,因此不宜经常采用。

(二)还本资金来源

不论采取什么偿还方式,公债的还本总是会对财政形成负担。同时,还本是否如约进行,既影响政府的债信和公债券的行市,又关系到公债投资者的切身利益。这就要求政府的公债还本资金来源有比较可靠、稳妥的安排。一般而言,还本资金来源有以下几种。

1. 设立偿债基金

政府预算设置专项基金用于偿还公债,即从每年财政收入中拨出一笔专款,由特定的机关管理,只能用于偿付公债,不用作其他用途。而且在未还清之前,每年的预算拨款不能减少,以期逐年减少债务,故又称作"减债基金"。设立偿债基金能保证公债按期如数偿还,降低财政的债务风险。然而,财政之所以借债是因为资金紧张,设立专门的偿债基金在实践中很难做到。虽然一些西方国家曾做过这方面的尝试,但偿债基金经常被挪用,最后大都以失败而告终。

2. 通过预算列支

通过预算列支是指将每年的公债偿还数作为财政支出的一个项目(如"债务还本支

出”)列入当年支出预算,由正常的财政收入(主要是税收)保证公债的偿还。表面上看,这似乎是确保公债按期偿还的稳妥办法,但要求正常财政收入在满足一般财政支出(非债务支出)后仍有剩余,即在财政收入比较充裕的情况下才可以做到。如果财政仍旧困难,通过预算列支的方式解决偿债资金的来源往往也行不通。

3. 举借新债

举借新债是指通过发行新债为到期债务筹措偿还资金。这既有实践上的必要性,又有理论上的合理性。从实践来看,财政收入不足与偿债负担沉重几乎是各国财政共同存在的问题,每年的到期债务已远非正常财政收入所能担负。举借新债偿还旧债便成为各国政府公债偿还的必然选择。从理论上看,单项公债无疑存在偿还期;但从债务总体看,它实际上并不存在偿还期,而是可以采用借新债还旧债的办法,无限期地延续下去。正因如此,举借新债成为各国政府偿还公债的基本手段。

(三)付息方式

虽然公债还本一般不列入财政支出,但将公债利息的支付列入财政支出却是世界各国的通行做法。因为如果公债的还本付息都采用举借新债的方法筹集资金,那么公债规模必然会越来越大,产生“滚雪球”效应。因此,政府在付息资金来源上几乎没有多大的选择余地。其在公债付息方面的主要任务是对付息方式,包括付息次数、时间及方法等做出相应的安排。可供政府选择的公债付息方式有以下两种。

1. 按期分次支付法

按期分次支付法,即将债券应付利息,在债券存在期内分作几次(如每一年或半年)支付,一般附有息票,债券持有者可按期剪下息票兑付息款。这种方式往往适用于期限较长或在持有期限内不准兑现的债券。这是因为,在较长期限内,若能定期支付一定数额的利息,不仅可以激发投资者认购公债的积极性,也可以避免政府债息费用的集中支付的问题,使债息负担均匀分散化。

2. 到期一次支付法

到期一次支付法,即将债券应付利息同偿还本金结合起来,在债券到期时一次支付。这种方式多适用于期限较短或超过一定期限后可随时兑现的债券。这是因为,在较短的期限内,没必要对债券进行分次支付。若在债券到期时将息款连同本金一次支付,则可大大简化公债付息工作,对债券持有者来说也是可以接受的。

由于付息方式的不同,政府每一年度应付的利息和实际支付的利息并不完全一样。通常情况下,应付额会大于实付额而形成一笔利息上的债务。因此,在公债付息工作中,政府往往要通过恰当地选择付息方式,安排好应付额和实付额之间的关系,以期与财政状况和经济形势的需要相适应。

第四节　公债的风险与防范

一、公债风险的含义

公债风险是指政府在运用公债组织收入和安排支出过程中，由于财政制度和财政手段的缺陷以及各种不确定的经济因素所造成损失和困难的可能性。公债通常风险较小，但少数情况下（如政府更迭）仍然会出现公债无法偿还的情况，这就是所谓的公债危机。

公债风险可以分为显性风险和隐性风险。显性风险即可以预见的、法律上必须由政府负责的债务，如预算规定的开支、内债外债的还本付息等形成的债务风险。隐性风险一般不在政府资产、负债中体现，如未来公共养老金、社保计划等形成的债务风险。

公债危机则是公债风险的不断累积、扩张的结果。公债危机分显性债务引发的公债危机和隐性债务引发的公债危机。公债危机的表现形式多样，最基本的是政府无力偿还到期国债，出现政府信用危机。一般来说，国家可以通过继续发行新债来偿付旧债，但如果社会对政府信用失去信心，造成国债发行困难；或是政府长期发债规模失控，最后陷入“财政赤字—高利率发债弥补—更多内债—更高的财政赤字”的所谓“滚雪球”效应的恶性循环中，政府担心大量发债引发的通货膨胀会危及社会稳定甚至出现政局动荡，放弃发债，债务的偿还就无法实现，最终发生政府信用危机。最常见的如银行倒闭，地方政府出现债务支付危机，政府担保的大型基础设施项目遇到困难，重要的国营企业破产等。根据传统的债务分析方法进行分析，这些都不属于国家预算的直接负担，一旦出现这些情况，政府就会出面救助。

二、公债风险的衡量

（一）公债负担

尽管在理论上公债负担仍是一个有争议的问题，但各国的经济实践已经充分表明，公债不仅存在负担问题，而且如何衡量公债负担也是财政理论与实践的重要内容。公债的负担可以从以下四个方面进行具体分析。

1. 公债认购者即债权人的负担

公债作为认购者使用权的让渡，虽是暂时的，但由于在公债偿还之前，认购者不再拥有资金的使用权，因而对其经济行为会产生一定的影响。因此，公债发行必须考虑认购人的负担能力。

2. 政府即债务人负担

政府借债是要偿还的，到期要还本付息，尽管政府利用公债获得了经济利益，但偿债却体现为一种支出，借债的过程也就是政府公债负担的形成过程。因此，政府借债必须考虑自身的负担能力，即偿还能力，要量力而行。

3. 纳税人负担

不论公债资金的使用方向如何、效益如何，还债的资金来源最终还是税收。马克思所说的公债是一种延期的税收，就是指税收与公债的这种关系。

4. 代际负担

以上是分析公债形成的当前的社会负担。实际上，公债负担在一定条件下还会向后推移，即发生代际转移。由于有些公债的偿还期较长，使用效益又低，连年以新债还旧债并不断扩大债务规模，就会形成这代人借的债由下一代人甚至下几代人偿还和负担的问题。如果转移债务负担的同时利用公债为后人创造了更多的财富或奠定了创造财富的基础，这种债务负担的转移是正常的；如果留给后人的只有净债务，而公债收入已经消费掉，那么这种债务负担的转移是不正常的，会极大地影响后代人的生产和生活，是一种短期行为。

（二）衡量公债风险的指标

按主流经济学的观点，影响公债风险的最重要因素并不是当期的公债借债率水平，而是未来时期财政的偿付能力。而偿付能力又是由未来时期利率水平和经济增长率之间的关系决定的。也就是说，在对公债风险的度量问题上，经济增长状况是具有决定性的核心因素。经济增长速度高，政府对赤字和债务的承受能力就高，公债风险就小；反之，如果经济增长速度很低，那么政府对赤字和债务的承受能力就差，公债风险就相对较大。衡量公债风险的几个主要指标如下。

1. 赤字比率

赤字比率能够衡量一定时期财政赤字与同期国内生产总值的比重。其计算公式为：

赤字比率 = 当年的财政赤字 / 当年的 GDP × 100%

赤字比率反映着政府账户以当年赤字方式动员了多大比例的社会资源，该比率的上限应取决于衰退时期社会闲置资源的比例以及民间投资对政府扩张性财政政策的响应程度。由此可引出，具有较高储蓄率的国家可以轻易地吸收赤字，承担较高的公债借债率，将公债风险维持在较低的水平上，保证经济稳定发展。例如：意大利经常会出现大约是 GDP 的 10% 的赤字，但是它的投资率却接近 GDP 的 20%，原因在于高储蓄率允许它吸引政府发行的新债券。通常，国际上公认的赤字率安全线为 3%。

2. 公债负担率

公债负担率能够衡量一定时期公债累积额与同期国内生产总值的比重。其计算公式为：

公债负担率 = 当年公债累积余额 / 当年的 GDP × 100%

它着眼于公债的存量规模，从国民经济的总体上来考察公债的数量界限，综合、全面地反映一国举债能力，揭示了一国公债负担情况，国际上一般认为公债负担率不应超过 45%，但是 1991 年《马斯特里赫特条约》规定公债负担率的最高限度为 60%。

3. 公债依存度

公债依存度是指一国当年公债收入与财政支出的比例关系，反映的是财政支出中公债筹措资金的贡献率。其计算公式为：

公债依存度 = 当年债务收入总额 / 当年财政支出总额 × 100%

公债依存度的国际安全范围是 15%~20%。

4. 借债率

借债率是指一个国家当年公债发行额占到当年 GDP 的比重，反映的是当期的债务状况。其计算公式为：

借债率 = 当年公债发行额 / 当年 GDP × 100%

西方发达国家经验表明，公债借债率应控制在 3%~10%。

5. 公债偿还率

公债偿还率是指一个国家当年公债还本付息总额与当年财政收入的比重，反映的是国家财政状况对公债的制约程度。其计算公式如下：

公债偿还率 = 当年公债还本付息额 / 当年财政收入总额 × 100%

公债偿债率的数量范围，一般主张控制在 8%~10% 较为合理。

三、公债风险的防范

（一）辩证分析财政赤字、公债规模扩张的经济增长效应

财政赤字和公债作为重要的财政政策工具，对于经济增长有着深刻的影响。在国内需求不足的条件下，特别是在利率还没有市场化的前提下，适当扩大赤字和公债发行规模，用于基础设施投资、技术改造和结构调整目的，对经济没有坏影响，相反可以拉动经济增长。

尽管适度扩大财政赤字和公债用于投资可以促进经济增长，但是财政赤字和公债政策不能长期过度使用。财政赤字和公债规模过度扩张的直接后果不仅仅是增加债务风险，更为重要的是可能诱发财政风险和影响财政安全，从而降低经济增长的质量和可持续性。考虑到不断扩大的财政赤字和日益膨胀的公债规模的财政状况，我们不仅要看到财政赤字和公债规模适度扩大对经济发展的积极作用，还要看到财政赤字和公债规模膨胀对经济稳定和发展的负面冲击。

因此，必须辩证分析财政赤字、公债规模扩张的经济增长效应，把财政赤字、公债规模控制在可持续的范围内，保证财政政策的可持续性和经济的稳定增长。

（二）规模和完善财政收入机制

疏通财政收入渠道，实现财政收入机制的规范化，是降低公债规模扩张所带来的风险效应的根本性措施。第一，清理和规范预算外收入和各种制度外收入，把它们纳入统计的财政收入中，使财政收入稳步提高；第二，深化税制改革和强化税收征管，重新树立税收“主角”地位，把该征的税全部征上来，逐步巩固财政收入基础；第三，调整中央与地方的财政分配关系，提高中央财政收入占整个财政收入的比重，增强中央财政化解公债风险的能力。

（三）提高公债使用效益

公债本质上没有“好”“坏”之分，关键在于公债资金的使用。公债的使用效益是公债发行的载体，提高公债资金使用效益有利于抑制公债规模的过度扩张，而公债资金的使用效益在很大程度上取决于公债资金的投向。

一方面，公债资金应优先投向瓶颈产业、高新技术产业和国家重点建设项目。政府要做好公债资金项目的规划、评估和论证，加强对公债专项资金的管理和监督，以提高公债资金的使用效益，增强政府的偿债能力。

另一方面，投向非盈利性公共物品的公债资金，应提高投资的社会效益和经济效益，特别是要在保证项目质量的前提下力求降低成本、提高社会福利水平和改善经济发展环境。当然，投向非盈利性公共物品的公债资金也要根据不同基础设施或公共事业项目对经济发展的适应程度进行适当的结构调整，以进一步提高公债资金使用的社会效益和经济效益。

（四）控制财政赤字的过度扩张

第一，按照市场经济条件下政府职能的要求，以满足“社会公共需要”为标准合理调整财政支出范围，以公共物品的“纯粹程度”确定具体的财政支出政策。

第二，以市场经济的客观要求为导向，优化财政支出结构。从目前的结构现状出发，财政支出的重点应是：能源、交通、通信等基础设施建设投资；基础科学、高科技研究和基础教育的投资；农业及改善基础设施和生态环境的投资；社会福利、保障方面的支出。

第三，通过加强预算管理，抑制财政支出的膨胀倾向，有力地控制财政赤字的过度扩张。

第五节　公债市场与公债管理

一、公债市场

公债市场是公债发行、流通的场所，包括公债发行市场和公债流通市场。

（一）公债市场的分类

1. 公债发行市场

公债发行市场，又称公债一级市场或初级市场，是指公债发行的场所。公债发行市场的主体包括公债发行机构或代理机构、公债机构、投资者，公债发行机构或代理机构是公债发行者，公债承销机构、投资者是公债认购者。公债发行市场的交易是在不同的市场主体之间进行的，公债发行机构或代理机构筹得公债资金，公债承销机构、投资者让渡资金的使用权获得公债，其中公债承销机构可以采用委托代销和承购包销的方式国债。

2. 公债流通市场

公债流通市场，又称公债二级市场或次级市场，是指对已发行公债进行交易的场所。公债流通市场的主体包括公债承销机构、公债投资者、公债持有者和公债发行机构。公债流通市场交易包括公债承销机构与公债投资者之间、公债持有者之间、公债持有者和公债发行机构之间的交易。按交易场所的组织情况，将公债流通市场分为场内交易市场和场外交易市场两类。场内交易市场是指证券交易所，是公债流通市场最基本的形式。场外交易市场，又称店头市场，是指不通过证券交易所而是证券公司、投资者的分散交易市场。场外交易分为自营买卖和代理买卖。在自营买卖交易方式下，公债投资者依据证券公司挂牌上市公债的市场价格，自由交易，自愿达成成交合约。在代理买卖交易方式下，证券公司接受投资者委托，代理交易公债以赚取手续费。

（二）公债市场的交易方式

常见的公债交易方式主要有现货交易、回购交易、期货交易和期权交易四种。

1. 公债现货交易

公债现货交易是指公债买卖双方在谈妥一笔交易后(即成交时),马上办理交券付款交割手续的交易方式。采用这种方式,卖者交出债券,买者付出价款,当场交割,钱券两清。它是证券交易中最古老的交易方式。现货交易的特点是:第一,成交与交割基本上同时进行;第二,它是实物交易,即卖方必须实实在在地向买方转移债权,没有对冲现象;第三,现货交易是投资行为,它反映了购入者有进行长期投资的意愿,希望在未来的时间内从公债上取得较稳定的利息收益。

2. 公债回购交易

公债回购交易是指债券持有人在卖出一笔公债的同时,与买方签订协议,承诺在约定期限后以约定的价格购回同笔公债的交易活动。公债回购有正回购和逆回购之分。公债正回购与逆回购是同一笔交易的两个方面。公债正回购是相对于债券持有人来说的,逆回购则是相对于资金持有人来说的。公债回购还有封闭式回购和开放式回购之分。采用封闭式回购的债券在回购期间内不能被再次使用,而采用开放式回购的公债在回购期内可以被再次交易使用,回购首期与到期均按买断关系进行结算。封闭式回购的优点是有利于控制结算风险,不足之处是对市场流动性有一定消极影响。开放式回购正好相反。公债回购是在公债交易形式下的一种融券兼融资活动,具有金融衍生工具的性质,是资金持有者获取短期债券和公债持有者获取短期资金的重要渠道。因此,公债回购交易对公债流通市场的发展具有重要的推动作用。但如果公债回购市场不规范,也会产生负作用。例如,在金融监管不到位的情况下,回购交易容易出现无实际债券作保证的买空卖空现象,干扰正常的金融秩序。

3. 公债期货交易

公债期货交易是相对于公债现货交易而言的,其特点是买卖双方债券所有权的转让和货款的交割时间分割开来,双方签订交易合同后不是立即付款和交付债券,只是到了约定的交割时间才进行买方付款和卖方交付债券。期货合同有 4 个要素,即约定的时间、约定的价格、约定的公债品种和约定的交易数量。其约定的公债品种叫做期货交易的标的公债。公债期货是公债现货交易发展到一定阶段的产物,它具有独特的功能。一是显示和引导公债价格或公债行市。进行公债期货交易时,买卖双方经过公开竞价,使公债价格不断随供求状况而变化并在市场中传递。由于期货市场反映的是众多买者与卖者的意愿,呈现的是最具有代表性的价格,对当前与未来的价格走势都有指导作用。二是套期保值。公债投资者可以在期货市场和现货市场上同时就某一品种公债做数量相同、买卖相反的操作,以求期货市场和现货市场的盈亏相抵,从而实现保值。三是投机获利。投机是指投资者通过预测未来价格的变化,以在将来某个时间卖出(或购入)并获利为目的,在当前购入(或卖出)商品的行为。公债期货投机是指通过买入(或卖出)公债期货合约,然后待价位合适时对冲平仓获取利润的行为。投机者希望从价格波动中获利,并以在预期错误时遭受损失为代价。

4. 公债期权交易

公债期权交易是指交易双方为限制损失或保障利益而订约,同意在约定时间内,按照协定价格买进或卖出契约中指定的债券,也可以放弃买进或卖出这种债券的交易方式。期权交易方式相对于期货交易方式而言,风险较小。这是因为,期权交易在订约之后,期权的买方可以在买进或不买进、卖出或不卖出之间进行选择,即使期权买方对期货交易中债券价格变动趋势判断失误,也仅需支付一定的期权费作为补偿。期权交易又可分为买进期权和卖出期权两种。买进期权是指期权交易双方订约,规定期权的买方在有效期内有权按协定的价格向期权的卖方买进约定品种和价格的公债券,也有权不买进约定品种和价格的公债券。前一种情况下,买方在支付债券购买价格的同时,支付期权费;后一种情况下,买方只需支付期权费。卖出期权是指期权交易双方订约,规定期权的买方在有效期内有权按协定的价格向期权的卖方出售约定品种和价格的公债券,也有权不出售约定品种和价格的公债券。前一种情况下,由期权买方(即债券的卖方)向期权卖方(即债券的买方)支付期权费,期权卖方(即债券的买方)向期权的买方(即债券的卖方)支付债券购买价格;后一种情况下,期权买方则需向期权的卖方支付期权费。

二、公债管理

公债的管理是指政府为控制公债规模和形成合理的公债结构,调整持有者结构、期限结构、利率结构和控制公债余额的管理计划或战略、管理措施等。公债管理主要包括公债结构管理和公债余额管理。

(一)公债结构管理

1. 公债的期限结构

公债的期限结构是指不同期限的公债占公债总量的比例,它是政府债务结构的重要组成部分,对公债的顺利发行、流通、偿还以及政府对经济的调控都有重要的影响。

在现代社会,长期、中期、短期公债相结合的结构要优于单一长期或单一短期的公债结构。其原因主要有以下三点。

1)认购者对公债有多元化需求

对认购者来讲,一笔收入用于购买长期公债丧失了它的流动性,出于流动性的要求,他们会倾向于认购短期公债,特别是在公债券不能上市流通的情况下更是如此。也有认购者愿意认购中长期公债,因为这类债券期限较长,相应的公债利率和收益率也就较高。那些对流动性需求不大,将主要目标放在赚取投资收益的认购者,更倾向于中长期公债。

2)政府对公债资金的需求与管理的要求

从政府对公债资金的需求看,长期公债意味着政府可以在较长期限内拥有公债的支配权,便于政府安排长期性的经济建设项目,而季节性的国库收支的不平衡则需要借助于短期公债(如国库券)。从公债管理来看,公债期限单一,容易出现公债集中偿还现象,形成还债高峰期,存在较大的偿债风险,而长期、中期、短期公债的合理搭配则可使偿债负担在以后不同年度合理分摊,从而降低政府的偿债风险。

3)宏观经济调控的需要

中央银行在公开市场上吞吐短期公债是调节货币供应量的重要手段。在需要扩张经济时,中央银行大量买入短期公债,向市场投放货币;在需要紧缩经济时,中央银行在公开市场上卖出短期公债,回笼货币,紧缩银根。为配合中央银行的公开市场业务,在确定公债的期限结构时，一般市场化国家都非常重视短期公债的发行，如美国公债总量的60%属于短期公债。

2. 公债的持有者结构

公债的持有者结构也叫做公债的投资人结构，是公债在不同投资群体之间的分布比例。它不同于公债的认购人结构。认购者可能是公债的最终持有者，也可能是公债的承销者，后者要在交易市场上将所承销的公债转售给投资者。公债的持有者一般分为个人投资者和机构投资者。机构投资者包括银行、养老保险基金、保险公司、企业和外国投资者等。

公债持有者结构的确定要与资金持有者结构相匹配。通常，除了居民个人拥有大量储蓄、可用于公债投资外，各种基金拥有长期资金，也是公债稳定的投资者，而且大多是做长期投资；银行自有资金有限，又要保持其流动性，一般只是购买短期公债，也便于参与中央银行的公开市场操作；外国机构投资者出于资金安全或收益的考虑，也是公债潜在的投资者。要实现公债持有者结构与资金持有者结构的匹配，必须在公债政策和公债品种结构上为上述不同的资金持有者提供认购公债的条件。如果做不到这一点，公债持有者结构会与资金持有者结构脱节，那么就不是最佳的持有者结构。

在我国公债持有者结构中，个人持有者所占比重过高，而机构投资者所占比重过低，并且公债持有人均为单一的国内投资者，国外投资者目前还不能持有我国公债。一般来讲，市场经济国家的公债持有者结构中，机构投资者所占的比重较高，如美国、德国、英国、日本等国家，机构投资者持有的公债占公债总量的比例高达80%~90%。机构投资者比重高，既有利于培养稳定的公债投资者和维持公债市场的稳定，又可以减少发行环节、降低发行成本。同时，商业银行大量持有公债也有利于中央银行实施公开市场操作。因此，提高机构投资者的公债持有比重应是我国公债结构调整的一个方向，主要包括发展各种投资基金，培养机构投资人；增加对商业银行的短期公债的发行量；逐步实现公债市场对外国投资人的开放，以开发国外投资者的公债认购潜力。

（二）公债余额管理

公债余额管理是指以尚未清偿的公债存量数额作为公债发行的年度控制指标的一种管理方式。政府采用公债余额管理方式，可以更准确地掌握和控制公债总体规模及其变化情况，更灵活地调整公债结构适应公债管理和投资者投资的需要，更有效地防范债务风险。2006年起，我国建立了国债余额管理制度，财政部每半年向全国人民代表大会有关专门委员会全面报告一次国债发行、兑付等国债管理情况。

本章小结

1. 公债是指政府为满足财政资金需求，依据信用原则，以债务人身份取得的一种财政收入。从性质上看，公债既是以信用为基础的债权债务关系，也是一种“延期的税收”。公债包括国债和地方债。中央政府在国内外发行债券或向外国政府、国际组织和银行借款时都会形成国家债务。

2. 公债的特征是资金有偿、认购自愿、发行灵活、持有安全。

3. 公债具有弥补财政赤字、筹集财政资金和调节社会经济的功能。

4. 公债的经济效应包括：公债的需求效应、公债的供给效应和公债的资产效应。

5. 公债的发行方式包括：固定收益出售方式、公募拍卖方式、连续经销方式、直接销售方式、综合方式、强制摊派方式。

6. 衡量公债风险的指标包括：赤字比率、公债依存度、公债负担率、借债率、公债偿还率。

7. 公债市场包括：公债发行市场和公债流通市场。

8. 公债市场的交易方式包括：公债现货交易、公债回购交易、公债期货交易、公债期权交易。

思考与练习

1. 公债有哪些种类？
2. 简述公债的含义及特征。
3. 如何理解公债是政府调节经济的重要手段？
4. 分析公债的需求效应。
5. 如何防范公债风险？
6. 我国进一步发展和完善公债流通市场时应注意哪些问题？

第五章　国家预算与预算管理体制

教学要求

通过学习，学生应掌握国家预算的类型、国家预算程序、我国的分税制的主要内容、政府间财政转移支付制度；理解国家预算的原则、国家预算的含义；了解财政管理体制的类型、现行分税制的运行情况。

重点难点

本章的学习重点是国家预算的类型、我国的分税制的主要内容；难点是政府间财政转移支付制度、现行分税制的运行情况。

第一节　国家预算概述

一、国家预算含义

国家预算，也称政府预算，是经法定程序审批且具有法律属性的财政收支计划，是政府有计划筹集和分配财政资金的政策工具，更是依法监督政府收支运作的途径和窗口。

我们应从以下三个方面来理解国家预算的含义。

（一）国家预算是国家年度财政收支计划

国家预算是国家的基本财政收支计划，预算收入反映国家支配的财力规模和来源，预算支出反映国家财力分配使用的方向和构成，预算收支的对比反映国家财力的平衡状况。通过制定国家预算，国家能够合理地安排财政收入和支出，有利于各项事业的建设，从而保证国家大政方针的执行和完成。

（二）国家预算是法定程序审批的法律文件

国家预算从形成的程序来看，是由政府负责编制，经国家权力机关依据法定程序审批后形成的法律文件。国家预算一旦经权力机关审批就具有法律效力，政府就必须贯彻执行，不能任意修改，如需调整必须经权力机关批准。

（三）国家预算是实现财政职能的重要工具

国家预算是财政为实现其职能，有计划地筹集和分配由国家集中支配的财政资金的重要工具。通过预算管理手段，把政府公共资源全部纳入政府宏观调控的范围，从而满足社会共同需要，既可为政府履行行政职能提供财力保障，也可实现政府资源的优化配置，还可以通过预算收支总量的变动和预算收支结构的调整，来维护社会经济的稳定和促进社会经济的协调发展。

二、国家预算的原则

国家预算原则是指国家选择预算形式和体系应遵循的指导思想，也就是制定政府财政收支计划的方针。主要有以下五条原则。

（一）公开性

公开性是指国家预算编制、预算执行、决算等必须经过立法机关审查批准，采取适当形式向社会公开，接受社会的监督。国家预算反映政府活动的范围、方向和国家政策，与全体公民的切身利益息息相关。因此，国家预算及其执行情况必须采取一定的形式公之于众，让民众了解财政收支情况，并将其置于民众的监督之下。新西兰的《财政责任法案》、澳大利亚的《预算诚信章程》、英国的《财政稳定守则》都明确规定了政府预算活动的公开透明。在我国，国家预算的公开性是通过全国人民代表大会报告制度实现的。

（二）完整性

完整性是指国家预算要包含政府的全部预算收支项目，各预算单位的所有资金收支活动必须全部列入预算当中，不允许存在预算以外的财政收支活动。完整的国家预算能够全面反映政府的财政资金活动，有利于政府调控各类财政资金的流向、流量，也便于立法机关审批和监督预算的执行。

（三）统一性

统一性是指国家预算的政策执行、科目设置、收支核算口径要统一，预算收支期限和预算年度必须一致。预算的统一性要求国家预算政策的执行不得随意改变，预算科目设置、收支核算口径要有统一标准，不存在临时预算或其他名义的另立预算。

（四）可靠性

可靠性是指国家预算的编制要以国民经济和社会发展计划为依据，预（决）算的各项数据必须准确，不存在虚收虚支的财政活动，预算反映的财政信息是真实有效的。每一收支项目的数字指标，必须运用科学的计算方法，做到依据充分、资料确实，不得假定、估算，更不能任意编造。

（五）年度性

年度性是指国家预算的编制、执行、决算必须按照规定的预算年度进行，反映规定年度的财政资金活动。预算年度是指预算收支起讫的有效年限。预算年度分为历年制和跨年制两种。历年制预算年度是从每年1月1日起至同年12月31日止，包括我国在内大多数国家实行这种预算年度。跨年制预算年度是从每年某月某日开始至次年某月某日止，中间历经12个月，跨了两个年份。目前，发达国家较多采用跨年制预算年度，其中英国、加拿大、日本等国的预算年度是从4月1日起至次年3月31日止，瑞典、澳大利亚等国的预算年度是从7月1日起至次年6月30日止，美国的预算年度是从10月1日起至次年9月30日止。

三、国家预算的分类

（一）按预算编制形式分类

按预算编制形式，可以将国家预算分为单式预算和复式预算。

1. 单式预算

单式预算是指不区分经济性质，将政府的全部财政收支汇编在一个统一的预算表格中，属于传统的预算编制形式。这种预算形式的特点是：将财政收支分别汇集，以总额形式反映到单一预算表格之中；不区分财政收支的经济性质，按照具体收入来源和具体财政支出项目分别进行总额预算。这种预算形式符合“健全财政”原则，完整性强，能够整体反映政府财政的收支状况，便于立法机关审批和公众了解预算总体状况。这种预算形式的缺点是没有按照经济性质汇集财政收支项目，不便于经济分析和宏观调控。

2. 复式预算

复式预算是指国家全部财政收支活动可以按经济性质汇集，分别编入两个或两个以上、互有联系的计划表格中，典型的复式预算是将国家预算分为经常预算和资本预算。经常预算是指进行日常政务活动所需经常性支出和筹集经常性收入所形成的预算，其中经常性支出是按用途分为国防支出、一般公共服务支出、公共安全支出、医疗卫生与计划生育支出、社会保障和就业支出、教育支出等，经常性收入中税收收入为主要收入来源。资本预算是指由政府各类资本性支出和各种资本性收入所形成的预算，其中，资本性支出包括公共工程投资、偿还公债本金、归还外国借款等，资本性收入包括经常预算收支盈余、公债和国外借款等收入。复式预算能够反映财政资金的来源和用途，便于分析财政活动对国民经济的影响，缺点是编制和审批比较复杂。

（二）按预算编制方法分类

按预算编制方法，可以将国家预算分为增量预算和零基预算。

1. 增量预算

增量预算是指以上年度财政收支指标为基数，充分考虑反映社会经济发展情况变化的增长因素来调整新年度指标的预算形式。这种预算形式的特点是：以上年度财政收支指标为基数，逐项按照增长因素确定预算。这种预算形式的优点是考虑了基期预算收支的实际情况和社会经济发展的变化情况，缺点是容易导致预算规模的刚性增长，不利于国家预算的平衡。

2. 零基预算

零基预算是指不考虑以前年度预算收支指标和执行情况，完全以新预算年度的社会经济发展状况为依据，以零为起重新编制预算的预算形式。这种预算形式的特点是：不受以前年度预算安排的影响，每年对全部收支项目的预算重新审查，预算以成本效益分析为基础，各年度预算不存在连续性。这种预算的优点是能够有效控制预算资金规模，缺点是编制时工作量过大，编制技术要求高。零基预算由美国农业部于 1962 年首次采用。

（三）按预算程度分类

按预算程度，可以将国家预算分为正式预算、追加预算、临时预算。

1. 正式预算

正式预算是政府依法编制预算草案，经过法定程序具有法律效力，并对外公布实施的年度财政收支计划。

2. 追加预算

追加预算是指在正式预算执行过程中由于情况变化需要调整正式预算的财政收支时，依法编制的一种补充预算，是对正式预算的补充。

3. 临时预算

临时预算是指在正式预算尚未完成立法程序之前编制的，不具备法律效力，仅作为财政收支活动依据的暂时性预算。

（四）按预算级次分类

按预算级次，可以将国家预算分为中央预算和地方预算。

1. 中央预算

中央预算是指经法定程序批准的中央政府的财政收支计划。中央预算由中央各部门（含直属单位）的预算组成，在国家预算体系中居于主导地位。在联邦制国家中，中央政府预算主要指联邦政府预算。

2. 地方预算

地方预算是指经法定程序批准的地方各级政府的财政收支计划。地方预算由省（自治区、直辖市）、市（设区的市、自治州）、县（自治县、不设区的市、市辖区）、乡（民族乡、镇）四级预算组成，在国家预算体系中居于基础性地位。在联邦制国家，地方预算主要指州（邦）政府预算和各级地方政府预算。

我国的中央预算和地方预算框架如图 5-1 所示。

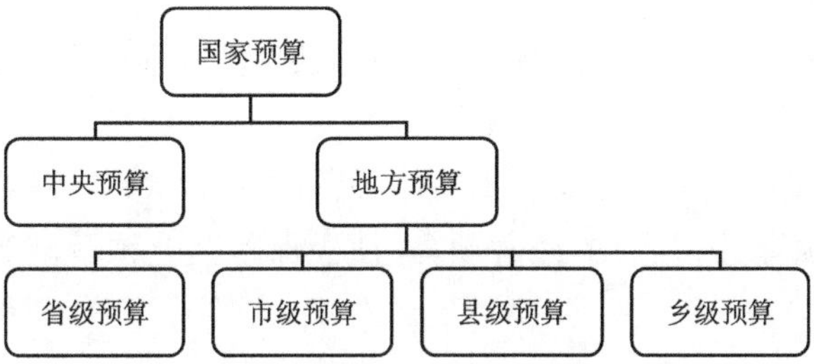

图 5-1　我国的中央预算和地方预算

（五）按预算管理范围分类

按预算管理范围，可以将国家预算分为财政总预算、部门预算和单位预算。

1. 财政总预算

财政总预算是指将本级政府各部门的预算和下级政府汇总的预算进行汇编形成的预算，包括本级政府预算和下级政府的总预算。如国家总预算由中央预算和省、自治区、直辖市总预算组成。地方各级总预算由本级政府预算和汇总的下一级总预算组成；下一级只有本级预算的，下一级总预算即指没有下一级预算的，总预算即指本级预算。如省（自治区、直辖市）总预算是由省直属各部门（含直属单位）预算和省辖市（自治州、直辖市辖区）总预算组成。

2. 部门预算

部门预算是指以政府各本级部门(含直属单位)为一级预算单位编制的反映本部门所属各单位全部收支的预算。部门预算的编制要反映本级所有单位的收支活动,由所属各单位预算逐级汇总形成,须经财政部门审核后提交立法机关审议。

3. 单位预算

单位预算是指列入部门预算的国家机关、社会团体和其他单位的收支预算,它以资金的形式反映着预算单位的各种活动。

(六)按预算的构成分类

按预算的构成分类,国家预算可以分为一般公共预算、政府性基金预算、国有资本经营预算、社会保险基金预算。

1. 一般公共预算

一般公共预算是对以税收为主体的财政收入,安排用于保障和改善民生、推动经济社会发展、维护国家安全、维持国家机构正常运转等方面的收支预算。

2. 政府性基金预算

政府性基金预算是依照法律、行政法规的规定在一定期限内向特定对象征收、收取或者以其他方式筹集的资金,专项用于特定公共事业发展的收支预算。

3. 国有资本经营预算

国有资本经营预算是对国有资本收益作出支出安排的收支预算。

4. 社会保险基金预算

社会保险基金预算是对社会保险缴款、一般公共预算安排和其他方式筹集的资金,专项用于社会保险的收支预算。

一般公共预算、政府性基金预算、国有资本经营预算、社会保险基金预算应当保持完整、独立。政府性基金预算、国有资本经营预算、社会保险基金预算应当与一般公共预算相衔接。

第二节　国家预算程序

预算程序是指预算从编制到决算的周期过程,可以分为预算编制、预算审查和批准、预算执行、预算调整和决算五个阶段。

一、预算编制

国家预算的编制是整个预算工作程序的开始,各级政府预算在各级政府的领导下,由各级财政部门负责编制。

预算编制是一项复杂而又细致的工作,因此在正式编制国家预算之前,需要做好一系列的准备工作。具体包括:第一,对本年度的预算执行情况进行预计和分析,为计划年度的预算编制提供参照基础;第二,下达编制国家预算草案的指示,指示内容一般包括编制预算的方针任务、政策要求、具体方法、报送程序和期限、指标数据处理的技术性问题等;第三,修订和下达预算科目和预算表格等。

我国国家预算的编制程序是“自上而下”和“自下而上”相结合,汇总形成各级政府预算。其中,“自上而下”是指国务院每年及时下达关于编制下一年预算草案的通知,由国务院财政部门部署编制预算草案的具体事项。“自下而上”是指各级政府应当按照国务院规定的时间,将本级总预算草案逐级汇总到上级政府,并由各地方报国务院汇总。其具体程序如下。

首先,由有关公共部门和地方政府提供预算建议数,以确保各级编制的预算计划的协调性。其中包括:中央政府各个部门,即主管预算单位(或部门)和地方省级总预算两个方面的预算计划建议数。这一般在每年的 11 月进行。目前,预算收支建议数的指标依据主要是三个方面:一是当年预算计划执行情况的估算;二是预算年度的社会和经济发展目标、财政税收政策以及基础性核算指标;三是按预算计划年度的经济状况和变动进行的收支数字调整。

其次,财政部对上报的预算建议数进行概算,概算平衡后经国务院批准后下达预算编制的控制指标。概算是在建议数汇总的基础上,对国家预算进行的综合,它构成初步的预算计划框架。在概算过程中,需要协调不同部门之间和中央、地方之间的职责和各种预算关系,进行收支指标的调整和平衡。概算结果作为国家预算计划编制的控制指标,由财政部下达给中央各个主管预算单位和各个省级行政单位的财政部门,作为编制预算计划的依据。中央各个主管部门将对其二级预算单位和基层预算单位逐级下达预算控制指标。各省级行政单位政府总预算在接到控制指标后,一方面向省直属主管预算单位下达预算控制指标;另一方面向所属下一级政府总预算下达控制指标,直至各级基层预算单位。

最后,各级政府自下而上地编制国家预算计划(草案)。在所下达的预算控制指标的基础上,各级预算单位按照控制指标编制单位预算,然后逐级上报和汇总,由各级财政部门形成各级政府预算计划草案,最后汇总到财政部。财政部将汇编的中央预算和地方预算草案报送国务院审核。

二、预算的审查和批准

预算的审查和批准是国家预算程序的第二个阶段。国家预算草案形成后,必须经过法律程序的审查和批准,才构成正式的国家预算。国家预算的审查和批准权限属于各级立法机构,中央预算由全国人民代表大会审批,地方各级预算由本级人民代表大会审批。各级立法机构每年定期召开会议,履行审查和批准国家预算的职权。在履行审批手续之前,财政部门要代表政府向全国人民代表大会报告国家预算(草案)编制的方针政策、收支安排的具体情况、存在的问题和采取的措施。报告后,经过一般性讨论质疑、常设委员会的专业性审查后,提交全体代表表决通过。经过立法程序审查和批准后的国家预算即为正式的国家预算,产生法律效力,成为年度预算活动的法定依据。这一国家预算将由财政部门按照级次逐级下达,由各级政府和预算执行机构遵照执行。

在西方国家,预算的批准权力属于议会。在实行一院制的国家中,国家预算直接由其批准,如瑞典、西班牙、荷兰等。在实行两院制的国家,大部分国家议会的两院都有对国家预算的批准权力。一般来说,下院在预算批准上具有更大的权力,美国、德国、法国等属于此类。

国家预算经权力机构批准,才具有法律效力。

三、预算执行

预算执行是整个预算工作程序的中心环节。政府预算执行的过程是实现预算管理目标、完成预算收支任务、贯彻政府预算政策的过程,是将预算由目标变为现实的必经步骤。它涉及每一笔收支活动,贯穿于整个预算年度,是一项艰巨、复杂、细微的日常性工作,是预算管理的关键,其意义重大。政府预算执行不但确保政府预算收支任务由可能性变为现实,促进政府预算收支平衡的实现,更有利于社会经济正常运行和进一步培养财源。

预算收入的执行是预算收入的实现过程。在我国,税收机关、财政机关和海关等部门是政府预算收入的征收部门,因而也是预算收入的主要执行部门。在收入征收的过程中,执行部门必须依据国家相关的法律法规及时、足额地征收应征收的预算收入,不得随意增收或减收,并将所征得的收入及时足额地上缴国库,不得截留、占用或挪用预算收入。另外,有预算收入上缴任务的部门和单位,必须依照规定,将上缴的预算资金及时、足额地上缴国库。

预算支出的执行是支出目标的实现过程。预算管理部门和政府所属的相关公共部门是支出执行的主体。财政部门要按预算计划、规定用途、工作进度和交易合同等发出支付命令,国库要根据财政部门支付命令及时、足额拨款,以保证政府部门履行其职能。

四、预算调整

预算调整是指经过批准的各级政府预算,在执行过程中因实际情况发生变化需要改变原预算安排的行为。因为,政府财政预算是一个收支计划,在实际执行的过程中,由于各种情况的变化,会影响预算的平衡,为实现预算平衡或者为了保证预算执行的平稳,财政部门要不断地按规定进行预算调整。预算调整是预算执行中的一项重要程序。预算调整可以在预算总规模不变或预算总规模稍有调整这两种状态下进行。在改变预算总规模状态下的调整措施有:①追加或追减预算;②动用预备费;③经费留用;④预算划转。预算划转是指在预算执行中,由于行政区划或企事业单位隶属关系有所改变,因而必须按照改变的隶属关系进行预算划转调整。各级政府对于必须进行的预算调整,应当编制预算调整方案,并提请本级人民代表大会常务委员会审查和批准。未经批准,不得调整预算。在预算执行中,因上级政府返还或者给予补助而引起的预算收支变化,不属于预算调整,但应向本级人民代表大会常务委员会报告有关情况。

五、决算

决算是整个预算工作程序的总结和终结。决算是指经过法定程序批准的年度政府预算执行结果的会计报告,包括报表和文字说明两部分。尚未经过法定程序批准之前的年度政府预算执行结果的会计报告称作决算草案。每一个预算年度终了后,各级人民政府、各部门、各单位都要编制决算草案。国务院财政部门编制中央决算草案,经国务院审计部门审计后,报国务院审定,由国务院提请全国人民代表大会常务委员会审查和批准。县级以上地方各级政府财政部门编制本级决算草案,经本级政府审计部门审计后,报本级政府审定,由本级政府提请本级人民代表大会常务委员会审查和批准。乡、民族乡、镇政府编制本级决算草案,提请本级人民代表大会审查和批准。

第三节　国家预算管理体制

一、预算管理体制的含义

预算管理体制是在中央与地方政府以及地方各级政府之间规定预算收支范围和预算管理职权的一项根本制度。它的实质是处理预算资金分配和管理上的集权与分权、集中与分散的关系问题。国家预算管理体制是财政管理体制的一个重要组成部分,也是预算制度的一个组成部分。

国家预算管理体制在国家管理体制中占主导地位。从经济基础角度看,国家预算管理体制以制度的形式处理中央与地方政府之间的集中与分散的分配关系;从上层建筑角度看,国家预算管理体制解决中央与地方政府之间的集权与分权问题。集权与分权问题是带有普遍性的问题。

二、预算管理体制的内容

预算管理体制的根本任务是通过划分预算收支范围和国家预算管理职权,促使各级政府明确各自的责权利,发挥各级政府理财的积极性,促进国民经济和社会事业发展。

(一)确定预算管理主体和级次

一般是一级政权构成一级预算管理主体;我国的政权机构分为五级,相应的预算管理主体也分为中央、省、市、县、乡五级。这五级形成了较为完整、层次明晰的管理主体级次。

(二)预算收支范围的划分

预算收支范围的划分是在中央和地方之间划分收支范围以及确定划分收支范围的方法等问题的总称。在财力总规模一定的前提下,如何划分收支范围直接决定着一级财政拥有财力的多少。

(三)预算管理权限的划分

预算管理权限的划分用以确定各级人民代表大会、各级人大常委会和各级政府在预算的编制、审批、执行、监督等方面拥有的权限和应负的责任。

(四)预算调节制度和方法

政府预算调节可以采用转移支付的方法进行相应的调节。财政转移支付制度是因中央和地方财政之间的纵向不平衡和各区域之间的横向不平衡而产生和发展的,是国家为了实现区域间各项社会经济事业的协调发展而采取的财政政策。它是最主要的区域补偿政策,也是世界缩小区域经济发展差距实践中使用最普遍的一种工具。它在促进区域经济的协调发展上能够转移和调节区域收入,从而直接调整区域间经济发展的不协调、不平衡状况。转移支付是政府把以税收形式筹集上来的一部分财政资金转移到社会福利和财政补贴等费用的支付上,以便缩小区域经济发展差距。

三、我国现行的预算管理体制

(一)分税制的含义

分税制是指将国家的全部税种在中央和地方政府之间进行划分,借以确定中央财政和地方财政的收入范围的一种财政管理体制。其实质是根据中央政府和地方政府的事权确定其相应的财权，通过税种的划分形成中央与地方的收入体系。它是市场经济国家普遍推行的一种财政管理体制。

分税制的内涵极为丰富，它包括分税、分权、分征、分管。分税是按中央和地方政府事权和预算支出需要，把税收划分为中央税、地方税、中央和地方共享税。分权是指划分各级政府在税收方面的立法权、征管权和减免权。分征是指分别设置国税和地税两套税务机构，分别征税。中央政府设置国家税务局，负责中央税和共享税的征收；地方政府设置地方税务局，负责地方税的征收，以保证各级税收收入能够稳定、足额入库。分管是指中央政府和地方政府分别管理和使用各自的税款，涵养税源，不得相互平调或挤占。建立规范化的中央预算对地方的转移支付制度，实现中央对地方的宏观调控和调节地区之间的财力分配，这是实现分税制预算管理体制的关键。

2018 年 6 月 15 日上午，按照党中央、国务院关于国税地税征管体制改革的决策部署，在前期做好统一思想、顶层设计、动员部署等工作的基础上，全国各省（自治区、直辖市）以及计划单列市国税局、地税局合并且统一挂牌，标志着国税地税征管体制改革迈出阶段性关键一步。

（二）分税制的主要内容

1. 中央与地方的事权和支出划分

根据现行中央政府与地方政府事权的划分，中央财政主要承担国家安全、外交和中央国家机关运转所需经费，调整国民经济结构、协调地区发展、实施宏观调控所必需的支出以及由中央直接管理的事业发展支出。具体包括：国防、武警经费，外交和援外支出，中央级行政管理费，中央统管的基本建设投资，中央直属企业的技术改造和新产品研制费，地质勘探费，中央财政安排的农业支出，中央负担的国内外债务的还本付息支出，以及中央本级负担的公检法支出和文化、教育、卫生、科学等各项事业费支出。

地方政府主要承担本地区政权机关运转所需支出以及本地区经济、事业发展所需支出。具体包括：地方行政管理费，公检法经费，民兵事业费，地方统筹安排的基本建设投资，地方企业的改造和新产品试制经费，地方安排的农业支出，城市维护和建设经费，地方文化、教育、卫生等各项事业费以及其他支出。

2. 中央与地方的收入划分

根据事权与财权相结合的原则，按税种划分中央与地方的收入。

①将维护国家权益，实施宏观调控所必需的税种划分为中央税；

②将同经济发展直接相关的主要税种划为中央与地方共享税；

③将适合地方征管的税种划为地方税。

中央与地方的收入划分具体如下。

中央收入包括：关税，海关代征消费税和增值税，消费税，铁道部门、各银行总行、各保险公司总公司等集中交纳的收入（包括营业税、利润和城市维护建设税），未纳入共享范围的中央企业所得税、中央企业上缴的利润等。

地方收入包括：营业税（不含铁道部门、各银行总行、各保险公司总公司集中交纳的营业税），地方企业上缴利润，城镇土地使用税，城市维护建设税（不含铁道部门、各银行总行、各保险公司总公司集中交纳的部分），房产税，车船使用税，印花税，耕地占用税，契税，遗产和赠予税，烟叶税，土地增值税，国有土地有偿使用收入等。

中央与地方共享收入包括：增值税中央分享75%，地方分享25%；纳入共享范围的企业所得税和个人所得税中央分享60%，地方分享40%；资源税按不同的资源品种划分，海洋石油资源税为中央收入，其余资源税为地方收入；证券交易印花税中央分享97%，地方（上海、深圳）分享3%。

3. 税收返还

现行中央对地方税收返还包括增值税和消费税返还、所得税基数返还以及成品油税费改革税收返还。从2009年起，为简化中央对地方税收返还和转移支付结构，将出口退税超基数地方负担部分专项上解收入冲抵税收返还额。

1）增值税和消费税返还

1994年分税制改革，实行按税种划分收入的办法后，原属地方支柱财源的增值税和消费税收入（增值税的75%和消费税的100%）上划为中央收入，由中央给予税收返还，返还额以各地上划中央增值税和消费税收入增长率为基数逐年递增。

2）所得税基数返还

以2001年为基期，为保证地方既得利益，对按改革方案确定的分享范围和比例计算出的地方分享的所得税收入，小于地方实际所得税收入的差额部分，由中央作为基数返还地方。

3）成品油税费改革税收返还

实施成品油税费改革后，中央以地方2007年公路养路费等"六费"收入为基数给予的返还，具体额度考虑地方实际情况按一定的增长率确定。

4. 转移支付制度

2009年起，为进一步规范财政转移支付制度，将中央对地方的转移支付，分为一般性转移支付、专项转移支付两类。

一般性转移支付是指中央政府对有财力缺口的地方政府（主要是中西部地区），按照规范的办法给予的补助。它包括均衡性转移支付、民族地区转移支付、农村税费改革转移支付、调整工资转移支付以及义务教育转移支付等，地方政府可以按照相关规定统筹安排和使用。其中，均衡性转移支付是指以促进地区间基本公共服务均等化为目标，选取影响各地财政收支的客观因素，考虑地区间支出成本差异、收入努力程度以及财政困难程度等，按统一公式分配给地方的补助资金。

专项转移支付是指中央政府对承担委托事务、共同事务的地方政府给予的具有指定用途的资金补助，以及对应由下级政府承担的事务给予的具有指定用途的奖励或补助。主要用于教育、社会保障、农业等方面。

一般性转移支付与专项转移支付具有不同的特点：一般性转移支付能够发挥地方政府了解居民公共服务实际需求的优势，有利于地方因地制宜统筹安排财政支出和落实管理责任；专项转移支付则能够更好地体现中央政府的意图，促进相关政策的落实且便于监督检查。完善转移支付制度,关键是要科学设置、保持合理的转移支付结构,发挥各自的作用。从国际上看,两者比例关系如何搭配并无统一标准。例如,美国联邦政府对州政府的补助全部以专项拨款和分类补助的方式下达,2008财年日本中央政府对地方政府一般性转移支付(地方交付税)占转移支付总额的55%。

近年来,我国转移支付制度进一步规范。一是调整和完善财政转移支付结构。加大一般性转移支付力度,清理整合专项转移支付项目,将需要在较长时期内安排补助经费且数额相对固定的项目划转列入一般性转移支付,提高一般性转移支付的规模和比例。二是加快财政转移支付法制建设。针对目前有关政府间转移支付的法制建设滞后、转移支付补助资金的使用及管理尚缺乏有效约束和效益评估的现状,通过立法规范完善财政转移支付资金,促进资金分配更加公平、合理、规范、高效。

本章小结

1. 国家预算,也称政府预算,是经法定程序审批且具有法律属性的财政收支计划,是政府有计划筹集和分配财政资金的政策工具,更是依法监督政府收支运作的途径和窗口。我们应从以下三个方面来理解国家预算的含义:①国家预算是国家年度财政收支计划;②国家预算是法定程序审批的法律文件;③国家预算是实现财政职能的重要工具。

2. 国家预算的原则包括:公开性、完整性、统一性、可靠性和年度性。

3. 预算程序是指预算从编制到决算的周期过程,可以分为预算编制、预算审查和批准、预算执行、预算调整和决算五个阶段。

4. 预算管理体制是在中央与地方政府以及地方各级政府之间规定预算收支范围和预算管理职权的一项根本制度。它的实质是处理预算资金分配和管理上的集权与分权,集中与分散的关系问题。国家预算管理体制是财政管理体制的一个重要组成部分,也是预算制度的一个组成部分。

5. 预算管理体制的内容包括:确定预算管理主体和级次;预算收支范围的划分;预算管理权限的划分;预算调节制度和方法。

6. 我国现行的预算管理体制是分税制。分税制是指将国家的全部税种在中央和地方政府之间进行划分,借以确定中央财政和地方财政的收入范围的一种财政管理体制。其实质是根据中央政府和地方政府的事权确定其相应的财权,通过税种的划分形成中央与地方的收入体系。它是市场经济国家普遍推行的一种财政管理体制。

思考与练习

1. 分析单式预算与复式预算的差别。
2. 如何理解政府预算的含义?
3. 现代政府预算有哪些类型?
4. 简述国家预算的编制程序。
5. 简述预算管理体制的含义。

第六章　财政政策

教学要求

通过学习，学生应掌握财政政策的要素、财政政策与货币政策的协调、财政政策的效应；理解财政政策的主要类型；了解我国的财政政策实践。

重点难点

本章的学习重点是财政政策的要素、财政政策与货币政策的协调；难点是财政政策的主要类型、财政政策的效应。

第一节　财政政策的概述

一、财政政策的概念

财政政策是指政府为实现各种社会、经济发展目标而调整财政收支规模和处理各种财政分配关系所采取的政策、措施、方法的总称。它表明了政府利用财政工具分配财富的某种主观意图，是政府制定和完善财税制度及办法的依据。财政政策的核心问题是建立财政与社会经济发展目标之间的联系，使财政从分配工具转变为主动影响、干预社会经济发展过程的重要手段。

从以《国富论》为标志的财政学的建立至今，对于财政政策的定义，不同时期的中外经济学家从不同的角度得出了不尽相同的结论。大体上经过了从强调政策手段转移到强调政策目标的过程。促进这种转变的主要原因在于，财政政策目标是随着经济、社会的发展和政府职能的扩展而越显突出的。

在自由竞争的资本主义时期，古典经济学家的杰出代表亚当·斯密主张国家应当尽量少地从社会经济中取走财富，以利于民间资本的形成，促进国民财富的增长。由于这种“夜警察国家”的观念，亚当·斯密坚持政府不应当干预经济，反对财政赤字和发行公债，固守财政本身的收支平衡。在国家没有经济职能可言的前提下，财政政策目标就不会同社会经济目标相联系，而只有财政自身收支平衡的目标。因此，财政政策目标是极其有限的。在这种理论指导下，以后的财政政策研究和表述也就更多地侧重于财政手段。

现代意义上的财政政策始于 20 世纪 30 年代的资本主义经济大危机时期。凯恩斯的宏观经济理论力主通过政府的财政与货币政策来刺激消费需求和投资需求，以达到社会总供需的平衡。这样，在政府的宏观经济管理职能被突出之后，才为现代财政政策目标的确定提供了理论和现实的依据。与此相关，财政政策手段也就被视为实现政策目标的工具。

在凯恩斯理论的影响下，相继出现了强调政策目标的财政政策定义。美国财政学家埃克斯坦教授认为:“政府为了实现充分就业和稳定物价水平的这些短期目标而实行的各种税收和财政支出变化,通常叫做财政政策。”显然埃克斯坦只把实现短期目标而采取的财政手段称为财政政策。随着各国政府对经济发展、经济稳定的普遍关注,财政政策的内涵和外延更加丰富。美国的保罗·萨缪尔森和威廉·诺佳豪斯在他们所著的《经济学》中认为“我们所说的财政政策是指制定税收和公共开支的过程,其目的是:抵制经济周期的波动以及有助于维持增长的高度就业的经济,而与此同时又避免高度的和难以控制的通货膨胀”。这一表述并未刻意强调财政政策的短期性价值,而是将财政收支过程的整体目标与经济增长、充分就业和经济稳定联系起来。

在我国社会主义市场经济条件下,财政政策的运用远比西方市场经济国家更加广泛,政策形式也更加多样化。这与我国的政治和经济制度有着密切联系。特别是在经济领域,国家不仅掌握着庞大的土地、自然资源所有权,而且还直接控制着诸多对国计民生具有决定性影响的国营企业或国有股权。这样的所有权结构使得国家财政在经济领域有更大的政策运用空间,这是实现国家所有权和公共利益的必然要求。例如,对国有土地征收土地转让金的政策、国营企业利润履行上缴财政责任的政策等,都是由此形成的重要财政政策。此外,我国政府对经济的管理并非仅仅停留在与宏观经济稳定相联系的层面,在经济结构调整、产业发展、区域关系协调等方面也都承担着重要任务,并由此制定了相应的财政政策。

二、财政政策的性质

(一)财政政策是一个相对完整的政策体系

财政政策贯穿财政工作全过程,体现在收入、支出、预算平衡和国家债务等各个方面。因此,财政政策是由税收政策、支出政策、预算平衡政策、国债政策等构成的一个相对完整的政策体系。它对市场经济下财政功能的正常发挥具有重要作用。

(二)财政政策是主观指导与客观规律的统一

财政政策是国家有意识活动的产物。财政政策的主体是财政政策的制定者和执行者。在多级财政中,财政政策的主体包括中央政府和地方政府两个层次。事关全国的财政政策,中央政府是制定者,地方政府是执行者。事关地区的财政政策,地方政府既是制定者又是执行者。政策主体的行为是否规范及其偏好,对于政策功能的发挥和政策效应的大小都具有重要影响。在市场经济条件下,各级立法机构和政府不再是市场经济中的行为主体,而仅仅是财政政策的制定者和执行者。这样,政府和立法机构必须依据一定的反映客观分配关系及其运动规律的财政理论,从市场经济管理者的角度出发,使财政政策对客观世界的经济运行起到指导和控制作用。

(三)财政政策具有明显的阶段性和相对稳定性

经济发展的各个不同阶段具有不同的目标,与此相适应,财政政策的目标和内容也具有一定的阶段性。然而,财政政策的任何一个目标被确定之后,要实现它都要经过一个时间长短不一的过程。在这一目标尚未实现之前,这种财政政策一般不会终止,因而使财政政策又具有相对稳定性。这种稳定性与阶段变化性的统一正是财政政策作为长期战略与短期策略的体现。

（四）财政政策是经济政策的重要组成部分

经济学界已普遍认为，在政府的诸多经济政策中，有两种政策对经济发展和宏观调控至关重要。这就是财政政策与货币政策。前者调控经济过程中参与者之间的收入流量，后者调控货币供给和利率结构。财政政策是政府干预经济运行的一种主要控制手段，是政府使经济运行最大限度地接近宏观发展目标的有力政策工具。

三、财政政策目标

财政政策目标是指政府实施的财政政策所要实现的期望值或预期控制目标，是财政政策的核心。财政政策目标的范围受政府职能的调整与变化的制约。同时，宏观财政政策目标的确定，要以不同时期的经济条件和形势的需要为依据。随着现代经济发展的社会化和复杂化，宏观财政政策目标已走向多元化。宏观财政政策是政府运用国家财力实现宏观调控的重要手段，其政策目标的确定，必须围绕社会总供给与总需求基本平衡这一宏观调控的总体目标。

（一）经济适度增长

经济增长是指一个国家或一个地区在一定时期内国民生产总值、国民收入或人均国内生产总值的持续增长，表明经济发展的速度和水平。保持快速的经济增长可以创造更多的社会财富，不仅能够提高国家的综合国力，还能改善社会成员的物质生活水平。但是过快的经济增长会带来对物资资源、社会资金的过度渴求，由于资源、资金、技术的限制，在经济发展方式不能快速转变、经济结构不能快速调整的情况下，势必造成资源过度开采、环境污染加重、地区经济发展不平衡和社会分配不公平等情况。因此，追求经济适度增长是十分必要的。保持经济适度增长意味着经济发展既要实现国民生产总值、国民收入或人均国内生产总值的真正增长，也要考虑支撑经济发展的物质资源承受能力和国民储蓄水平。

（二）物价相对稳定

物价相对稳定是指物价波动幅度控制在经济稳定发展所允许的范围内，避免价格总水平的持续上升或下降，而不是指物价总水平稳定不变。价格总水平的持续上升容易造成严重通货膨胀，从而扰乱价格体系，扭曲资源配置，引起收入分配秩序和经济秩序出现混乱。价格总水平的持续下降容易造成严重的通货紧缩，导致生产能力、资源的大量闲置，生产过剩，失业人数增加，造成社会总需求严重不足。为抑制通货膨胀和防止通货紧缩，政府需要采取有针对性的财政政策。对于通货膨胀的治理，政府往往采取提高税收、减少财政支出的措施来抑制社会总需求。对于通货紧缩的防治，政府往往采取降低税收、增加财政支出的措施来刺激社会总需求。

（三）资源优化配置

在市场经济条件下，借助于价值规律、供求关系及竞争机制的作用，市场机制可以将有限的资源配置到边际收益最高的产业、部门、行业或地区。但由于市场失灵问题的存在，市场不太可能将所有资源都进行优化配置，在市场机制调节不了的领域，利用财政政策工具引导社会资源在不同的产业、部门、行业或地区间流动，对社会资源进行合理配置，从而弥补市场在配置资源上的失灵之处。

(四)收入公平分配

收入公平分配是指社会成员的收入分配合理,其差距处于人们可接受的范围内,是实现经济稳定、社会和谐发展的关键。由于受教育机会、财产状况、家庭背景、个人技能的差别和年龄、地理、职业流动性等因素的影响,人们的收入差距会扩大,可能导致收入分配不公。通过财政政策的实施,在加大对高收入者实行税收调节的同时,也加大对低收入者的财政转移性支出,防止收入差距过大和两极分化,逐步实现共同富裕。

第二节 财政政策工具和乘数

一、财政政策工具

财政政策工具是指实现财政政策目标选用的具体手段,包括国家预算、税收、公债、财政投资、财政支出等。

(一)国家预算

国家预算是经法定程序审批且具有法律属性的财政收支计划,是政府有计划筹集和分配财政资金的政策工具,更是依法监督政府收支运作的途径和窗口。在我国每年一度的全国人民代表大会上,财政部部长都必须向大会报告上一年度的财政收支情况,并提出下一年的财政收支计划,由大会予以批准。这种经过法定程序批准的国家年度基本收支计划就是国家预算。上一年度国家预算执行结果的会计报告就是国家决算。

国家预算是国家配置财政资源的重要方式,也是国家调节宏观经济运行的基本手段。国家预算是一种政府安排财政收支活动,控制财政平衡、财政赤字的重要机制。在各种财政政策中居于核心地位,政府可以利用国家预算这一政策工具进行总量调节和结构调节,从而实现财政政策的各项目标。

在总量调节方面,主要运用相机抉择的预算政策来调节社会总供求的平衡。当经济过热时,社会经济处于社会总需求大于社会总供给的经济状态,政府可以采取预算收入大于预算支出的紧缩性财政政策,抵制社会总需求的扩张;当经济衰退时,社会经济处于社会总需求小于社会总供给的经济状态,政府可以采取预算收入小于预算支出的扩张性财政政策,刺激社会总需求的扩张。

在结构调节方面,主要通过调节政府预算支出结构来调整社会供给结构、产业结构和需求结构。政府通过调整预算支出的规模和方向,发挥预算支出对生产、就业和投资的引导作用,形成符合国家经济发展需要的供给结构和产业结构。政府通过调整预算支出结构,实现对不同预算支出的规模及其结构的调整,可以形成相应的需求结构,进而影响供给结构、产业结构的转换升级。

(二)税收

税收作为财政政策的重要政策工具,既可以调节资源优化配置、收入公平分配,又可以调节社会总需求和社会总供给的平衡。

在调节资源优化配置方面,政府可以通过调整征税范围、税率、税收优惠政策等税收措施改变不同地区间、不同部门间、不同产业间的税负水平，进而影响地区间、部门间、产业间的要素收益水平，促进资源在不同地区间、不同部门间、不同产业间的合理流动。

在调节收入分配方面，政府可以通过税种设定、税基选择、税率调整等税收调节措施实现公平收入分配的财政政策目标。实施累进的个人所得税制度，构建综合与分类相结合的混合所得税模式，减轻中低收入者的税收负担，加大对高收入群体资本所得、财产转让所得、财产租赁所得、股权转让所得、股息红利所得等非劳动所得的税收调节力度，发挥个人所得税对收入分配的调节作用。建立完善的财产税系，通过房产税、土地使用税、车船税、车辆购置税制度的健全，适时开征遗产税、赠予税，可以发挥财产税对收入公平分配的调节作用。

在调节社会总需求和社会总供给的平衡方面，可以通过自动稳定器、相机抉择两种过程发挥作用。实施累进的所得税制度，在经济衰退时，由于经济不景气税收自动降低，会自动刺激社会总需求的增加；在经济过热时，由于经济过度繁荣税收自动升高，会自动抵制社会总需求的增加。实施相机抉择的政策形式，在衰退时采取降低税率、缩小征税范围、加大税收减免等减税措施，增加企业和个人可支配收入，刺激私人投资和消费，从而扩大社会总需求；在经济过势时采取提高税率、扩大征税范围、减少税收减免等减税措施，减少企业和个人可支配收入，抵制私人投资和消费，从而减少了社会总需求。

（三）公债

公债是政府调节社会总需求和货币供给量的重要手段，在财政政策宏观调控中发挥着重要作用。首先，政府通过公债形式将货币资金的使用权由私人转移到政府手中，尽管私人的投资有所减少，但政府将所筹集的公债资金进行集中投资，可以发挥财政投资乘数的作用，在扩大社会总需求的同时，也增加了国民收入。其次，由于公债存在资产效应，公债持有人认为公债在未来年度会带来收益，因而将认购的公债看作其财富的增加，因而会加大消费或投资，从而有助于社会总需求的扩张。再次，公债是调节货币供给量的重要工具，公债由中央银行发行，所产生的公债货币问题可以增加基础货币的投放量，中央银行进行公开市场业务操作时买卖公债可以调控货币供给量。

（四）财政投资

财政投资是以政府为主体的集中性投资，对于私人投资具有示范和引导作用。财政投资具有乘数作用，其投资的方向和力度对于私人投资、社会总投资和经济结构的调整优化起着关键作用。尽管财政投资对私人投资有一定的挤出效应，但是财政投资的规模比较大，主要的投资方向集中在公共基础设施投资领域、基础产业和新兴产业领域、重要的资源开发领域和关系国民经济发展的支柱产业领域等方面。政府的这种财政投资，不仅能够发送投资环境，引导私人投资，调整产业结构和经济结构，还可以发挥投资乘数的作用，扩大社会总需求，促进国民经济的快速发展。

（五）财政支出

财政支出包括购买性支出和转移性支出。这两种不同的财政支出都是政府实现反周期调整的重要手段。

在经济过热时，通过减少购买性支出，包括减少公共工程的开支，减少对商品或劳务的购买支出等，直接减少社会总需求；在经济衰退时，通过增加购买性支出，包括增加公共工程的开支，增加对商品或劳务的购买支出等，直接增加社会总需求。

转移性支出包括社会保障支出、财政补贴支出。社会保障支出是宏观经济重要的自动稳定器，随着经济的繁荣自动减少，从而抵制社会总需求的过度扩张；随着经济的衰退而自动增加，从而刺激社会总需求的萎缩。财政补贴与价格变动密切相关，政府的财政补贴支出不仅有助于调节供给结构和实现资源的合理配置，还能影响企业、个人的投资、消费能力，从而对社会总需求产生重要影响。

二、财政政策乘数

财政政策乘数是指政府运用财政政策工具所引起的国民收入增加或减少的倍数，表明政府的财政收支变化对国民收入的影响程度，主要包括财政支出乘数、税收乘数、转移性支付乘数和预算平衡乘数。

（一）财政支出乘数

财政支出乘数是指因财政支出增加（减少）所引起的国民收入增加（减少）的倍数。

$$KG=1/1-c$$

KG 为财政支出乘数，c 为边际消费倾向，是指居民个人可支配收入中用于消费的比例（$0<c<1$）。

财政支出乘数 KG 的大小取决于边际消费倾向 c，随着 c 的增大，KG 会变大。假如边际消费倾向为 0.75，财政支出乘数为 4，即政府每增加 10 000 元支出，国民收入最终增加 40 000 元。用 s 表示边际储蓄倾向，因为 $s+c=1$，有 $KG=1/s$，所以 KG 随 s 的增大而变小。由于 KG 是正值，财政支出与国民收入的变动呈同方向变动。该式中的财政支出主要指政府的采购性支出（购买商品或劳务方面的财政支出），经济繁荣时期的财政支出乘数具有减弱趋势。

（二）税收乘数

税收乘数是指因政府税收增加（减少）而引起的国民收入减少（增加）的倍数。

$$KT=-c/1-c$$

KT 为税收乘数，c 为边际消费倾向（$0<c<1$）。

税收乘数 KT 是负值，税收与国民收入呈反方向变动。如果政府采取减税政策，可以使国民收入增加 $c/1-c$ 倍。假如边际消费倾向为 0.75，税收乘数为 −3，即政府每减税 10 000 元支出，国民收入最终增加 30 000 元。该式中的税收主要指作为直接税的税收（特别是所得税），不考虑税负转嫁，也没有考虑税收政策变化对劳动供给和经营努力程度的影响。

（三）转移性支付乘数

转移性支付乘数是指因政府转移性支付增加（减少）而引起的国民收入增加（减少）的倍数。

$$KTR=c/1-c$$

KTR 为税收乘数，c 为边际消费倾向（$0<c<1$）。

转移性支付乘数 KTR 是正值，转移性支付与国民收入呈同方向变动。如果政府采取增加转移性支付的社会保障政策，可以使国民收入增加 c/1–c 倍。假如边际消费倾向为 0.75，转移性支付乘数为 3，即政府每增加 10 000 元支出，国民收入最终增加 30 000 元。

（四）预算平衡乘数

预算平衡乘数是指财政支出的增加（减少）和政府税收增加（减少）相等时引起国民收入增加（减少）的倍数。

$$KT+KG=1$$

税收增加会减少国民收入，财政支出增加会增加国民收入。如果税收与财政支出同等程度增加（实行平衡预算政策），国民收入扩张的倍数等于 1。

第三节　财政政策的主要类型

一、自动稳定的财政政策与相机抉择的财政政策

（一）自动稳定的财政政策

自动稳定的财政政策是指通过财政的“内在稳定器”，自发调节社会总需求和社会总供给和非平衡状态，从而起到稳定作用的财政政策。“内在稳定器”是指在宏观经济不稳定时能够自发调节的内在调节机制，包括累进所得税制、政府转移性支出等。这种政策的主要特点是依赖“内在稳定器”对社会总供需自发调节，减弱宏观经济的波动。自动稳定的财政政策的稳定效应表现在税收的自动稳定效应和政府转移性支出的自动稳定效应两个方面。

1. 税收的自动稳定效应

在累进的税收制度下，税收收入能够随着经济增长的变化自动调整，实现对社会总需求的自发调节。经济过热时，社会总需求大于社会总供给，物价水平快速上涨的同时个人收入大幅度上升，个人适用的所得税税率的档次随纳税人收入的增加自动提高，个人收入中有越来越多的部分转化为税收，从而抵制了社会总需求的膨胀，避免引发通货膨胀问题。在经济不景气时，社会总需求小于社会总供给，供给过剩和增长缓慢导致个人收入水平下降，个人适用的所得税税率的档次随纳税人收入的下降自动降低，个人收入中有越来越少的部分转化为税收，从而抑制了社会总需求的下降，避免引发经济衰退问题。

2. 政府转移性支出的自动稳定效应

政府对个人的转移性支出是普遍的自动稳定器，包括失业补助、社会救济和低收入群体的最低生活保障。经济过热时，失业率下降，领取失业补助的人数大幅减少，政府的转移性支出减少，抑制了社会总需求的扩大。经济不景气时，供给过剩，失业率增加，人们的收入水平普遍下降，政府的转移性支出增加，刺激了社会总需求的扩大。

自动稳定的财政政策在经济出现波动的初期，确实可以起到自动调节社会总供求的作用，避免政府对市场经济过早干预。当市场经济运行失常，内在稳定器不能有效地发挥其稳定作用时，政府应主动干预，实施相机抉择的财政政策。

（二）相机抉择的财政政策

相机抉择的财政政策，又称审慎的财政政策，是指政府根据经济发展形势灵活采用的旨

在熨平经济周期性波动、保持宏观经济稳定的一种财政政策。这种政策的特点是政府对宏观经济运行主动干预,采取的是“逆商业周期而动”的政策措施,政府采取政策的灵活度和自由度较大。相机抉择的财政政策包括汲水政策和补偿政策。

1. 汲水政策

汲水政策是指经济衰退时依赖一定的政府投资诱导经济自动恢复景气的财政政策。这是一种短期性的财政政策,随经济恢复景气而停止;利用政府投资启动民间投资,在政府投资乘数的作用下扩大社会总需求,使经济自发恢复活力;只借助政府投资补偿民间投资的减退,政府财政支出的规模非常有限。20 世纪 30 年代,美国实施的罗斯福—霍普金斯计划、日本实施的时局匡救政策都是汲水政策。

2. 补偿政策

补偿政策是政府根据经济形势主动采取的一种对经济状态反方向调节,旨在稳定经济的财政政策。这种政策是一种全面的干预政策,应用于经济恢复活力、经济走向繁荣和控制经济过度繁荣的整个过程;政策工具具有多样性,包括政府投资、财政补贴、转移性支出、税收等;财政支出规模较大,可以超额增长;通过调节有效需求,实现宏观经济的稳定。

二、扩张性财政政策、紧缩性财政政策和中性财政政策

(一)扩张性财政政策

扩张性财政政策又称膨胀性财政政策、赤字财政政策,是指政府通过调整财政收支活动来刺激社会总需求增加,从而刺激经济增长的财政政策。在经济衰退时期,社会总需求不足,社会总供给过剩,政府通常采取扩张性财政政策,目的在于保持社会总供求的平衡。这种政策的核心内容是减税增支。减税表现在降低税率、加大税收优惠力度(包括免税和退税)、减少税种等方面,通过减税增加企业和个人的可支配收入,从而扩大投资需求和消费需求。增支的方式表现在增加政府采购支出、加大转移性支出、增加公共工程的开支等方面。通过财政支出的增加,不仅直接扩大社会总需求,还可以间接扩大总需求(刺激私人投资和消费)。在减税与增支并举的情况下,扩张性财政政策容易导致财政赤字。

(二)紧缩性财政政策

紧缩性财政政策,又称盈余性财政政策,是指政府通过调整财政收支活动来抑制和减少社会总需求,进而消除通货膨胀的财政政策。在经济过热时期,社会总需求膨胀而社会总供给不足,政府通常采取紧缩性财政政策。这种政策的核心内容是增税减支。增税的方式表现在提高税率、减少税收优惠、开征新税种等方面,通过增税减少企业或个人的可支配收入,降低投资需求和消费需求。减支的方式表现在减少政府采购、减少转移性支出和投资性支出等方面,通过财政支出的减少,直接减少或抑制社会总需求。在增税与减支并举的情况下,紧缩性财政政策容易出现财政盈余。

(三)中性财政政策

中性财政政策,又称预算收支平衡的财政政策,是指通过财政收支的平衡使社会总需求和社会总供给保持平衡的一种财政政策。这种政策的特点是财政收支通常预算平衡,财政收支行为对社会总需求的影响是中性的。在经济基本稳定,社会总需求与总供给基本平衡

或者总供求矛盾不突出时，可以采用中性财政政策。

三、我国财政政策的实践

（一）1979—1996年的扩张与频繁调整的财政政策

1979年，针对过热的经济形势，加之投资需求、消费需求膨胀，物价持续上涨，中央提出了“调整、改革、整顿、提高”的方针，并实施了紧缩的财政政策。一是控制投资需求，严格基本建设投资的国家预算指标范围和审批手续，强化投资约束，将预算内基本建设投资规模年增长速度控制在10%—25%；二是控制消费需求，对预算外收入、社会集团购买力严格管理，对政府、事业单位实行“预算包干，结合留用，征收归已”的预算管理办法，防止各项支出扩大；三是加大对农业的投资，提高农业补贴和农副产品价格，增加轻工业基本建设投资和轻纺工业挖潜改造和专项贷款，提高消费品的供应能力；四是提高粮食、农副产品的统购价格，加大了粮食油价差补贴、超购粮油加价补贴和粮食企业亏损补贴的财政支出，保证物价稳定；五是减少国家对外贸易的财政补贴，对出口创汇企业实行税收政策倾斜，调整进出口商品结构，实现国际收支平衡。经过宏观调控，国民经济基本实现了财政收支平衡、物价稳定的预期目标。由于紧缩政策的力度过大，导致经济增长率有所下降，1982年开始实行宽松的财政政策，对企业实行利改税，经济增长速度逐步回升。

1988年，为解决投资消费高速增长、价格总水平大幅攀升和财政赤字不断扩大的问题，中央提出“治理经济环境、整顿经济秩序、全面深化改革”，实行紧缩的财政政策。一是大力压缩固定资产投资规模，特别是限制非生产性投资的规模，将调整预算外基建投资作为压缩投资需求的重点；二是严格控制社会集团消费，限制工资外收入的增长速度，控制社会消费需求的膨胀；三是削减财政投资支出，停止对各类经营不善的国营企业的财政补贴，大力压缩行政管理费支出；四是推行税利分流试点，开征建筑税，对非生产性建设、计划外建设和非重点建设实行高税率，对小轿车、彩色电视机征收特别消费税。紧缩性财政政策的实施较好地控制了经济的过快增长，物价总水平迅速回落，需求膨胀得到化解。

1993年，为解决经济运行各项指标继续攀升、投资增长过猛、通货膨胀等较为严重的问题，中央提出了加强和改善宏观调控的16条措施，开始实行适度从紧的财政政策。一是在全国企业普遍试点税利分流，运用税收和利润两种渠道组织财政收入和调解经济运行，增强政府的宏观调控能力；二是进行大规模的税制改革，建立以增值税为主体的新流转税制度，扩大消费税的征收范围，实行统一的企业所得税和个人所得税制度，在保障财政收入的同时有效地抑制投资膨胀；三是严格控制投资规模，控制社会集团购买力过快增长；四是强化税收征管，清理越权审批减免税，压缩预算会议费，控制出国活动和各种招商办展活动；五是控制各项债券年度发行规模和债种，控制地方政策债券发行。通过适度从紧的财政政策的实施，到1996年，不仅有效地抑制了通货膨胀，还使国民经济成功地实现了“软着陆”，形成了“高增长、低通胀”的良好局面。

（二）1997—2004年的积极财政政策

1997年，东南亚金融危机爆发，我国对外贸易受到较大冲击，出现了供给过剩、需求不足的情况，有效需求不足成为制约经济增长的主要矛盾。为了扩大内需，促进经济稳定增长,我国从 1998 年 7 月起开始实施积极财政政策。积极财政政策属于扩张性的财政政策,其目标就是扩大社会总需求和刺激经济增长,其政策措施是增发国债、扩大财政投资。这个时期积极的财政政策内容如下。

1. 增发长期建设国债,支持基础设施建设

1998 年 7 月,向国有商业银行发行 1 000 亿元长期建设国债,重点投向农林水利、交通通信、城市基础设施、城乡电网改造、国家直属储备粮库建设等方面。1998 年上半年向国有独资商业银行发行 2 700 亿元特别国债(期限为 30 年),充实国有独资银行资本。2000 年安排 1 500 亿元长期建设国债主要用于基础设施建设、国营企业技术改造、西部大开发、生态环境建设及科教事业发展。到 2004 年共发行长期建设国债 9 100 亿元,累计实际安排国债项目资金 8 643 亿元,拉动银行贷款、配套资金等各类资金逾 2 万亿元。

2. 加大税费调整力度,鼓励出口和减轻企业税费负担

为支持出口,对于一般贸易出口收汇实行贴息政策,开始采用中央外贸发展基金有偿使用项目专项资金;分批次提高纺织原料及制品、纺织机械、煤炭、水泥、钢材、船舶和部分机电、轻工产品的出口退税率,加大"免、抵、退"税收政策的执行力度。自 1998 年 1 月 1 日起,对国家鼓励发展的国内投资项目和外商投资项目进口设备,在规定的范围内免征关税和进口环节增值税。1997 年 10 月降低 4874 个税号商品的进口关税税率,进口关税总水平 2002 年降至 12%,2004 年降至 10.4%。

为减轻企业税费负担,政府加大了税收减免。1999 年起,减半征收固定资产投资方向调节税,2000 年暂停征收。符合国家产业政策的技术改造项目所需国产设备投资的 40% 可从企业技术改造项目设备购置当年比前一年新增的企业所得税中抵免。1999 年起,对能源、交通、港口建设项目的外商投资企业按 15% 的税率征收企业所得税,对涉及房地产的营业税、契税、土地增值税给予一定的减免。2001 年,出台了系列增值税优惠政策,扶持部分产业和产品的发展。

3. 增加中央财政对社会保障、教育等重点领域的支出

从 1998 年起,中央财政本级支出教育经费所占比例连续 5 年都比上年提高 1 个百分点,重点用于支持高校体制改革、高等学校办学条件改善和国家重点科研项目的资金需要。1998 年增加转移支付 20 亿元支持企业职工基本养老金保险制度的改革,安排 144 亿元补助金和借款用于国营企业下岗职工基本生活保障和再就业工程。2002 年,中央财政用于社会保障性支出达 1 362 亿元,城市居民最低生活保障对象增加到 2 060 万人。

4. 调整收入分配政策

1999—2003 年,连续 4 次提高机关事业单位职工工资标准,机关事业单位职工月人均基本工资水平达到 877 元,比 1998 年提高了 119%。1999 年 7 月起,国营企业下岗职工等低收入人员的基本生活保障补助水平在下岗职工基本生活保障、失业保险和城镇居民最低生活保障标准的基础上提高 30%。2000 年中央财政加大了下岗职工和城市贫困群体的保障力度,国营企业下岗职工基本生活保障补助、全国城市居民最低生活保障支出分别比 1999 年增长 50.1% 和 50%。2000 年,中央财政大幅增加了对中西部地区行政事业单位人

员工资和建立“三条保障线”的资金补助累计 614.7 亿元。

积极财政政策的实施使我国成功克服了亚洲金融危机的冲击，有效地刺激了投资、消费和出口的增长，宏观经济运行得到根本性改善，经济持续快速增长。

（三）2005—2007 年的稳健财政政策

积极财政政策虽然取得了显著的效果，但经济运行中也出现了投资需求膨胀、信贷规模偏大、固定资产投资反弹压力大、能源和运输瓶颈约束突出、通货膨胀压力加大的问题。2005 年，我国开始实行稳健财政政策。

稳健财政政策，即中性财政政策，是在经济结构性矛盾比较突出的情况下所采取的一种对社会总需求既不扩张也不紧缩的财政政策。稳健财政政策的内涵可以从问题和结构两方面分析，总量方面的稳健财政政策意味着财政支出结构的优化，做到“有保有控”。

财政政策的主要内容是“控制赤字、调整结构、推进改革、增收节支”。“控制赤字”是指要适当减少长期建设国债发行规模，适当减少中央财政赤字，财政赤字占 GDP 的比重要不断下降。“调整结构”是指要合理调整财政支出结构和国债资金投向结构，资金使用要区别对待，有保有控。“推进改革”是指在保持财政收入稳定较快增长的基础上推进有增有减的结构性税制改革和教育、社会保障、医疗卫生、收入分配等改革。“增收节支”是指在依法组织财政收入、保证财政收入稳定增长的同时，要加强财政支出的管理，严格控制财政支出，提高财政支出效益。

在控制赤字方面，中央财政预算赤字 2005 年减少 192 亿元，2006 年减少 50 亿元。2007 年在年初预算减少 300 亿元的基础上，执行中又减少 650 亿元，财政赤字占 GDP 的比重下降到 0.8%。

在调整结构方面，适当调整了长期建设国债的发行规模，2005 年减少 300 亿元，2006 年减少 200 亿元，国债项目资金投资的方向和使用结构进一步调整优化，优先支持农林水利、新农村建设、科教文卫、就业和社会保障、资源节约、生态建设、环境保护与西部大开发。

推进改革主要涉及深化税制改革和加快教育、医疗、社会保障、收入分配制度的改革两个方面。在深化税制改革方面，2005 年改革出口退税机制，减轻地方负担；2006 年全国取消农业税、农业特产税，对消费税税目、税率进行大规模调整；2006 年、2007 年相继取消了部分高耗能、高污染、资源性产品的出口退税，对部分“高耗能、高污染”产品加征出口关税，将环境保护、节约能源等纳入企业所得税收优惠范围；2007 年统一内外资企业所得税制度，增值税转型改革范围扩大到中部 26 个老工业基地城市的 8 个行业。在推进教育、医疗、社会保障、收入分配制度改革方面，2006 年对西部地区免除农村义务教育阶段学生学杂费并对家庭经济困难学生免费提供教科书，支持中西部地区农村医疗救助制度建设、困难地区城市医疗救助试点，加大公共卫生专项资金投入力度，实施公务员工资制度改革；2007 年保障优先发展教育，免除全国农村义务教育阶段学生学杂费并免费提供教科书，在试点城镇建立居民基本医疗保险制度，在全国农村建立最低生活保障制度，完善城市居民最低生活保障制度，连续提高企业退休人员、优抚对象、城市低保对象的待遇水平和生活补助标准。

在增收节支方面，2005 年推行中央部门实物费用定额改革试点、项目预算滚动管理，扩大国库集中支付制度；2007 年推进依法制税，提高税收征管质量和效率，规范非税收入管理，全面使用新的政府收支分类科目编制预、决算。

（四）2008 年以来的积极财政政策

由于国际金融危机爆发导致国外市场需求急剧下降，加之国内连续出现特大自然灾害，宏观经济主要指标呈下行趋势。为防止经济下滑过快，减少经济运行风险，促进国民经济的稳定增长，我国 2008 年再次实行积极财政政策。这次积极财政政策的实施重点由“保增长”向“调结构”转变，扩大内需与稳定外需相结合、深化改革与转变发展方式相结合，实现经济的可持续发展。

2008 年 10 月开始实施积极财政政策，主要措施是增加中央财政公共投资和重点支出，适当减免税费和提高出口退税率。2008 年 11 月国务院提出了促进经济增长的 10 项措施：加快建设保障性安居工程；加快农村基础设施建设；加快铁路、公路和机场等重大基础设施建设；加快医疗卫生、文化教育事业发展；加强生态环境建设；加快自主创新和结构调整；加快地震灾区灾后重建各项工作；提高城乡居民收入；在全国所有地区、所有行业全面实施增值税转型改革；加大金融对经济增长的支持力度。2008 年第四季度新增中央政府公共投资 1 040 亿元，用于灾区恢复重建、保障性安居工程和农业基础设施建设。2008 年 11 月，将部分纺织品、服装、玩具出口退税率提高到 14%。

2009 年实施积极财政政策着力扩大内需，保障和改善民生，推动经济结构调整，促进经济稳定发展。主要政策措施为：增加政府公共投资，加强农业基础设施、农村民生工程、教育卫生等社会事业建设、节能减排和生态建设与重点基础设施建设；推进税制改革，实行结构性减税，在全国范围内实施消费型增值税，实施成品油税费改革，提高纺织、服装、石化、电子信息等产品的出口退税率，统一内外资企业和个人的房产税制度；增加城乡居民收入，加大对农民的补贴力度，提高粮食最低收购价格，提高城乡低保对象、企业退休人员和优抚对象等群体的补助水平。

2010—2012 年积极财政政策的主要政策措施大体相同，概括为以下几个方面：通过增加对农民补贴、促进农民增收和提高城乡居民最低生活保障标准、增加企业退休人员基本养老金等措施提高城乡居民收入，增强居民消费能力；优化公共投资结构，用于农业基础设施、农村民生工程、社会事业、保障性安居工程、节能减排和生态建设、自主创新和结构调整等方面；完善结构性减税政策，对部分小型微利企业实施所得税优惠政策，出台各项税费减免政策减轻中小企业负担，实施西部大开发等税收优惠政策；优化转移支付结构，增加一般性转移支付，完善县级基本财力保障机制等。

2013 年继续实施积极财政政策，发挥稳增长、调结构、促改革、惠民生的作用。主要政策措施为：适当增加财政赤字和国债规模，安排财政赤字 1.2 万亿元，代地方发债 3 500 亿元，增加改善民生支出，保持对经济增长和结构调整的支出力度；结合税制改革完善结构性减税政策，推进营业税改征增值税试点，适时扩大试点地区和行业范围；优化财政支出结构，财政支出向教育、医药卫生、社会保障等民生领域倾斜，中央预算内投资主要投向保障性安居工程、社会事业等民生工程、节能减排、生态环境、农业基础设施等领域；加强地方政府性债务管理,处理好债务偿还和在建项目后续融资问题,合理控制地方政府性债务水平。

2014 年,政府强调财政政策要适当扩大财政赤字,保持一定的刺激力度;2015 年提出适当扩大财政赤字规模和动用以前年度结转资金,加大支出力度,加大盘活财政存量资金力度和保持一定的政府投资规模。这些政策都是旨在通过各种途径来切实扩大支出规模,来实现需求侧经济增长动力"三驾马车"中的"投资"这个环节的增长。无论是通过扩大支出规模还是提高资金使用效益,最终目标都是实现扩大投资,以投资这一需求侧总量调控手段来拉动宏观经济增长。2014 年政府强调完善有利于结构调整的税收政策,促进经济提质增效升级和 2015 年实行结构性减税和普遍性降费,加强对实体经济的支持,这些政策都表明"结构性"改革已经开始逐步成为积极财政政策的发力重点。

2016 年 12 月召开的中央经济工作会议强调稳中求进的工作总基调是治国理政的重要原则,也是做好经济工作的方法论,财政政策要更加积极有效,预算安排要适应推进供给侧结构性改革、降低企业税费负担、保障民生兜底的需要。2016 年的财政政策在 2015 年的基础上继续强调坚持稳中求进的工作总基调,增加了实行宏观政策要稳、产业政策要准、微观政策要活、改革政策要实、社会政策要托底的总体思路,提出继续实施积极的财政政策并加大力度,比 2015 年的适当加大力度更进一步。2016 年,进一步减税降费,带有典型的供给侧"降成本"特征,而调整优化支出结构则带有突出的结构性特点。

2017 年,我国继续实施积极的财政政策。一是 2017 年赤字率按 3% 安排,比 2016 年增加 2 000 亿元;二是进一步减税降费,全年减少企业税负 3 500 亿元左右,减少涉企收费约 2 000 亿元;三是财政预算安排向补短板、惠民生倾斜;四是增加均衡性转移支付和困难地区财力补助,对地方一般性转移支付规模增长 9.5%;五是压缩非重点支出,减少对绩效不高项目的预算安排;六是中央部门按不低于 5% 的幅度缩减一般性转移支出,"三公"经费只减不增。财政部在第十二届全国人大五次会议上所做的《关于 2016 年中央和地方预算执行情况与 2017 年中央和地方预算草案的报告》中,概括了 2017 年财政政策的主要内容。一是继续为企业减负。进一步完善营改增试点政策,扩大享受减半征收企业所得税优惠的小微企业范围;提高科技型中小企业研发费用加计扣除比例 25 个百分点;延续实施物流企业大宗商品仓储设备税收减免政策;全面清理规范政府性基金,取消或停征中央涉企行政事业性收费 35 项,收费项目减少 50% 以上;适当降低"五险一金"缴费比例。二是赤字率保持不变,适度扩大支出规模,合理安排收入预算,盘活存量财政支出。三是突出重点保障领域。新增财力及腾出的存量资金,优先用于支持推进供给侧结构性改革、适度扩大有效需求,加大对基本民生保障和扶贫、农业、教育、生态文明建设等重点领域的投入,财力进一步向困难地区和基层倾斜。

2018 年仍实施积极的财政政策,但财政赤字率下调为 2.6%。2018 年积极的财政政策方向发生变化:从支出转向减税降费,更加侧重民生、支持三大攻坚战和服务高质量发展。个人所得税、企业所得税、增值税改革降低负担,关税降低扩大开放。

2019 年积极的财政政策加力提效。"加力"体现为实施更大规模的减税降费和加大支出力度;"提效"体现为提高财政资金配置效率和使用效益。2019 年财政收支政策主要从着力支持深化供给侧改革继续支持打好三大攻坚战、坚持创新引领发展、促进形成强大国内市场、促进区域协调发展、贯彻实施乡村振兴战略、加强保障和改善民生、支持国防外交和政法工作等8个方面加力提效。

第四节 财政政策与货币政策的协调

一、货币政策的内涵

货币政策是指政府为实现宏观经济目标所制定的有关货币供给、货币流通组织管理的方针、方法和措施的总称,主要由信贷政策、利率政策、汇率政策等构成。

货币政策在市场经济运行中具有十分重要的作用。从一定意义上说,市场经济就是货币信用经济。所有资源的配置、市场的交易、收入的分配,以及企业生产和流通成本的核算、政府公共产品和服务的提供,都需要在货币资金的运动中完成。因此,组织和调节好货币供应和货币流,正确运用货币政策手段,关系到经济的协调发展和社会生活的稳定。

中央银行是货币政策的龙头,也就是说,货币政策是中央银行代表政府制定和实施的。科学运用货币政策,消除货币政策的消极影响,是检验一国或地区经济发展质量的重要标志。

二、货币政策工具

货币政策工具包括法定存款准备金、再贴现率和公开市场业务,俗称"三大法宝"。

(一)法定存款准备金

法定存款准备金是指商业银行等金融机构将所吸引的存款按法定比例向中央银行缴存而自身不得使用的部分。打比方说,如果存款准备金率为10%,就意味着金融机构每吸收1 000万元存款,要向央行缴存100万元的存款准备金,可用于发放贷款的资金为900万元。倘若将存款准备金率提高到20%,那么金融机构的可贷资金将减少到800万元。在存款准备金制度下,金融机构不能将其吸收的存款全部用于发放贷款,必须保留一定的资金即存款准备金,以备客户提款的需要,因此存款准备金制度有利于保证金融机构对客户的正常支付。

当代各国都由中央银行颁布法定准备率,其标准不一。有的国家只颁布一个准备率,即所有金融机构无论其吸收存款数额大小,都按统一的标准缴纳存款准备金;有的国家则对不同性质的金融机构实施不同的法定准备率,如商业银行与信托投资公司、信用合作社等分别实行不同的法定准备率;也有的国家按存款规模的不同实施不同的法定准备率,存款规模越大,则法定准备率越高。

在存款准备金制度下,金融机构不能将其吸收的存款全部用于发放贷款,必须保留一定的资金即存款准备金,以备客户提款的需要,因此存款准备金制度有利于保证金融机构对客户的正常支付。随着金融制度的发展,存款准备金逐步演变为重要的货币政策工具。当中央银行降低存款准备金率时,金融机构可用于贷款的资金增加,社会的贷款总量和货币供应量也相应增加;反之,社会的贷款总量和货币供应量将相应减少。央行决定提高存款准备金率是对货币政策的宏观调控，旨在防止货币信贷过快增长。

多年以来，我国经济快速增长，但经济运行中的突出矛盾也进一步凸显，投资增长过快的势头不减。而投资增长过快的主要原因之一就是货币信贷增长过快。提高存款准备金率可以相应地减缓货币信贷增长，保持国民经济持续、快速、协调、健康发展。在实行中央银行制的国家，法定准备率往往被视作中央银行重要的货币政策手段之一。中央银行调整法定准备率对金融机构以及社会信用总量的影响较大。从直观上看，中央银行规定的法定准备率越高，商业银行等上缴的存款准备金就越多，其可运用的资金就越少，从而导致社会信贷总量减少；反之，如果中央银行规定的法定准备率低，商业银行等上缴的存款准备金就少，其可运用的资金来源就多，从而导致社会信贷量增大。进一步分析，法定准备率与派生存款的关系为：r 为法定准备率；$1/r$ 为存款货币的扩张乘数，它与法定准备率呈反比变化，法定准备率越低，存款货币扩张乘数越大；反之，则越小。虽然法定准备率的调整对社会货币供应总量有较大的影响，但很多国家尤其是西方国家的中央银行在实施货币政策时往往把重点放在再贴现率的调整和公开市场业务操作上。因为调整法定准备率虽然能带来在调整货币供应总量政策上事半功倍的效果，但它给社会带来的副作用也是很明显的。法定准备率的微小变动也会引起社会货币供应总量的急剧变动，迫使商业银行急剧调整自己的信贷规模，从而给社会经济带来激烈的振荡。尤其是当中央银行提高法定准备率时，导致社会信贷规模骤减，使很多生产没有后继资金投入，无法形成生产能力从而带来一系列的问题。因此，各国中央银行在调整法定准备率时往往比较谨慎。

（二）再贴现率

再贴现率是指商业银行等金融机构向中央银行办理商业票据再贴现时所使用的利率。商业银行将已贴现未到期票据作抵押，向中央银行借款时预扣的利率。如商业银行用客户贴现过的面值 100 万元的票据，向中央银行再贴现，中央银行接受这笔再贴现的票据时，假定商业银行实际取得贴现额 88 万元（贷款额），票据到期日为 180 天，则按月利率计算。再贴现率 $=[(100-88)/100]\times(1/6)\times 100\%=2\%$，即中央银行对商业银行的再贴现回扣了 2%。

再贴现率作为中央银行抑制货币供应量的三大传统政策手段之一，较法定准备率、公开市场业务易于操作。再贴现率引起的波动程度又远比法定准备率小，因而各国中央银行经常通过调整再贴现率来控制货币供应量。

作为一国基准利率，再贴现率制约和影响着全国的利率水平，其变动决定或影响着其他利率的变动，是其他利率赖以调整或变动的基础。商业银行之所以要进行再贴现，一般是由于商业银行的资金发生短缺。再贴现率低，商业银行取得资金成本较低，市场利率就会降低；反之，表示中央银行的资金供给趋紧，市场利率可能上升。商业银行业务中，票据贴现的比例很大，越是发达国家越是如此。

作为商业银行资金成本的参照标准，中央银行的再贴现率是利率体系中贷款利率最低的一种。中央银行规定的再贴现率左右商业银行的筹资方向，实际上也就成为衡量商业银行资金成本高低的标准之一。当一国发生通货膨胀或由于其他原因需要紧缩货币供应时，中央银行通过提高再贴现率来相应提高商业银行供应资金的成本，亦即减少其决定信用规模的准备金，从而使商业银行收缩其信贷规模以达到紧缩货币供应量的目的。如果一国经济衰退或由于其他原因需要扩大货币供应量时，中央银行通过降低再贴现率以鼓励商业银行增加从中央银行借款，从而扩大放款规模，增加货币供应量。

（三）公开市场业务

公开市场业务是指中央银行通过在金融市场上买卖有价证券来调节货币流通领域货币供给量的一种方式。与一般金融机构所从事的证券买卖不同，中央银行买卖证券的目的不是为了盈利，而是为了调节货币供应量。根据经济形势的发展，当中央银行认为需要收缩银根时，便卖出证券，相应地收回一部分基础货币，减少金融机构可用资金的数量；相反，当中央银行认为需要放松银根时，便买入证券，扩大基础货币供应，直接增加金融机构可用资金的数量。公开市场业务与其他货币政策工具相比，具有主动性、灵活性和时效性等特点。公开市场业务可以由中央银行充分控制其规模，中央银行有相当大的主动权；公开市场业务是灵活的，多买少卖，多卖少买都可以，对货币供应既可以进行“微调”，也可以进行较大幅度的调整，具有较大的弹性；公开市场业务操作的时效性强，当中央银行发出购买或出售的意向时，交易立即可以执行，参加交易的金融机构的超额储备金相应发生变化；公开市场业务可以经常、连续地操作，必要时还可以逆向操作，由买入有价证券转为卖出有价证券，使该项政策工具不会对整个金融市场产生大的波动。

三、货币政策的类型

货币政策可分为扩张性货币政策、紧缩性货币政策、中性货币政策。扩张性货币政策是指通过调低法定存款准备金率、再贴现率和买进有价证券等政策工具增加货币供给量，刺激社会总需求增加，进而促进经济增长的货币政策。紧缩性货币政策是指通过调高法定存款准备金率、再贴现率和卖出有价证券等政策工具减少货币供给量，抑制社会总需求增加，进而促进经济稳定的货币政策。中性货币政策是指中央银行所采取的不影响货币供给量而旨在保证宏观经济稳定的货币政策。

三、财政政策与货币政策的差异

（一）作用机制的差异

财政政策是政府直接控制和调节税收、财政支出、财政投资、公债、财政补贴等财政政策工具，在全社会范围内直接参与社会总产品和国民收入的分配，旨在通过调节各经济主体间的利益关系，从而影响和制约社会总供给和社会总需求。显然，财政政策目标主要靠政府通过自身财政收支活动来直接调整经济主体间的利益关系实现。

货币政策是政府通过调节法定存款准备金率、再贴现率、利率和实施公开市场业务等货币政策工具传导到货币供给和流通领域，旨在控制货币供给量和主导货币资金的分配，从而影响社会总需求。显然，货币政策目标主要靠政府通过影响货币供给量间接影响经济主体间的货币分配关系实现。

（二）功能领域的差异

财政政策的功能领域不仅涉及经济领域，也涉及社会其他领域。政府利用不同的政策工具，既参与国民经济的调节，也参与社会诸多方面的调节。而货币政策的功能领域主要限于经济领域，政府在流领域通过货币供给的调整实现对国民经济的调节。

（三）政策时滞的差异

政策时滞是指政策的制定、决策和执行过程出现的时间滞后，包括认识时滞，决策时滞和效应时滞。认识时滞是指从问题出现到着手制定政策存在的时间滞后。决策时滞是指从政策制定到政策开始执行存在的时间滞后。效应时滞是指从政策执行到效应显现存在的时间滞后。

财政政策的认识时滞短，决策时滞长，效应时滞短。财政政策的认识时滞短，这是因为政府很快认识到所出现的社会经济问题，并能意识到制定相关的财政政策解决这些问题。财政政策的决策时滞长，缘于财政政策的制定涉及财政收支、预算平衡的调整，需要经过完整的立法程序，在立法机构审议和批准后财政政策才能执行，这个过程需要花费较长的时间。财政政策的效应时滞短，由于政府能够直接运用和控制各种财政政策工具，且财政政策实施过程中的传导环节较少，因而政策效应的显现较快。

货币政策的认识时滞长，决策时滞短，效应时滞长。货币政策的认识时滞长，这是因为中央银行对于出现的宏观经济问题，需要花费较长的时间去分析这种经济问题形成的原因、货币政策干预的必要性及如何选用合适的货币政策工具去解决这些问题。货币政策的决策时滞短，这是因为中央银行在认识宏观经济问题后，可以根据经济形势在较短时间内作出决策，无须立法机构的批准即可执行。货币政策的效应时滞长，这是因为中央银行只能通过运用货币政策工具调节货币供给量，间接影响各经济主体的经济行为，从而实现对宏观经济的总量调节，货币政策实施过程中的传导环境较多，因而政策效应的显现较慢。

（四）目标的差异

尽管财政政策和货币政策在促进经济增长、优化资源配置、稳定物价、熨平经济波动等方面都具有重要作用，但二者的政策目标的侧重点还是存在显著差异的。

财政政策具有显著的结构性，其政策的根本目标虽然是社会总供给与总需求的平衡，但其政策目标的焦点是通过税收、国家预算、财政投资、国债等政策工具对社会经济结构进行调节，实现资源优化配置、生产结构与消费结构的协调、供给结构与需求结构的协调、收入的公平分配等。

货币政策具有显著的总量特征，其政策目标通过货币供给总量的控制实现对社会总需求的直接调节，进而实现社会总供给与社会总需求的平衡。货币政策目标的焦点是通过利率、法定存款准备金率、再贴现率等政策工具对货币供给量进行调节，达到价格总水平的稳定、社会总需求的可控。

四、财政政策与货币政策的搭配

（一）“双松”政策

“双松”政策，即松的财政政策和松的货币政策的搭配。松的财政政策是扩张性的财政政策，松的货币政策是扩张性的货币政策。一方面，政府通过减税增支等扩张性财政政策刺激社会总需求；另一方面，政府采取降低法定存款准备金率与再贴现率、降低利率等扩大张性货币政策加大货币供给量。双松政策实施的结果是能够迅速刺激社会总需求的扩大且容易导致通货膨胀。这种政策组合主要在社会总供给严重大于社会总需求的经济衰退时期采用,旨在解决有效需求严重不足、生产过剩、通货紧缩等问题。

(二)"双紧"政策

"双紧"政策,即紧的财政政策和紧的货币政策的搭配。紧的财政政策是紧缩性的财政政策,紧的货币政策是紧缩性的货币政策。一方面,政府通过增税减支等紧缩性财政政策抑制社会总需求;另一方面,政府采取提高法定存款准备金率与再贴现率、提高利率等紧缩性货币政策减少货币供给量。这种政策组合主要在社会总需求严重大于社会总供给的经济过热时期采用,旨在解决社会总供给严重不足、社会总需求极度膨胀、通货膨胀等问题。

(三)松财政紧货币的政策

松财政紧货币的政策,即扩张性的财政政策和紧缩性的货币政策。扩张性的财政政策旨在刺激社会总需求的扩大,促进经济增长、扩大就业和解决产业结构问题。紧缩性的货币政策旨在减少货币供给量,防止通货膨胀的发生。一方面,政府采取扩张性财政政策刺激投资需求和消费需求,解决社会总需求不足的问题;另一方面,政府利用紧缩性货币政策减少货币供给量,缓和扩张性财政政策所造成的通货膨胀压力。松财政紧货币的政策组合既能促进经济的适度增长,又尽可能地避免通货膨胀的发生。在社会总供给大于社会总需求时,若出现产业结构失调、经济增长低迷且存在一定的通货膨胀压力时,可以采用这种政策组合。当然,如果治理通货膨胀是政府经济政策的首要目标,那么应以紧货币政策为主。如果刺激经济增长、扩大就业、解决产业结构失调问题是政府经济政策的主要目标,那么应以松财政政策为主。

(四)紧财政松货币的政策

紧财政松货币的政策,即紧缩性的财政政策和扩张性的货币政策。紧缩性的财政政策旨在抑制社会总需求,防止经济出现过热和发生通货膨胀。扩张性的货币政策旨在鼓励投资,保持经济增长。紧财政松货币的政策组合既能改善资源配置,促进经济适度增长,又能避免通货膨胀。在社会总需求大于社会总供给时,若出现投资需求不足、经济增长缓慢且存在较大规模的财政赤字时,可以采用这种政策组合。当然,如果消除财政赤字、确保预算平衡是政府经济政策的首要目标,那么应以紧财政政策为主。如果刺激投资需求、确保经济增长是政府经济政策的主要目标,那么应以松货币政策为主。

本章小结

1. 财政政策是指政府为实现各种社会、经济发展目标而调整财政收支规模和处理各种财政分配关系所采取的政策、措施、方法的总称。

2. 财政政策的性质:财政政策是一个相对完整的政策体系;财政政策是主观指导与客观规律的统一;财政政策具有明显的阶段性和相对稳定性;财政政策是经济政策的重要组成部分。

3. 财政政策的目标:经济适度增长、物价相对稳定、资源优化配置、收入公平分配、社会稳定发展。

4. 财政政策的工具：国家预算、税收、公债、财政投资、财政支出等。

5. 财政政策按调节经济周期的作用划分为自动稳定政策和相机抉择政策，按调节功能的不同分为扩张性财政政策、紧缩性财政政策和中性财政政策。相机抉择的财政政策包括汲水政策和补偿政策。

6. 财政政策与货币政策的差异表现在作用机制、功能领域、政策时滞、目标等方面。财政政策与货币政策的搭配方式有“双松”政策、“双紧”政策、松财政紧货币的政策、紧财政松货币的政策。

思考与练习

1. 简述国家预算对宏观经济的调节作用。
2. 简述政府转移性支出的自动稳定效应。
3. 分析相机抉择的财政政策的汲水政策和补偿政策有何不同?
4. 分析财政政策与货币政策的差异。

第二篇　税收篇

第七章　税收原理

教学要求

通过学习，学生应掌握税收的形式特征、税收负担的衡量指标、税负转嫁的影响因素；理解税收的内涵、税收的公平原则与效率原则、税负转嫁的形式；了解税收分类、税收原则的演变。

重点难点

本章的学习重点是税收的形式特征、税负转嫁的影响因素、税收的公平原则与效率原则；难点是税收负担的衡量指标、税负转嫁的形式。

第一节　税收的内涵与特征

一、税收的内涵

税收是伴随着国家财政的产生而产生的，迄今已经经历了奴隶社会、封建社会、资本主义社会和社会主义社会，有几千年的历史。马克思指出，“赋税是政府机器的经济基础，而不是其他任何东西”，“国家存在的经济体现就是捐税”。恩格斯指出，“为了维持这种公共权力，就需要公民缴纳费用——捐税”。税收历来是政府取得财政收入的最佳、最有效的形式之一。

税收是政府为了实现其职能，凭借政治权力，按照法定标准，从单位和个人强制、无偿地取得财政收入的一种形式。税收的本质体现的是政府和纳税人之间的一种特定分配关系。

具体来说，以下几点有助于对税收概念的理解。

（一）税收主体

税收是以国家为主体，凭借其政治权力进行的政府分配行为。在征税过程中，征收者是国家和政府，缴纳者是经济组织、单位和个人。政府征税是为了履行提供公共产品和公共服务的职责，经济组织、单位和个人享用了政府提供的公共产品和服务并得到满足，因此，有义务及时足额地缴纳税款。

（二）征税依据

政府既是政权组织，又是社会管理者，它可以凭借政治权力通过立法程序来规范征纳双方应履行的权利与义务，并以此取得税收收入。通常，政府同时还具有另外一个身份，即代表国有资产的所有者来取得相应的收益。但严格来说，政府凭借国有资产所有权所取得的收益与凭借政治权力所取得的税收收入，其性质是不同的。

（三）税收目的

一般来说，税收是为了满足政府履行其经济和社会管理职能的需要而征收的。在市场经济条件下，税收表现为政府作为公共产品和服务的供给者而向需求者（即社会公众及组织）开出的“价格”。在市场失灵的条件下，政府为弥补市场缺陷，必须提供一些公共产品和服务，而税收则是政府提供这些公共产品和服务的收入保证。

（四）税收体现一定的分配关系

由于税收将原本属于纳税人的一部分国民收入转归政府所有和分配，因而它体现了国民收入的一种再分配关系。同时，政府为了更好地实现社会公平，也会有意识地利用税收来调整国民收入在不同社会成员之间的分配状况。

二、税收的形式特征

税收与其他分配方式相比，具有强制性、无偿性和固定性的特征，习惯上称为税收的“三性”。“三性”使得税收区别于其他形式的财政收入，不同时具备“三性”的财政收入也可以认定为非税收收入。

（一）强制性

税收的强制性是指税收是国家以社会管理者的身份，凭借政权力量，依据政治权力，通过颁布法律或政令来进行强制征收的。负有纳税义务的社会集团和社会成员，都必须遵守国家强制性的税收法令，在国家税法规定的限度内，纳税人必须依法纳税，否则就要受到法律的制裁，这是税收具有法律地位的体现。强制性特征体现在两个方面：一方面税收分配关系的建立具有强制性，即税收征收完全是凭借国家拥有的政治权力；另一方面是税收的征收过程具有强制性，即如果出现了税务违法行为，国家可以依法进行处罚。

（二）无偿性

税收的无偿性是指国家征税以后，税款即为国家所有，不再归还给纳税人，也不向纳税人直接支付任何代价或报酬。税收的这种无偿性是与国家凭借政治权力进行收入分配的本质相联系的。无偿性体现在两个方面：一方面是指政府获得税收收入后无须向纳税人直接支付任何报酬；另一方面是指政府征得的税收收入不再直接返还给纳税人。但是必须指出，税收无偿性也是相对的。就个别的纳税人来说，纳税后并未直接获得任何报偿，即税收不具有偿还性；但是若从财政活动的整体来考察，税收的无偿性与财政支出的无偿性是并存的，这又反映出税收有偿性的一面。在社会主义条件下，税收具有马克思所说的“从一个处于私人地位的生产者身上扣除的一切，又会直接或间接地用来为处于社会成员地位的这个生产者谋福利”即“取之于民，用之于民”。

（三）固定性

税收的固定性是指税收是按照国家法令规定的标准征收的，即纳税人、课税对象、税目、税率、计税办法和期限等，都是税收法令预先规定了的，有一个比较稳定的试用期间，是一种固定的连续收入。对于税收预先规定的标准，征税和纳税双方都必须共同遵守，非经国家法令修订或调整，征纳双方都不得违背或改变这个固定的比例或数额以及其他制度规定。

税收的“三性”是相互关联、密不可分的统一体，被集中概括为税收的权威性。税收的权威性缘于国家政权的权威性。因此在税收征纳过程中出现的纳税人不依法纳税、征税人不依法征管等无视税收权威性的现象,均是无视国家法律和政权的权威;而加强税收规范化和法制化,正是维护税收权威性的重要保证。

三、税收与其他收入形式的区别

(一)税收与公债的区别

税收和公债都是国家取得财政收入的主要形式,但二者存在显著的区别。从是否具有强制性来看,税收具有强制性,国家凭借政治权力强制征收,而公债不具有强制性,国家依赖信用原则发行,由认购者自愿认购;从是否具有无偿性来看,税收具有无偿性,国家征税不需要付出任何代价,而公债具有有偿性,国家与认购者之间存在债权债务关系,政府需要到期还本付息;从是否具有固定性来看,税收具有固定性,政府预先固定了税制的要素,一般不得随意变动,而公债具有灵活性特点,认购者可以灵活选择购买公债的数量、类型,政府也可以灵活决定发行公债的规模和时间等。

(二)税收与国营企业上缴利润的区别

税收和国营企业上缴利润都是国家通过参与企业纯收入分配取得财政收入的主要方式,但二者也存在明显的区别。从取得收入的依据来看,税收是国家凭借政治权力对纳税人强制征收的,而国营企业上缴利润是国家凭借财产所有权参与国营企业利润分配获得;从适用范围来看,税收对各类纳税人均适用,不区分何种类型的所有制,而国营企业利润上缴只针对国营企业,不适用于私营企业、外资企业等;从是否具有强制性来看,税收具有强制性,纳税人必须按照税法规定按期足额缴税,否则就要承担法律后果,而国营企业利润上缴不具有强制性;从是否具有固定性来看,税收是按预先规定的征税对象、纳税期限、税率和纳税环节等要素征收,具有固定性,而国营企业上缴利润不具有固定性,利润上缴数额取决于国营企业的经营状况和实现的利润。

(三)税与费的区别

费是政府部门为居民和单位提供某些特定服务或批准使用国家某些权利收取的费用,包括事业收入、规费收入和资源管理收入三种。从是否具有有偿性来看,税收具有无偿性,而费具有有偿性,政府部门提供了服务的同时收取一定的报酬;从征收的主体来看,税收主要是由税务机构和海关征收,而费通常是由政府行政单位和事业单位收取。

(四)税收与罚没收入的区别

税收和罚没收入都依靠政治权力强制征收,不需要付出任何代价,因而都具有无偿性与强制性。但罚款不同于税收,税收具有连续性、固定性的特征,而罚款不存在连续、固定取得财政收入的特征,缺乏固定性,不宜作为取得财政收入的主要手段。

第二节　税收原则

税收原则是指设计税收制度应遵循的基本准则,是评价税收政策、税务行政管理制度的基本标准。

一、税收原则理论的发展和演化

（一）西方税收原则理论的发展和演化

西方税收原则的演化从威廉·配第开始，之后经过亚当·斯密、萨伊、瓦格纳以及马斯格雷夫、纽马克等进一步阐述，发展到现在已形成一套完整的、系统的现代西方税收原则。

1. 威廉·配第

英国古典政治经济学创始人威廉·配第最早在《赋税论》和《政治算术》中第一次提出了类似税收原则的税收标准理论，认为税收应当贯彻“公平、简便、节省”三条标准。威廉·配第不是最早完整提出税收原则的人，而是把税收原则的思想做了系统的阐述。大多数学者认为第一个把税收原则完整记录下来的是亚当·斯密。

2. 亚当·斯密

英国古典政治经济学家亚当·斯密在其经济学名著——《国民财富的性质和原因的研究》中首次系统地提出了平等、确定、便利、经济的税收四原则。

1）税收平等原则

税收平等原则要求所有公民都要平等纳税，反对以身份和贫富定税；由于当时人们的收入不再单纯依靠种地，也有人开始取得工资收入和利润收入，税收也不单纯依靠地租，取得利润和工资收入的人也要纳税才公平。

2）税收确定原则

税收确定原则即纳税日期、方法、数额、比例等的设定必须明确，所有纳税人和征税人都要清楚明白，否则税收征收者可任意左右纳税人，给征税带来不必要的麻烦。

3）税收便利原则

税收的征收与管理应最大限度地方便纳税人。如纳税人有充足收入的时候为纳税期；交通便利的地方设为纳税地点，用最简便的方法征收税款，用货币进行计量。

4）税收经济原则

征税要有一定的度和量，不可过多，亦不能过少。税征得过少，影响国家财政收入；征税过多，给纳税人增加负担，导致出现偷税、漏税现象和减少再生产，反而不利于国家财政收入。

3. 萨伊

萨伊的前四个原则与亚当·斯密的税收四原则相似，在此基础上又提出国民道德原则，这是他的代表性原则。税收虽然是财政经济范畴，但触及社会生活的各个方面，政府征税会给国民的行为产生正反两方面的影响，一部分人认为缴纳税收之后自身所得收入减少，为了获得等量的或者更多的收入，他们会更勤劳；也有一部分人认为政府征税拿走了自己的部分劳动成果，为了心理平衡，他们会变得懒惰。所以在设定税收原则时，要尽量考虑正面影响，使人们变得勤劳，也就提高了国民道德水平。

4. 瓦格纳

1）财政政策原则

财政政策原则从充分和弹性两方面做了界定。充分原则要求须有充足的税收来保证国家财政收入；当政府支出增加或税收以外的其他收入减少时，须依靠法律或自然地增加税收收入，即税收要保持一定的弹性。

2）国民经济原则

征税要保证国民经济正常发展，要求合理选择税种和税源，因此分为税源选择原则、税种选择原则。一般选择所得作为税源，难以转嫁或转嫁方向明确的作为税种，但也不排除在某些情况下选择资本和资产作为税源，采用转嫁方向不明确的税种。

3）税收公平原则

税收公平原则包括平等和普遍两个含义。普遍就是所有公民都纳税，不因身份不同而异；平等就是当具有相同的能力大小时纳相同的税。

4）税务行政原则

税务行政原则涉及法令确定、征税便利、管理费用节省三方面，又可以将税收行政原则分为税收确实原则、便利原则和最少征收费用原则。

5. 现代西方税收原则

现代西方税收原则即20世纪以来的税收原则，学者将税收对经济和社会的影响问题作为重点，提出当代关于税收最高三原则，即效率原则、公平原则和稳定原则。效率原则要求在设计税收制度时应讲求效率，须在税务行政、资源利用、经济运转的效应三个方面讲求效率，以促进经济的稳定与发展。公平原则在所有税收原则中最为基本，从横纵两个不同的方向设定：横向要求指纳税能力相同，纳税相同；纵向要求指纳税能力不同，纳税不同。稳定原则：经济的发展不是平衡不变的，而是一直处于一个波动的状态，税收稳定原则就是要利用税收的作用，最大限度实现经济波动最小化。在这三个原则中，公平和效率并不存在很强的正相关性，而在某些情况下，存在着严重的负相关现象。税收要兼顾公平和效率这两个基本原则，实现两者最优搭配。

（二）我国税收原则理论的发展与演化

1. 古代的治税思想

古代的治税思想可以概括为16个字：轻税富民、适度征税、公平税负、以法制税。这16个字治税思想也反映出我国古代治税原则，包括有义、有度、有常、弹性、统一、均平、明确、适时、便利、为公为民等。

2. 我国理论界基本认同的税收原则

经过多年的发展，我国理论界基本认同的税收原则为税收法定原则、财政政策原则、税收公平原则、税收效率原则。

1）税收法定原则

税收法定原则每个税收活动须有法律明确规定。征纳税主体必须依法征纳税，具体包括税收要素法定、要素明确和程序法定。

2）财政政策原则

财政政策原则从国家收入方面明确税收准则。保证财政收入是拟定税收制度、计划税收政策的根基起点，制度的制定和变化须保证国家有足量的收入，也就是保证财政各方面必要支出，财政原则是税收的基本原则。

3)税收公平原则

税收公平原则规定主体征税要使所有纳税人所承受的负担与其经济状况相适合,并使所有纳税人负担水平保持平衡,可以从横向公平和纵向公平、受益原则和能力原则四个方向来考虑。

4)税收效率原则

税收效率原则指国家征税要有利于经济机制有效运行和资源合理配置,有利于提高税务行政效率。即税收的经济效率和行政效率。经济效率表述为用最少的税收经济成本获得尽量多的经济效益,要掌控好税收的量和度,使税收对各类经济活动产生的影响最小。行政效率指在征纳税过程中应消减税务费用使用度,可从征纳税费用两个方面考虑。

二、税收的公平原则

(一)税收公平原则的含义

税收公平原则是指税收负担与纳税人的纳税能力要适应,税收负担水平要均衡。税收公平原则包括横向公平和纵向公平。横向公平是指纳税能力相同的纳税人应当缴纳相同的税收。纵向公平是指纳税能力不同的纳税人应当缴纳不同的税收。

(二)衡量税收公平的标准

1. 受益标准

受益标准是指税收按照纳税人从税收使用(公共物品的提供)的受益程度进行分配,受益多的纳税人承担较多的税收,受益少的纳税人承担较少的税收,无受益的纳税人不承担任何税收。例如,燃油税、车船使用税就是受益标准的典型例证。由于公共物品往往具有一定程度的非竞争性和非排他性,因此测度每一纳税人在税收使用中的受益程度在实践上比较困难。

2. 能力标准

能力标准是指税收负担按照纳税能力的大小进行分配,纳税能力强的纳税人承担较多的税收,纳税能力弱的纳税人承担较少的税收,无纳税能力的纳税人不承担任何税收。

衡量纳税人纳税能力的尺度主要有:收入、财产和消费支出。

收入是指纳税人在一定时期内经济利益的总流入和所占有的经济资源,决定特定时期财富净增加和消费扩大的能力,客观反映了纳税人的现实支付能力。能力通常被认为是衡量纳税人纳税能力的最好尺度,收入水平越高表明特定时期内纳税人的现实支付能力越大,反之越小。当然,在税收实践中,如何衡量纳税人的收入水平还需要处理好实物收入的评估、自产自用产品和服务的推定价值以及收入来源的区分等问题。

财产是指通过收入净增加、继承遗产或接受馈赠等形成的财富,客观反映纳税人的潜在支付能力。财产是衡量纳税人的纳税能力的合适尺度,财产水平越高表明纳税人的潜在支付能力越强。以财产来衡量纳税能力可能存在着财产收益不公平、抑制储蓄的投资、财产估价困难的局限性。

消费支出是指纳税人特定时期购买商品、服务等消费品实际使用的经济资源,客观地反遇了纳税人真实的支付能力。消费支出水平越高,表明纳税人的真实支付能力越强。对消费支出征税能够起到抑制消费、鼓励投资的作用,但也存在着消费支出估算困难的问题。

在税收实践中,大多数国家选择以收入衡量个人纳税能力的标准。这是因为收入能够充分反映纳税人现实和潜在的消费能力,以收入衡量纳税能力是客观和公正的。

三、税收的效率原则

税收的效率原则是指税款的征收要有利于资源的有效配置,有利于经济机制的有效运行,还要有利于税收管理效率的提高。税收的效率原则分为经济效率和行政效率两个方面。

(一)经济效率原则

税收的经济效率原则是指国家的课税不影响经济资源的优化配置,不扭曲市场机制的运行,课税所带来的额外负担最小化。税收的额外负担是指政府课税影响了市场相对价格和纳税人的行为选择,干扰市场机制的有效运行和资源的有效配置,产生了税收的无谓损失。

如图 7-1 所示,征税前的均衡价格为 P_1,均衡数量为 Q_1。征税后,供给曲线向左上方移动,均衡价格为 P_2,均衡数量为 Q_2,政府得到的税收总额仅为矩形区域为 P_2P_3AB,而消费者和供给者的福利减少总额包括支付的税收(矩形 P_2P_3AB)和课税导致消费量减少所产生的福利损失(阴影 ABE)。图 7-1 中的阴影 ABE 区域就是课税所产生的额外负担,它是政府征税造成的福利损失部分。

税收的经济效率原则实际上是指税收要保持中性,要尽量减少对市场机制运行和资源配置的干扰,以额外负担最小化换取最大的经济效率。

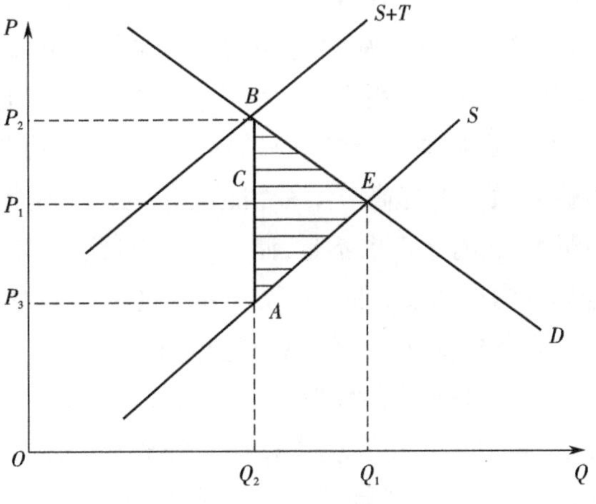

图 7-1　税收的额外负担

(二)行政效率原则

税收的行政效率原则是指以最低的税收成本取得最大的税收收入,一般以税收成本占税收收入的比重来衡量。税收成本占已征税额的比重越低,表明税收的行政效率越高。

税收成本包括征税成本和纳税成本。征税成本是指税务机构在依法征税的过程中所产生的各种成本费用,包括税务人员的工资、薪金、奖金、福利等人员经费,以及征税过程中发生的公务费、业务费、设备购置费、房屋修缮费及其他公用经费等。纳税成本是指纳税人在依法纳税的过程中发生的各种成本费用,包括雇用税务代理人员支付的费用,纳税申报的时间成本和交通成本,税收筹划的成本、税务稽核给纳税人带来的时间成本和相关费用等。

由于征税成本比较容易测算,而纳税成本不易计算,现在对于税收行政效率的考察基本是以征税成本占税收收入的比重为主要依据。税收征管的目标之一就是在保证税收便利、征管模式优化的基础上,通过手段降低税收成本。

四、税收公平与效率的关系

税收的公平与效率原则是既矛盾又统一的,矛盾性表现在:在具体的税收制度中往往很难兼顾公平与效率。公平原则强调量能负担,而效率原则强调税收应尽量避免对经济产生干扰,实现资源的有效配置和经济的稳定与增长,要实现这一目标,就可能拉开贫富差距,从而破坏公平原则。但从整个经济运行的方面来看,公平原则是实现税收效率原则的前提。只有以达到一定程度的公平原则为前提,才能谈及效率问题。如果不以一定的公平为前提,政府征税就不会为纳税人接受进而影响市场的公平竞争,扭曲经济活动主体的经济行为,当然也就无法提高效率。从另一方面看,效率原则为公平原则的实现提供了动力。效率的提高可以保障公平更好地实现。盲目的平均主义并不是真正意义上的公平,只有在整个经济都很活跃的时候,人们的生活提高一个层次,公平程度也就会向前迈进一步。

我国正处于发展社会主义市场经济的起步阶段,发展社会主义生产力是我国的根本任务。因此,只有效率优先,低消耗、高产出,保障经济持续、稳定增长,才能实现真正意义上的高水平的公平。只有经济效率提高了,可供分配的财富增加了,全体社会成员收入水平的提高才有物质基础,国家才有可能通过国民收入的再分配,调节各地区经济发展的不平衡,使贫困地区的人民早日摆脱贫穷,并通过福利、救济等办法来保障低收入者的生活。坚持效率优先,并不是说公平不重要,更不能以牺牲公平为代价来换取效率的提高。事实上,公平和效率都是社会主义持续、稳定和协调发展的基本保证,没有效率就没有高水平的公平,而社会的不公平也制约和阻碍着效率的提高。第一,收入差距过大,两极分化,会导致占比重相当大的低收入者有效购买力低,有效需求不足,使生产力发展受到制约;第二,实现高效率的一个重要条件是建立合理的激励机制,如果低收入者通过主观努力和勤奋劳动不能改善自己的处境,便会损害效率,甚至会造成社会的不稳定和动荡。

现在,我们一方面应坚持不懈地发挥税收促进经济发展和效率提高的作用,坚持公平税负,鼓励竞争;另一方面,要强化税收在实现社会收入公平分配方面的功能,调整税制结构。完善的税制可以使税收的公平与效率原则得到充分的体现,更好地发挥税收宏观调控的作用,但只有完善的税制,却不能有效地执行,也是不够的,税收征管对税收公平与效率原则是有很大影响的。

由于我国税收征管中存在一些问题,导致每年都有大量税款流失,这不仅降低了税收效率,而且影响了税收的公平。本该纳税的人没有纳税,这对于相同条件的已纳税人来说就是不公平的。造成这种情况的具体原因有:公民的纳税意识淡薄,缺乏良好的全民纳税风气;税务机关工作人员主观故意或由于本人业务能力的限制,不能发现错误申报。针对这种情况,要强化税法宣传,增强人们的纳税意识,在全社会形成一个强大的舆论宣传攻势;要通过提高税务人员的素质和科学化、精细化的税收管理；通过税收征管现代化手段的应用，特别是实行国地税信息共享，对纳税人的经营行为实行信息全面覆盖；通过电子化结算手段，避免通过现金账外经营，规范一切经营行为和个人收入监督等措施，借鉴发达国家的管理经验，加大查处力度，使征纳行为更加规范、合法。

长期以来，税收成本问题一直没有得到很好的重视与研究，造成税收效率低下，浪费了大量的人力、物力、财力。为改变这种状况，首先应大力推广现代化的征管方式，具体内容包括普遍建立纳税人自行申报制度；建立税务机关与社会中介组织相结合的税务服务体系；完善税务代理业务等。还应该运用现代化的征管手段，建立一条税务信息系统网络，将纳税人的账目如银行存款、租赁收入等，纳入税务信息系统网络，对异常情况随时抽查、协查，通过现代信息技术在税收征管上的全面普及，降低征纳成本。

第三节　税收效应

一、税收效应的概念

税收效应是指政府课税所引起的各种经济反应。政府课税除了为满足财政所需外，总是要对经济施加某种影响。但其影响的程度和效果如何，不一定会完全符合政府的最初意愿，纳税人对政府课税所做出的反应可能和政府的意愿保持一致，但更多的情况可能是与政府的意愿背道而驰。比如课税太重或课税方式的不健全，都可能使纳税人不敢尽心尽力地去运用其生产能力。又如政府课征某一种税，是想促使社会资源配置优化，但执行的结果可能使社会资源配置更加不合理。

二、税收效应的分类

（一）正效应与负效应

某种税的开征必定使纳税人或经济活动做出某些反应。如果这些反应与政府课征该税时所希望达到的目的一致，税收的这种效应就是正效应；如果课税实际产生的经济效果与政府课税目的相违背，税收的这种效应则是负效应。

政府课征某种税究竟是在产生正效应还是在产生负效应，可用课征该税取得收入的环比增长率来测定，用公式表示如下：

收入环比增长率 =（本期收入 − 上期收入）/ 上期收入 × 100%

如果政府课征该税的主要目的是为了筹集财政收入，上式中收入环比增长率为正时，则该税产生的效应是正效应；如果比率为零或为负，则说明该税没有产生正效应，甚或产生了负效应。

如果政府课征该税的主要目的不是为了筹集财政收入，而是为了限制经济活动向原有方向发展或促进其向新的方向发展，那么上式中收入环比增长率为负时，则该税产生的效应为正效应，如是比率为零或为负，则说明该税无效应或产生了负效应。

（二）收入效应与替代效应

从税收对纳税人的影响来看，一般可产生收入效应或替代效应，或两者兼有。所谓税收的收入效应，是指课税减少了纳税人可自由支配的所得和改变了纳税人的相对所得状况。税收的收入效应本身并不会造成经济的无效率，它只表明资源从纳税人手中转移到政府手中。但因收入效应而引起纳税人对劳动、储蓄和投资等所作出的进一步反应则会改变经济的效率与状况。

税收的替代效应是指当某种税影响相对价格或相对效益时，人们就选择某种消费或活动来代替另一种消费或活动。例如，累进税率的提高，使得工作的边际效益减少，人们就会选择休息来代替部分工作时间；又如对某种商品课税可增加其价格，从而引起个人消费选择无税或轻税的商品。税收的替代效应一般会妨碍人们对消费或活动的自由选择，进而导致经济的低效或无效。

(三)中性效应与非中性效应

中性效应是指政府课税不打乱市场经济运行，即不改变人们对商品的选择，不改变人们在支出与储蓄之间的抉择，不改变人们在努力工作还是休闲之间的选择。能起中性效应的税我们称之为中性税。中性税只能是对每个人一次征收的总额税——人头税，因为人头税不随经济活动的形式变化而变化，所以它对经济活动不会发生什么影响。但人头税由于涉及所有人，它可能会影响到纳税人家庭对人口多少的规划。所以，即使是人头税，在一般情况下，也不可能是完全中性的。可以肯定地说，在现代社会，完全意义上的中性税是根本不存在的。

非中性效应是指政府课税影响了经济运行机制，改变了个人对消费品、劳动、储蓄和投资等的抉择，进而影响到资源配置、收入分配和公共抉择等。几乎所有的税收都会产生非中性效应，因而现代社会的税收均属非中性税收。

(四)激励效应与阻碍效应

税收激励效应是指政府课税(包括增税或减税)使得人们更热衷于某项活动，而阻碍效应则是指政府课税使得人们更不愿从事某项活动。但政府的课税究竟是产生激励效应还是产生阻碍效应，取决于纳税人对某项活动的需求弹性。弹性很少，则政府课税会激励人们更加努力地工作，赚取更多的收入，以保证其所得不因课税而有所减少；如果纳税人对税后所得的需求弹性大，则政府课税会妨碍人们去努力工作，因为与其努力工作赚取收入付税，还不如少赚收入不付税。

第四节 税收负担与税负转嫁

一、税收负担

税收负担简称“税负”，它是纳税人因履行纳税义务而承受的一种经济负担。用相对数表示，是税额占税基数量的比重，即税收负担率。用绝对数表示，是税收负担额。税收负担具体体现国家的税收政策，是税收的核心和灵魂，它直接关系着社会利益的分配格局，是发挥税收经济杠杆作用的着力点。在税收负担分析上，可以从宏观税收负担和微观税收负担两个方面进行研究。

（一）衡量宏观税收负担的指标

宏观税收负担是一定时期内（通常是一年）国家税收收入总额在整个国民经济体系中所占的比重。这实际上是从全社会的角度来考核税收负担，从而可以综合反映一个国家或地区的税收负担总体情况。目前衡量全社会经济活动总量比较通行，并可进行国际比较的指标，一是国内生产总值（GDP），二是国民收入（NI）。因而衡量宏观税收负担状况的指标也就主要有两个：国内生产总值税收负担率，简称 GDP 税负率；国民收入税收负担率，简称 NI 税负率。其计算公式如下：

国内生产总值税负率 = 税收总额 / 国内生产总值

国民收入税负率 = 税收总额 / 国民收入

（二）衡量微观税收负担的指标

微观税收负担从企业或个人，即从纳税人或负税人个体来考察分析税收负担状况，也是税收负担分析中的一个重要的分析指标。国际上对企业和个人税收负担的衡量主要有如下两个指标：

1. 企业盈利税负率

它是指一定时期内企业实际缴纳的各种税收与企业税利总额的比率。

2. 个人所得税负率

它是指一定时期内个人的各种税收与个人所得总额的比率。

（三）影响税收负担的因素

由于税收负担必须考虑需要和可能两个方面的情况，因此，一个国家在制定税收政策、确定总体税收负担时，必须综合考虑国家的总体经济发展水平，并根据不同的经济调控需要，来制定税收负担政策。一般来看，影响税收负担水平的主要因素有如下几个。

1. 社会经济发展水平

一个国家的社会经济发展总体水平，可以通过国民生产总值和人均国民生产总值这两个综合指标来反映。国家的国民生产总值越大，总体负担能力越高。特别是人均国民生产总值，最能反映国民的税收负担能力。一般而言，在人均国民收入比较高的国家，社会经济的税负承受力也较强。

2. 国家的宏观经济政策

任何国家为了发展经济，必须综合运用各种经济、法律以及行政手段，来强化宏观调控体系。国家会根据不同的经济情况采取不同的税收负担政策。如在经济发展速度过快过热时，需要适当提高社会总体税负，以使国家集中较多的收入，减少企业和个人的收入存量，抑制需求的膨胀，使之与社会供给总量相适应。此外，还要根据经济情况的发展变化，在征收中实行某些必要的倾斜政策和区别对待办法，以利于优化经济结构和资源配置。

3. 税收征收管理能力

由于税收是由国家无偿征收的，税收征纳矛盾比较突出。因此，一个国家的税收征收管理能力，有时也对税收负担的确定有较大的影响。一些国家的税收征收管理能力强，在制定税收负担政策时，就可以根据社会经济发展的需要来确定，而不必考虑是否将税收征上来。

而在一些税收征管能力较差的国家,可选择的税种有限,勉强开征一些税种,也很难保证税收收入,想提高税收负担也比较困难。

二、税负转嫁

(一)税负转嫁的概念

税收的最初纳税人和税收的最后承担者往往并不一致,最初的纳税人可以把所纳税款部分或全部地转嫁给其他人负担。这种纳税人将其所缴纳的税款转移给他人负担的过程就叫税负转嫁。无论如何,所转嫁税负最终总有人承担,最终承担税负的人称为负税人,税负最终落到负税人身上的过程称为税负归宿。税负转嫁与税负归宿是同一问题的两个方面。所以,在税负转嫁条件下,纳税人和真正的负税人是可以分离的,纳税人只是法律意义上的纳税主体,负税人是经济意义上的承担主体。

税负转嫁是在市场经济条件下纳税人通过经济交易中的价格变动将所纳税收部分或全部转嫁给他人负担的一个客观经济过程。其特点主要包括如下几个方面:第一,纳税人与负税人的分离是税负转嫁的先决条件,只有当纳税人与负税人分属于不同的经济主体时税负转嫁才有其存在的意义。税负在同一经济主体内各分支机构(分公司)的转移虽然能起到节税的目的,但并非我们所指的税负转嫁。第二,税负转嫁是通过价格的变化实现的,税负无论是前转给购买者或后转给供应商都离不开标的物价格的变化,这里的价格既包括商品价格也包括要素价格,国家征税后纳税人或是提高商品、要素的供给价格,或是压低商品、要素的购买价格,或是二者并用,从而达到税负转嫁的目的。第三,税负转嫁的过程,同时也是标的物价值转移的过程。第四,税负转嫁应理解为纳税人的主动行为,指纳税人根据市场的供求关系,依照价格规律主动调整标的物的购进或代销价格,以达到税负转嫁的目的,和纳税人主动行为无关的价格再分配性质的价格转移不能算税负的转嫁。

(二)税负转嫁的基本形式

税负转嫁可以归纳为四种形式:税负前转、税负后转、混合转嫁、税负消转。

1. 税负前转

税负前转是指纳税人将其所纳税款顺着商品流转方向,通过提高商品价格的办法,转嫁给商品的购买者或最终消费者负担。这是最为典型、最具普遍意义的税负转嫁形式。前转是卖方将税负转嫁给买方负担,通常通过提高商品售价的办法来实现。在这里,卖方可能是制造商、批发商或零售商,买方也可能是制造商、批发商、零售商,但税负最终主要转嫁给消费者负担。由于前转是顺着商品流转顺序从生产到零售再到消费的,因而也叫顺转。前转的过程可能是一次,也可能经过多次,比如,在生产环节课征的税收,生产企业就可以通过提高商品出厂价格而把税负转嫁给批发商,批发商再以类似的方式转嫁给零售商,零售商最后将税负转嫁给终极的消费者。前转顺利与否要受到商品供求弹性的制约。税负前转实现的基本前提条件是课税商品的需求弹性小于供给弹性。当需求弹性大时,转嫁较难进行;当供给弹性大时,转嫁容易进行。

2. 税负后转

税负后转是指纳税人将其所纳税款逆着商品流转的方向,以压低购进商品价格的方法,向后转移给商品的提供者。例如对某种商品在零售环节征税,零售商将所纳税款通过压低进货价格,把税负逆转给批发商,批发商又以同样的方式把税负逆转给制造商,制造商再以同样方式压低生产要素价格把税负逆转于生产要素供应者负担。税负后转实现的前提条件是供给方提供的商品需求弹性较大,而供给弹性较小。在有些情况下,尽管已实现了税负前转,但也仍会再发生后转的现象。

3. 混合转嫁

混合转嫁是指纳税人将自己缴纳的税款分散转嫁给多方负担。混合转嫁是在税款不能完全向前顺转,又不能完全向后逆转时采用。例如织布厂将税负一部分用提高布匹价格的办法转嫁给印染厂,一部分用压低棉纱购进价格的办法转嫁给纱厂,一部分则用降低工资的办法转嫁给本厂职工等。严格地说,混合转嫁并不是一种独立的税负转嫁方式,而是税负前转与税负后转的结合。

4. 税负消转

税负消转是指纳税人用降低课税品成本的办法使在新增利润中求得抵补的转嫁方式。即纳税人在不提高售价的前提下,以改进生产技术、提高工作效率、节约原材料、降低生产成本等方式,将所缴纳的税款在新增利润中求得补偿。因为它既不是提高价格的前转,也不是压价格的后转,而是通过改善经管、提高劳动生产率等措施降低成本增加利润,使税负从中得到抵消,所以称之为消转。消转有合法消转和非法消转两种形式。前者指采用改进技术、节约原材料等方法,从而降低成本求补偿;后者指采用降低工资、增加工时、增大劳动强度等方法,从而降低成本求得补偿。

(三)影响税负转嫁效果的主要因素

1. 商品供求弹性

在商品经济中,市场调节的效应往往使税收负担能否转嫁和如何转嫁在很大程度上取决于市场上的供求状况。在自由竞争的市场中,课税的商品的价格受供求规律的制约,市场上商品的供给和物价的涨落都非一个生产者或一群生产者所能操纵的。商品价格一有变化,需求就随之发生变动,而供给也会发生类似的变化。因此,课税商品的价格能否提高,税负能否转嫁,不是由供给或需求哪一方的意愿决定的,而是取决于市场上供求弹性产生的经济压力大小。

1)需求弹性

需求弹性是指商品或生产要素的需求量对市场价格变动的反应的敏感程度,一般用需求弹性系数表示,其公式为

需求弹性系数 = 需求变动百分比 / 价格变动百分比

一般来讲,需求弹性系数越大,需求量对市场价格变动的反应越敏感。依据需求弹性的差异,税负转嫁可以分为三种情形进行考察。

第一,需求完全无弹性,即需求弹性系数等于 0。需求完全无弹性,说明当某种商品或生产要素因政府课税而导致企业加价出售时,购买者对价格的变动毫无反应,其购买量不会因为价格的提高而受到影响。在这种情况下,企业完全可以通过提高商品或生产要素的价

格的方式将税负向前顺次转嫁给其他需求者直至终极的消费者。

第二,需求缺乏弹性,即需求弹性系数大于 0 或小于 1。如果购买者或消费者对于提供商品或生产要素的企业进行税款加价的行为反应较弱,即其购买量下降的幅度低于价格提高的幅度,便表明相关商品或生产要素的需求缺乏弹性,此时,因价格提高的阻力较小,企业便可以比较容易地将所纳税款通过前转的方式实现转嫁。

第三,需求富有弹性,即需求弹性系数大于 1。当企业把所纳的税款附加于商品或生产要素价格之上而诱发购买者的强烈反应时,就意味着这些商品或生产要素的需求有较大的弹性。此时,购买者的欲望将会大大受到抑制,从而导致有关企业商品或生产要素购买量的下降幅度超过价格上涨的幅度,甚至完全停止购买行为,当然购买者也可能用替代品以获得满足。当出现这种情形时,表明企业的定价已超过极限,其结果是,企业提价得到的边际效益抵补不了销量减少的边际损失,致使企业不得不调低价格或阻止价格提高。一旦出现这种情形,企业所纳的税款便无法进行顺向转嫁,而只能谋求逆转给前面的供应者负担。倘若后转不得实现,企业在作为直接的纳税者的同时,又不得不成为终极的负税者。

(2)供给弹性

供给弹性提示出商品或生产要素的供给量对市场价格变动反应的敏感程度,一般用供给弹性系数来表示,其公式为

供给弹性系数 = 供给量变动百分比 / 价格变动百分比

第一,供给完全无弹性,即供给弹性系数等于 0。供给完全无弹性,说明当某种商品或生产要素因政府征税而价格不能提高时,生产供应企业对价格的相对下降没有任何反应,其生产量不会因价格下降而减少。在这种情况下,企业只能将所纳的税款谋求向后转嫁,甚至无法进行转嫁。

第二,供给缺乏弹性,即供给弹性系数大于 0 小于 1。供给弹性系数小,表明当某种商品或生产要素因政府征税而价格得不到相应的提高时,生产供应企业往往会因生产条件、转产困难等因素的限制而未能或无法对价格的相对下降做出较为强烈的反应,其实际生产供应量调减的幅度不会很大,通常低于价格相对下降的幅度。由于此时生产供应量基本还是维持原有水平,故而价格难有较大幅度的升降,也就是导致企业无法将所纳税款以前转的方式转移出去,更主要的便是考虑能否实现逆转,并通过怎样的途径进行。

第三,供给富有弹性,即供给弹性系数大于 1。供给富有弹性,意味着当某种商品或生产要素因政府课税而价格不能相应提高时,生产供应者将会对价格的相对下降做出强烈的反应,使得其生产供应量的下降幅度大于价格相对下降幅度。这种情形,一方面表明价格有些偏低,影响市场供应量,使供应量减少,从而隐藏着价格上涨的趋势;另一方面,由于有效生产供应量的不断减少,渐已出现供不应求,进而直接推动价格上涨。基于这种考虑,企业便可以将所纳税款的大部分甚至全部以商品加价的方式实现前转,使税负落于购买者身上。

3)供求弹性

供给弹性与需求弹性的比值即为供求弹性。供求间的制衡统一关系决定了企业税负转嫁及其实现方式不能片面地依从其中某一方面,而必须根据供给弹性和需求弹性的力量对

比及转换趋势予以相机抉择。一般而言,当供给弹性大于需求弹性,即供求弹性系数大于1时,企业应优先考虑税负前转的可能性;反之,如果供求弹性系数小于1,则进行税负后转或无法转嫁的可能性比较大。如果供给弹性系数等于需求弹性系数,则税款趋于买卖双方均分负担。

综合分析,可以得出这样的结论:税负转嫁是商品经济发展的客观存在。依此为基点,直接纳税的企业通常会把能够转嫁出去的税收仅仅作为虚拟的成本(或称为额外的成本),而把不可转嫁的税收视为真正的成本。因此,西方人把纳税人和负税人一致的税种称为直接税种,把纳税人和负税人不一致的税种称为间接税种。

2. 市场结构

由于市场结构的不同,税负转嫁情况也不同。市场结构一般有完全竞争、垄断竞争、寡头垄断和完全垄断四种。

1)完全竞争市场结构

在完全竞争市场结构下,任何单个厂商都无力控制价格,因而不能把市场价格提高若干而把税负向前转嫁给消费者,只有通过该工业体系才能在短期内部分地利用提价的办法转嫁给消费者。但在长期供应成本不变的情况下,各个厂商在整个工业体系下形成一股力量,则税负可能可以完全转嫁给消费者。

2)垄断竞争市场结构

商品的差异性是垄断竞争市场结构的重要前提。在垄断竞争市场结构下,单个厂商虽然很多,但各个厂家可利用其产品差异性对价格做出适当的调整,借以把税负部分地向前转嫁给消费者。在一个时期里,某种工业中的厂商可以把由于征税所增加的成本转嫁给消费者,但不可能把税负全部转嫁出去而保留垄断利润,因而还没有形成垄断市场。

3)寡头垄断市场结构

寡头垄断是指少数几家企业供应市场某种商品的大部分,各家都占市场供应量的一定比重。它们的产品是一致的或稍有差别。寡头垄断的价格波动不像一般竞争工业那样大。它们总是互相勾结,达成某种协议或默契,对价格升降采取一致行动。因此,如果对某产品征收一种新税或提高某种税的税率,各寡头厂商就会按早已达成的协议或默契并在各家成本同时增加的情况下,自动按某一公式各自提高价格,而把税负转嫁给消费者负担(除非该产品需求弹性大或差异大)。

4)完全垄断市场结构

完全垄断市场结构是指某种商品只有一个或少数几个卖主的市场结构,并且没有代用品。垄断厂商可以采取独占或联合形式控制市场价格和销售量,以达到获取最大利润或超额利润的目的。如果某垄断产品为绝对必需品,且需求无弹性又无其他竞争性的代用品,则垄断者可以随意提价,不会影响销售量,税负就可以全部向前转嫁给消费者。如果需求有弹性,则垄断厂商不能把税额全部向前转嫁给消费者,而只能考虑部分前转、部分后转。因为如果全部前转,可能引起价格太高,需求量减少,达不到最大利润。但不管怎样,在完全垄断市场结构下,垄断厂商可以随时改变价格,把税负向前转嫁给消费者。

不同市场结构下的税负转嫁情况见表 7-1。

表 7-1 不同市场结构下的税负转嫁情况

市场结构	转嫁情况
完全竞争	短期:单个企业无法提价把税负向前转嫁给消费者; 长期:整个行业提价可以完全转嫁给消费者
垄断竞争	企业可利用产品的差异性对价格做出调整,但没有完全形成垄断市场,因而可以把税负部分向前转嫁给消费者
寡头垄断	各寡头厂商会达成协议或默契,按某一公式各自提高价格,从而将税负转嫁给消费者负担
完全垄断	垄断厂商可以随时改变价格,把税负向前转嫁给消费者

3. 课税制度

课税制度中税种的设置及各个要素的设计差异,如税种性质、税基宽窄、课税对象、课税依据和税负轻重等都对税负转嫁有一定的影响。

1)税种性质

商品交易行为是税负转嫁的必要条件,一般来说,只有对商品交易行为或活动课税的间接税才能转嫁,而与商品交易行为无关或对人课征的直接税则不能转嫁或很难转嫁。直接税是指纳税义务人同时是税收的实际负担人,纳税人不能或不便于把税收负担转嫁给别人的税种。例如:个人所得税、企业所得税、遗产税、社会保险税等。间接税是指纳税义务人不是税收的实际负担人,纳税义务人能够用提高价格或提高收费标准等方法把税收负担转嫁给别的税种。例如:消费税、增值税、关税等。这些税种都是对商品交易行为或活动课征的。

2)税基宽窄

税基越宽,越容易实现税负转嫁,反之,税负转嫁的可能性便会趋小。原因在于,税基宽窄直接决定着购买者需求选择替代效应的大小,进而影响市场供求弹性的程度及转嫁态势,导致税负转嫁或易或难的变化。如果对所有商品课税,购买者需求选择替代效应越小,税负转嫁就较容易;反之,如果只对部分商品课税,且课税商品具有替代效应,税负就不易转嫁。

3)课税对象

对生产资料课税,税负辗转次数多,容易转嫁且转嫁速度快。对生活资料课税,税负辗转次数少,较难转嫁且转嫁速度慢。

4)课税依据

税收计算的方法大致可以分为从价计征和从量计征两种。采用从价计征方法,税额随商品或生产要素价格的高低而彼此不同,商品或生产要素昂贵,加价税额必然也大,反之,价格越低廉,加价税额也越小。在从价计征方法下,通过商品加价转嫁税负难以被察觉,转嫁较容易。从量计征则完全不同,在此方法下,每单位商品的税额很明显,纳税人很容易察觉到它是一种额外的负担,因而必然会想方法提高商品价格而把税负转嫁给消费者,但或轻或重的税负同样容易直接被购买者察觉。因此,如果在需求方面有弹性,税收负担便无法转嫁。

5)税负轻重

税负轻重也是税负转嫁能否实现的一个重要条件。商品的税负重,出卖者试图转嫁全部税负就必须大幅度提高价格,势必导致销售量减少。为了保持销量,出卖者又不得不降低价格,其结果是税负只能部分转嫁或不能转嫁。对于税负很轻的商品来说,课税后加价幅度较小,一般不至于影响销路,税负便可通过提价全部转嫁给消费者负担。

本章小结

1. 税收是政府为了实现其职能,凭借政治权力,按照法定标准,向单位和个人强制、无偿地取得财政收入的一种形式。税收的本质体现的是政府和纳税人之间的一种特定分配关系。

2. 税收的形式特征:强制性、无偿性、固定性。

3. 税收效应是指政府课税所引起的各种经济反应。税收效应可以分为:正效应和负效应、收入效应和替代效应、中性效应和非中性效应、激励效应和阻碍效应。

4. 税收负担简称“税负”,它是纳税人因履行纳税义务而承受的一种经济负担。用相对数表示,是税额占税基数量的比重,即税收负担率。用绝对数表示,是税收负担额。

5. 税负转嫁是指纳税人将其所缴纳的税款转移给他人负担的过程。税负转嫁的基本形式:税负前转、税负后转、混合转嫁和税负消转。影响税负转嫁效果的主要因素:商品供求弹性、市场结构和课税制度。

思考与练习

1. 简述衡量税收公平的标准。
2. 分析税收公平与效率的关系。
3. 分析税收与其他收入形式的区别。
4. 分析供求弹性对税收归宿的影响。
5. 分析影响税负转嫁的因素。
6. 简述衡量税收负担的宏观指标和微观指标。

第八章　税收制度

教学要求

通过学习，学生应掌握税收制度的构成要素、我国税收制度的改革方向；理解公平课税理论、最优税收理论；了解我国税收制度的演变。

重点难点

本章的学习重点是税收制度的构成要素、最优税收理论；难点是我国税收制度的改革方向、公平课税理论。

第一节　税收制度的构成要素

税收制度简称“税制”，是国家各项税收法规和征收管理制度的总称，是国家向纳税人征税的法律制度依据和纳税人向国家纳税的法定准则。任何一个完备的具体税种的税制，总是由一些基本要素构成。这些基本的要素被称之为税制要素，它说明谁来征税、谁来交税、针对什么交税、交多少税、什么时候交税及上哪交税等。税制要素一般包括纳税义务人、课税对象、税率、纳税环节、纳税期限、纳税地点、税收优惠、税收附加与加成等项目。其中纳税人、征税对象、税率称为“三要素”，更是税种最基本的构成要素。要理解税法，掌握每个税种如何缴纳，就要先从学习税制构成要素开始。

一、纳税人

纳税人，也称纳税义务人或纳税主体，是指税法规定直接负有纳税义务的单位或个人，包括自然人和法人。自然人可划分为居民纳税人和非居民纳税人，法人可划分为居民企业和非居民企业。

与纳税人有关的还有四类型“人”：负税人、代扣代缴义务人、代收代缴义务人、代征代缴义务人。

（一）负税人

负税人就是实际负担税款的单位和个人。一般情况下，纳税人和负税人是一致的，比如个人所得税，某人缴纳了税款 100 元，他是纳税人也是税款的负税人。但在另一些情况下，纳税人和负税人是不一致的，比如，香烟的消费税纳税人主要是生产香烟的单位和个人，但负担税款的却是香烟的消费者，即“烟民”，这就是税收学研究的税款转嫁给他人负担。

（二）代扣代缴义务人

代扣代缴义务人是指虽不承担纳税义务，但依照有关规定，在向纳税人支付收入、结算贷款、收取费用时有义务代扣代缴其应纳税款的单位和个人，如出版社代扣作者稿酬所得的个人所得税等。

（三）代收代缴义务人

代收代缴义务人是指虽不承担纳税义务，但依照有关规定，在向纳税人收取商品或劳务收入时，有义务代收代缴其应纳税款的单位和个人。如消费税条例规定，委托加工的应税消费品，由受托方在向委托方交货时代收代缴委托方应该缴纳的消费税。

（四）代征代缴义务人

代征代缴义务人是指因税法规定，受税务机关委托而代征税款的单位和个人。税务机关根据有利于税收控管和方便纳税的要求，按照双方自愿、简便征收、强化管理、依法委托的原则和国家有关规定，委托有关单位和人员代征零星、分散和异地缴纳的税收。代征代缴义务人代征税款，不仅便利了纳税人税款的缴纳，有效地保证了税款征收的实现，而且有利于强化税收征管，有效杜绝和防止税款流失。

二、课税对象

课税对象，也称征税对象、征税客体，是指税法规定的课税目的物，即对什么征税。课税对象体现着征税的最基本界限，是划分不同税种的主要标志。如我国增值税的征税对象是销售货物、提供应税劳务过程中产生的增值额；消费税的征税对象是消费税条例所列举的应税消费品等。征税对象是税法最基本的要素，因为它体现着征税的最基本界限，决定着某一种税的基本征税范围，同时，征税对象也决定了各个不同税种的名称。如消费税、土地增值税、个人所得税等，这些税种因征税对象不同、性质不同，税名也就不同。

与课税对象相关的概念还有：税源、税目、税基。

（一）税源

税源是指税收的最终来源或者最终归宿，一般表现为国民收入分配中纳税人的各种所得收入，如利润、财产性收入、工资、股息等。不同税种都有各自的税源，课税对象与税源未必相同。对于所得税，税源和课税对象基本一致，都是纳税人的所得。对于财产税，税源和课税对象不一致，课税对象往往是财产的价值或数量，而税源往往是纳税人的财产收入或财产收益。

（二）税目

税目是指税法对课税对象分类规定的具体征税项目和范围，体现了征税的广度。由于课税对象是比较笼统的，为了满足税制的需要，还必须将课税对象具体化，将课税标的物划分成具体项目。我们将这种在税制中对课税对象规定的具体项目称为税目。税目的划分根据国家调节经济和税收管理的不同需要，可繁可简。

（三）税基

税基又称为计税依据，是据以计算征税对象应纳税款的直接数量依据。正确核算计税依据，是纳税人合理计算缴纳税款的核心环节。

计税依据和课税对象既有区别又有联系：课税对象是征税的目的物，计税依据则是在目的物已经确定的前提下，对目的物据以计算应纳税额的标准；课税对象是对征税客体在质的方面的规定，而计税依据则是从数量方面所作的规定。比如消费税的课税对象是应税的消费品，这是质的规定。仅有质的规定不能计算出应纳税额，只有在规定了消费税的计税依据是应税消费品的销售额或销售数量时，才能据此计算出实际应纳的消费税税额。

三、税率

税率是指应纳税额与课税对象之间的征收比例，是衡量税负轻重与否的重要标志。税率是税收制度或某一税种的中心环节，反映着征税的深度。

（一）比例税率

比例税率是指按税基规定但不随税基数额大小而改变的征税比率。比例税率具有计算简便、利于征管、促进效率的优点。但是不能实施差异化的税收负担政策，不符合公平原则。它一般适用于对商品或劳务的征税。比例税率分为统一比例税率和差别比例税率两种形式，其中差别比例税率有三种类型：①行业差别比例税率，即按不同行业差别规定不同的税率；②产品差别比例税率，即按产品的不同规定不同的税率；③地区差别比例税率，即对不同地区实行不同的税率。

（二）累进税率

累进税率是指随税基增加而逐级提高的税率。其具体形式表现为根据税基的大小，规定若干等级，每个等级对应一个税率，其税率水平随着税基等级增加而递增。累进税率因计算方法的不同，又能分为全额累进税率和超额累进税率。

全额累进税率是指将税基划分为若干不同的等级，每个等级的税率随税基的提高而提高，计税时就税基按其适用的最高等级的税率计算应纳税额的税率制度。超额累进税率是指将税基划分为若干不同的等级，每个等级的税率随税基的提高而提高，计税时税基按相应等级划分为若干部分，各部分分别适用相应等级税率计税的税率制度。

全额累进税率与超额累进税率都是按照量能负担的原则设计的，但二者又有不同的特点，主要体现在以下几个方面。

①在名义税率相同的情况下，全额累进税率的累进程度高，税负重；超额累进税率的累进程度低，税负轻。

②在级距的临界点附近，全额累进税率会出现税额增长超过税基增长的不合理现象，即容易出现“鞭打快牛”的现象；超额累进税率则不存在这种问题。

③计算全额累进税率较为简便，而计算超额累进税率则较为复杂。

在实践中，各国税制都将公平原则放在重要位置，因此超额累进税率目前得到普遍推行。为了解决该税率使用上的复杂性问题，我们可采取简化计算的“速算扣除法”，即先计算出扣除数，然后运用下列公式计算出应纳税额。

$$应纳税额 = 计税依据 \times 适用税率 - 速算扣除数$$

速算扣除数是指同一计税依据按全额累进税率计算的税额与按超额累进税率计算的税额之间的差额。

【例 8-1】 张某 12 月份应纳税所得额为 15 000 元，适用的税率详见表 8-1。试分别按全额累进税率、超额累进税率计算王某应纳的税额。

表 8-1　所得税适用税率

级数	全月应纳税所得额	税率	速算扣除数
1	不超过 3 000 元的	3%	0
2	超过 3 000 元至 12 000 元的部分	10%	210
3	超过 12 000 元至 25 000 元的部分	20%	1 410
4	超过 25 000 元至 35 000 元的部分	25%	2 660
5	超过 35 000 元至 55 000 元的部分	30%	4 410
6	超过 55 000 元至 80 000 元的部分	35%	7 160
7	超过 80 000 元的部分	45%	15 160

解:全额累进税率下应纳税额的计算:

$$15\,000\times 20\%=3\,000(元)$$

超额累进税率下应纳税额的计算:

$$3\,000\times 3\%+9\,000\times 10\%+3\,000\times 20\%=1\,590(元)$$

或者

$$15\,000\times 20\%-1\,410=1\,590(元)$$

(三)定额税率

定额税率是指对每一单位的征税对象直接规定固定税额的一种税率,它是税率的一种特殊形式。具体运用时,我们又可将其划分为地区差别定额税率、幅度定额税率和分类分级定额税率等形式。

地区差别定额税率,即地区差别税额,是指根据不同地区的自然资源、成本水平和盈利水平的情况,分别制定不同的税额。幅度定额税率,即幅度税额,是指税法统一规定税额幅度,各地区在规定的幅度内自行规定本地的定额税率。分类分级定额税率是指按照征税对象的不同种类和不同等级,分别规定不同税额的定额税率。

定额税率具有计算简便、税额不受价格和收入变动影响的特点。定额税率适用于从量计征的税种。在市场经济条件下,价格和收入经常变动,为稳定税收负担和保证财政收入,从价计征的税种在多数国家的税制中居于主要地位,从而从量计征的税种居于次要地位,由此也决定了定额税率在使用上的局限性。在我国,目前定额税率主要在财产课税、资源课税中使用。

(四)虚拟税率

比例税率、定额税率和累进税率都是税法中的基本税率形式,可概括称之为“税法税率”。有时人们为了经济分析的需要,还常引入另外的税率形式,主要包括名义税率、实际税率、边际税率和平均税率,这些税率被称之为“虚拟税率”。

名义税率与实际税率是分析纳税人负担时常用的概念。名义税率是指税法规定的税率。实际税率是指实际负担率,即纳税人在一定时期内实际缴纳税额占其征税对象实际数额的比例。由于某些税种中计税依据与征税对象不一致,税率存在差异以及减免税等因素,实际税率常常会低于名义税率。

边际税率是指一定数量的税基再增加一个单位所适用的税率，在实行比例税率的条件下，边际税率始终不变；在实行累进税率条件下，税基的不同级距上有不同的边际税率。平均税率是指全部税额与全部征税对象数额之比。在比例税率条件下，边际税率等于平均税率。在累进税率条件下，边际税率往往要大于平均税率。边际税率的提高还会带动平均税率的上升。边际税率上升的幅度越大，平均税率提高得就越多。

【例 8-2】 张某 12 月份的收入为 13 000 元，应纳税所得额为 8 000 元，适用的税率详见表 8-1。试计算张某的名义税率、实际税率、边际税率和平均税率。

解：名义税率：由于张某 12 月的应纳税所得额为 8 000 元，对应的名义税率即税法规定的税率为 10%。

实际税率：实际税收负担率 = 实际缴纳的税收 / 应纳税所得额

=（8 000 × 10%−210）÷ 8 000 × 100%=7.375%。

边际税率：在实行累进税率条件下，税基的不同级距上有不同的边际税率。张某的应纳税所得额为 8 000 元，边际税率为 10%。

平均税率：张某的平均税率是全部税额与全部税基之比，即 590 ÷ 8000 × 100%=7.375%。

四、纳税环节

纳税环节是指在商品流通和非商品的劳务或其他交易过程中，税收予以课征的点或者环节。纳税环节的多少和选择可以分为不同的课税制度：同一种税只在一个环节课征税收的，称为"一次课征税"；同一种税在两个或两个以上环节课征税收，或同种性质不同税种对同一种收入课以税收的，称为"多次课征税"。例如，所得税、消费税属于一次课征税，所得税在分配环节课征，消费税在生产环节课征。增值税、营业税属于多次课征税，增值税在生产、批发、零售、进口等环节课征，营业税在生产、批发、销售等多环节课征。纳税环节的多少以及具体环节的选择，不仅关系到国家财政收入水平，而且会影响纳税人的经济行为和纳税积极性以及商品流和经济运行的轨迹。

五、纳税期限

纳税期限是纳税人向国家缴纳税款的法定期限。各种税都明确规定了税款的缴纳期限。现代税收制度在确定纳税期限时一般会考虑以下的因素：根据各行业生产经营的不同特点和不同征税对象决定纳税期限，如企业所得税，以年所得额为征税对象，实行按全年所得额计算征收，分期预缴，年终汇算清缴，多退少补；根据纳税人缴纳税款数额的多少来决定，即缴纳税款多的纳税人，纳税期限核定时间短，反之，纳税期限核定时间长；根据纳税行为发生的情况，以从事生产经营活动的次数为纳税期限，实行按次征收。现行税制的纳税期限有以下三种形式。

（1）按期纳税。根据纳税义务的发生时间，通过确定纳税间隔期，实行按期纳税。纳税人的具体纳税间隔期限由主管税务机关根据情况分别核定。

（2）按次纳税。根据纳税行为的发生次数确定纳税期限，如车辆购置税、耕地占用税等均采取按次纳税的办法。

（3）按年计征，分期预缴或缴纳，如企业所得税按规定的期限预缴税款，年度结束后汇算清缴，多退少补。房产税、城镇土地使用税实行按年计算、分期缴纳。

六、纳税地点

纳税地点是指纳税人申报纳税的地点。明确规定纳税地点，一是为了避免对同一应税收入、应税行为重复征税或漏征税款；二是为了保证地方政府依法取得财政收入。我国现行税制规定的纳税地点大致可分为以下几种情况。

（1）机构所在地纳税，即纳税人向其机构所在地主管税务机关申报纳税。

（2）劳动提供地纳税，即纳税人向劳务提供地主管税务机关申报纳税。

（3）进口货物向报关地海关申报纳税。

七、税收优惠

税收优惠是指国家根据一定时期政治、经济和社会发展的总目标，运用税收政策在税收法律、行政法规中给予特定的纳税人和征税对象减轻或免除税收负担的各种优待的总称。

税收优惠作为税收制度不可或缺的重要组成部分，它分为狭义的税收优惠和广义的税收优惠。狭义的税收优惠是指减税和免税。减税和免税是对某些纳税人或征税对象给予鼓励和照顾的一种特殊规定，减税是对应纳税额少征一部分税额；免征是对应纳税额全部免征。广义的税收优惠是指减税、免税、优惠税率、出口退税、加速折旧、税项扣除、投资抵免、亏损抵补、税额抵扣、税收抵免等减轻或免除纳税人和征税对象税收负担的规定。

按照税收优惠方式的不同，可以将其分为税基式优惠、税率式优惠和税额式优惠三种。

1. 税基式优惠

税基式优惠主要是通过直接缩小计税依据的方式实行的税收优惠，具体包括起征点和免征额、项目扣除以及亏损抵补等。

起征点是征税对象达到征税数额开始征税的界限。征税对象的数额未达到起征点的不征税；达到或超过起征点的，就其全部数额征税，而不是仅就超过部分征税。免征额是在征税对象总额中免于征税的数额，即按照一定标准从征税对象总额中预先扣除的数额，免征额部分不征税，只就超过免征额的部分征税。免征额一般是正常的费用扣除。在税法中规定起征点和免征额是对纳税人的一种优惠，但二者优惠的侧重点不同。前者优惠的是个别纳税人，后者则惠及所有纳税人。

【例 8-3】 A 企业月经营收入为 50 000 元，若当地规定的起征点为 30 000 元，试计算 A 企业应税收入额；若当地规定的免征额为 30 000 元，试计算 A 企业的应税收入额。

【解析】 起征点是征税对象达到征税数额开始征税的界限，达到或超过起征点的，就其全部数额征税。若当地规定的起征点为 30 000 元，A 企业的应税收入额为 50 000 元。免征额是在征税对象总额中免于征税的数额，即按照一定标准从征税对象总额中预先扣除的数额，免征额部分不征税，只就超过免征额的部分征税。若当地规定的免征额为 30 000 元，A 企业的应税收入额为 20 000 元。

项目扣除是指在征税对象中扣除一定项目的数额，以其余额作为计税依据计算税额。亏损抵补是指将以前纳税年度的经营亏损在本纳税年度的经营利润中扣除，以其余额作为计税依据进行计算。

2. 税率式优惠

税率式优惠是指通过直接降低税率的方式实行的减税或免税，具体又包括重新确定税率、选择其他税率、零税率。例如，我国企业所得税中，对于符合小型微利条件的企业适用20%的税率；而对于国家重点扶持的高新技术企业，则给予15%的企业所得税税率，因此20%和15%的企业所得税税率相对于25%的基本税率就是税率式减免。

3. 税额式优惠

税额式优惠是指通过减少应纳税额的方式实行的税收优惠，如减税、免税、出口退税、投资抵免等。我国增值税和消费税税法中都有出口退税的规定；企业所得税法中，对企业从事蔬菜、谷物、薯类、油料、豆类、棉花、麻类、糖料、水果、坚果的种植等项目的所得，免征企业所得税，这些都是税额式优惠。

近十几年来，西方国家在税收优惠的问题上出现了一个"税式支出"的新概念，并被不少国家列为财政预算的一个正式科目。税式支出是指由于税收优惠而造成的政府收入损失。因为这种损失与政府征税后通过预算拨给纳税人，其作用基本相同或相似，故称之为税式支出。确立这一概念，旨在与预算支出进行对照和比较。税式支出的形式，除上述各种减免形式外，还包括税收抵免、延迟纳税等。

八、税收附加与加成

减税、免税是减轻税负的措施。与之相对应，税收附加与加成是加重纳税人负担的措施。税收附加也称为地方附加，是地方政府按照国家规定的比例随正税一起征收的列入地方预算外收入的一种款项。正税是指国家正式开征并纳入预算内收入的各种税收。税收附加由地方财政单独管理并按规定的范围使用，不得自行变更。例如，教育费附加只能用于发展地方教育事业。税收附加的计算方法是以正税税款为依据，按规定的附加率计算附加额。

税收加成是指根据税制规定的税率征税以后，再以应纳税额为依据加征一定成数的税额，加征一成相当于纳税额的10%，加征成数一般规定在一成到十成之间。与加成相适应的还有税收加倍，即在应纳税额的基础上加征一定倍数的税款。因此，加成和加倍没有实质性区别。税收加成或加倍实际上是税率的延伸，但因这种措施只针对个别情况，所以没有采取提高税率的方法，而是以已征税款为基础再加征一定的税款。

无论是税收附加还是税收加成，都增加了纳税人的负担，但这两种加税措施的目的是不同的。实行地方附加是为了给地方政府筹措一定的机动财力，用于发展地方建设事业；实行税收加成是为了调节和限制某些纳税人获取过多的收入或者是对纳税人违章行为进行的处罚措施。

第二节　税收的分类

现代国家的税制一般都是由多个税种组成的复合税制，各税种既相互区别又相互联系。按求同存异的原则，依据一定的标准对税种进行分类，是税制研究和建设的必要前提。

一、按课税对象的性质分类

按课税对象的性质，可以将税收分为商品课税、所得课税、财产课税、资源课税、行为课税五大类。这种分类最能反映现代税制结构，是常用的税收分类方法。

（一）商品课税

商品课税是以商品和劳务为课税对象，以商品和劳务的流转额为税基的各种税收。在我国，常被称为流转课税。这里所说的商品，既包括有形商品，如食品、服装、住宅等，也包括无形商品，如专利、技术等；既包括资本性商品——生产资料，也包括消费品——生活资料；既包括本国商品，也包括从外国进口的商品。劳务，通常只包括经营者提供的劳务，如宾馆向客人提供的食宿服务等，不包括被雇用者提供的劳务，如公司职员受雇之后为本公司提供的劳务等，也不包括自我提供的劳务，如家务劳动等。因此，商品课税包括具体货物和劳务征收的各种税，如增值税、消费税、关税等。

（二）所得课税

所得课税是以所得为课税对象，以要素所有者（或使用者）取得的要素收入为税基的各种税收。所得课税主要指企业所得税和个人所得税。由于社会保险税、资本利得税实际上也是一种对要素收入的课税，故一般也划入所得课税类别，但由于征收成本较高，所以主要在发达国家采用。各国在对所得课税时，一般都是对各种要素收入进行必要的成本或费用扣除后的纯收入（净所得）进行课征。

（三）财产课税

财产课税是以动产和不动产形式存在的财产为课税对象，以财产的数量或价格为税基的各种税收，如一般财产税、遗产税、赠与税等。

（四）资源课税

资源课税是以纳税人占有或开发利用的自然资源为课税对象的各种税收，主要包括资源税、土地增值税和城镇土地使用税。

（五）行为课税

行为课税是以某种特定行为作为课税对象的各种税收，行为课税的最大特点是征纳行为的发生具有偶然性或一次性。属于行为课税的税种有固定资产投资方向调节税、证券交易税、印花税、船舶吨税、屠宰税、筵席税。我国当前开征的行为税主要有印税、车辆购置税、城市维护建设税。

二、按税负能否转嫁分类

按税负能否转嫁，可以将税收分为直接税和间接税。

（一）直接税

直接税是指税负不易转嫁，由纳税人直接负担的各种税收，包括企业所得税、个人所得税等所得课税和遗产税、财产税、房产税等财产课税。对于直接税，纳税人与负税人是一致的。

（二）间接税

间接税是指税负容易转嫁，不由纳税人直接负担的各种税收，包括增值税、消费税、营业税、关税等商品课税。对于间接税,纳税人与负税人不一致。

三、按税收和价格的关系分类

按税收和价格的关系,可以将税收分为价内税和价外税。

(一)价内税

价内税是指税款作为商品或劳务价格构成部分的各种税收,主要包括消费税和关税等。价内税税负比较隐蔽,更容易转嫁。价内税有利于国家通过对税负的调整,直接调节生产和消费,但往往容易造成对价格的扭曲。

(二)价外税

价外税是指税款不作为商品或劳务价格构成部分,而是在价格之外附加的税收,主要是增值税。与价内税相比,价外税税负透明,转嫁的难度相对较大。价外税与企业的成本核算和利润、价格没有直接联系,能更好地反映企业的经营成果,不会因征税而影响公平竞争;同时,它不干扰价格对市场供求状况的正确反映,因此,更适应市场经济的要求。

四、按税收管理权限分类

按税收管理权限,可以将税收分为中央税、地方税和中央地方共享税。

(一)中央税

中央税是指由中央政府征收、管理和支配使用的各种税收。一般来说,中央税征收范围广泛,税源充足,收入稳定。中央税构成中央政府的固定收入。主要包括:关税,海关代征消费税和增值税,消费税,各银行总行、各保险公司总公司等交纳的营业税、城市维护建设税,未纳入共享范围的中央企业所得税。

(二)地方税

地方税是指由地方政府征收、管理和支配使用的各种税收。一般来说,地方税与地方经济利益密切相关。主要包括:营业税(不含各银行总行、各保险公司总公司集中交纳的营业税),城镇土地使用税,城市维护建设税(不含各银行总行、各保险公司总公司集中交纳的部分),房产税,车船税,印花税(不含证券交易印花税),耕地占用税,契税,烟叶税,土地增值税。

(三)中央地方共享税

中央地方共享税是指由中央政府与地方政府共同享有税收管理权、使用权并按一定比例进行收入分成的税收。主要包括:增值税中央分享75%,地方分享25%;纳入共享范围的企业所得税和个人所得税中央分享60%,地方分享40%;资源税按不同的资源品种划分,海洋石油资源税为中央收入,其余资源税为地方收入;证券交易印花税中央分享97%,上海、深圳分享3%。

五、按计税依据分类

按计税依据,可以将税收划分为从量税和从价税。

(一)从量税

从量税是指以课税对象的重量、容量、面积、吨位、件数等数量为计税依据课征的各种税收,主要包括资源税、城镇土地使用税、耕地占用税、车船使用税及消费税中的少部分。从量税不随课税对象价格而变化，而是随着课税对象数量而变化。

（二）从价税

从价税是指以课税对象的价格为计税依据课征的各种税收，主要包括增值税、关税、消费税中的大部分税目。

除了以上主要分类之外，还有其他的一些分类方法，如以税收收入的形态为标准分为实物税和货币税；以税收收入的用途为标准分为一般税和特定税；以税收的存续期间为标准分为经常税和临时税；以税种的独立性为标准分为正税和附加税；按照税收负担随收入的增加是上升还是下降，税收可以分为累进税和累退税，等等。

第三节　税收制度设计理论

一、公平课税理论

现在所说的公平课税理论（Theory of equitable taxation）最初起源于亨利·西蒙斯（Simons, 1938）的研究成果。西蒙斯的哲学思想根植于古典自由主义，强调个人自由是基本价值观，然后才是公平。他的经济纲领需要的是使政治干预经济生活最小化的制度和政策，认为政府有其重要作用，但必须提供的服务是私人部门不能有效提供的服务，并通过再分配产生更大的公平。

公平课税论下的理想税制，主要是根据综合所得概念对宽所得税税基课征累进的个人直接税。就西蒙斯的所得概念而言，"毛所得"可能包括工资和薪金、经营所得（如合伙经营所得、独资经营所得以及农业所得等）、资本所得、租金、特许权使用费、附加福利、耐用消费品的估算租金、转让所得、养老金所得以及赠与和遗产所得等。据说，这种宽所得税基能在不同的所得类型之间、不同的部门之间和不同的活动之间实现税收中性。同时，宽税基也有助于降低名义税率，从而使税收的超额负担或福利成本最小化。总之，公平课税论认为，以宽税基、低名义税率实现公平和效率目标，这种见解被20世纪80年代的很多工业化国家的税制改革所证实。

二、最优税收理论

最优税收理论是以福利经济学为基础的一种税制选择理论。该理论在个人效用能够加总、可供选择的税收工具（税种）既定、政府税收收入水平既定的约束下，研究如何选择税收工具，确定税制，实现社会福利最大化。该理论实际上是对税收效率与税收公平这两项基本原则的综合和深化，它研究的是如何构建能够兼顾效率原则与公平原则的税收制度。

（一）最优商品税

最优商品税理论研究的是通过对商品课税来取得既定税收收入时，应如何确定应税商品的范围和税率，才能使得政府课征商品税带来的效率损失最小化。政府是对商品普遍课征还是进行选择性课征，即是采用一般性商品税还是选择性商品税？对全部或大部分商品课征一般性商品税，固然有利于减少税收的超额负担、有利于提高经济效率，但普遍课税也必定课及生活必需品。对生活必需品课税，税收负担具有明显的累退性，这与税收的纵向公平原则是相悖的。从兼顾公平与效率的角度出发,最优商品课税应尽可能地广泛课征,同时也应对一些基本的生活必需品免税。

1927年,英国经济学家拉姆齐结合不同商品的需求价格弹性,研究了经济效率损失最小的商品课税问题。他认为,商品课税是最优的或者说要使政府征税带来的超额负担最小化,那么选择的税率应当使各种商品在需求量上按相同的比例减少。这就是著名的拉姆齐法则(边际税收的效率损失相等比例减少法则)。鲍莫尔、布莱德福特拓展了拉姆齐法则,提出了"逆弹性法则",即当各种商品在消费上互不相关时,对各种商品课征的税率应当与该商品自身的需求价格弹性成反比例。最优商品课税的这一原则要求对需求弹性相对小的商品课以相对较高的税率,对需求弹性相对大的商品课以相对较低的税率。20世纪50年代,科勒特和哈格研究了最优税收与闲暇需求间的关系,并提出了科勒特—哈格法则。该法则认为,为矫正商品课税对劳动与闲暇选择的替代效应,应对与闲暇互补的商品课以相对较高的税率,对与闲暇互替的商品征收相对较低的税率。1987年,斯特恩结合收入分配,进一步修正了拉姆齐法则和逆弹性法则。他认为,对于高收入阶层偏好的商品应按较高的税率课税,而不管其需求价格弹性是否很高;对于低收入者阶层偏好的商品应按较低的税率课税,而不管其需求价格弹性是否很低。

(二)最优所得税

最优所得税与最优商品税立足于效率相反,最优所得税的研究是从公平切入的。最优所得税理论的核心问题是如何确定所得税的最优税率,以使社会在达到合适收入分配目标的同时,还能够实现对所得课税所带来的效率损失最小。最优所得税应是较低累进程度的所得税,所得税率的边际税率应适度。过高的边际税率扭曲人们在工作与闲暇之间的选择,产生了较大的替代效应和超额税收负担。更为重要的是,较高的边际税率只是限制了高收入者的收入水平,无助于收入分配的公平。

1971年,莫里斯提出,最优所得税的税率结构应是倒"U"形税率结构,中等收入阶层的边际税率可适当高些,低收入阶层和高收入阶层的边际税率适当低些,最高收入阶层的边际税率甚至为零。这是因为,在这种税率结构下,对中等收入的高税率政策可以获得最大化的税收收入,而效率损失等同于提高高收入阶层税率的效率损失;对低收入阶层的低税率政策,可以提高低收入者的收入水平,改善其福利状况;对高收入阶层的低税率政策可以激励高收入者扩大投资,促进经济增长,增加社会总福利。

(三)所得税与商品税的最优搭配

由于所得税和商品税有着各自不同的功能和优点,两者间是相互补充、不可替代的关系。课征所得税有利于实现分配公平目标,课征商品税有利于实现经济效率目标。这种最优税制结构的搭配主要取决于政府的政策目标。如果政府的政策目标主要是实现收入的公平分配,就要实施以所得税为主体税种的税制结构。如果政府的政策目标主要是提高经济效率和促进资源优化配置,就要实施以商品税为主体税种的税制结构。

第四节　我国税收制度的演变历程和改革方向

总体来看，我国税收制度的演变进程可以划分为计划经济时期的税制改革（1950—1977 年）、有计划的商品经济时期的税收改革（1978—1993 年）、社会主义市场经济时期的税制改革（1994 年至今）三个阶段。

一、计划经济时期的税制改革（1950—1977 年）

1950 年 1 月 1 日起公布实施的《全国税政实施要则》规定，除农业税外，统一实行 14 种税（货物税、工商业税、盐税、关税、薪金报酬所得税、存款利息所得税、印花税、遗产税、交易税、屠宰税、房产税、地产税、特种消费行为税、使用牌照税），由此确立了我国的税收制度。1953 年对我国税收制度进行了修订，开征商品流通税，将货物税的一部分划出征收商品流通税；修订货物税和营业税；取消特种消费行为税；取消或停征除牲畜交易税以外的其他交易税。1958 年试行《中华人民共和国工商统一税条例（草案）》，实行工商统一税，取代原有货物税、商品流通税、营业税、印花税；建立工商所得税；在全国范围内统一农业税制。这次税制改革主要是简化原有税制，我国开征工商统一税、工商所得税、盐税、关税、农（牧）业税、屠宰税、城市房地产税、车船使用牌照税、牲畜交易税、集市交易税、契税共 11 个税种。1973 年根据“合并税种，简化征收方法”的原则，对税制进行了改革。这次税制改革的主要内容是：将工商统一税及其附加、城市房地产税、车船使用牌照税、盐税和屠宰税合并为工商税；对国营企业征收工商税，对集体企业征收工商税和工商所得税；简化税目税率，税目减为 44 个，税率减为 82 个，大部分企业只按一个税率缴税。

二、有计划的商品经济时期的税收制度改革（1978—1993 年）

1980 年 9 月公布实施《中华人民共和国中外合资经营企业所得税法》和《中华人民共和国个人所得税法》，1982 年 1 月实施《中华人民共和国外国企业所得税法》，明确规定对中外合资企业、外国企业和外国人继续征收工商统一税、城市房地产税、车船使用牌照税，初步形成了涉外税收制度体系。

1983 年 6 月全国试行第一步“利改税”，国营企业开始普遍推行“利改税”制度。主要内容有：①凡有盈利的国营大中型企业按 55% 的税率缴纳所得税，税后利润在合理留利后以 1982 年为基数采取递增包干上缴、固定比例上缴、缴纳调节税、定额包干上缴等办法上缴国家；②国营小企业按八级超额累进税率缴纳所得税，最低一档的税率为 7%，最高档的税率为 55%。

1984 年 10 月推行第二步“利改税”，将国营企业上缴利润全部改为分别按 11 个税种向国家交税。主要内容有：①工商税分解为产品税、增值税、盐税和营业税，分别适用于不同的企业；②对原油、天然气、煤炭等矿产品开征资源税；③开征和恢复城市维护建设税、房产税、土地使用税、车船使用税；④对盈利的国营企业征收所得税，大中型企业按 55% 的比例税率征收，小型国营企业按新的八级超额累进税率征收；⑤对国营大中型企业征收调节税（一户一率），利润增长部分减征调节税。

20世纪80年代后期,我国进一步完善了税收制度。在所得税方面,改进了国营企业所得税制度,调整了城乡个体工商业户所得税,开征了私营企业所得税、个人收入调节税等。在流转税方面,调整了增值税、产品税的征税范围,增设了营业税税目等。此外,在建筑税的基础上改征固定资产投资方向调节税,改进了房产税,先后开征了特别消费税、筵席税、城镇土地使用税、耕地占用税等。

三、社会主义市场经济时期的税制改革(1994年至今)

(一)1994年税收制度的全面改革

1994年全面改革了流转税制度,建立了以增值税为主体的新流转税制。对外资企业停止征收原工商统一税,内资企业和外商投资企业统一征收流转税。流转税包括增值税、消费税、营业税,对工业生产领域和批发零售商业在生产和流通环节普遍征收增值税,对特定消费品征收消费税,对提供劳务、转让无形资产和销售不动产征收营业税,原来征收产品税的农、林、牧、水产品改为征收农业特产税和屠宰税。

全面改革了所得税制度,对国营企业、集体企业、私营企业以及股份制和各种形式的联营企业实行统一的企业所得税制度。取消了分别设置的国营企业所得税、国营企业调节税和向国营企业征收国家能源交通重点建设基金、政府预算调节基金,将国营企业、集体企业和私营企业缴纳的各种所得税合并为统一的企业所得税。将原个人所得税、个人收入调节税、城乡个体工商业户所得税统一为个人所得税,分不同项目规定不同的扣除标准,分别采用超额累进税率和比例税率。

我国调整、撤并和开征了其他一些税种。调整了资源税、城市维护建设税和城镇土地使用税,取消了集市交易税、牲畜交易税、燃油特别税、资金税和工资调节税,开征了土地增值税、证券交易印花税,将特别消费税、燃油特别税并入消费税。

(二)1994年以后的税收制度调整

1. 流转税系的税制调整

2004年7月,我国在东北地区装备制造业、石油化工业等8大行业进行了增值税转型试点改革,2007年7月将试点范围扩大到中部6省26个老工业基地城市的电力业、采掘业等8大行业;2008年7月将试点范围扩大到内蒙古自治区东部5个盟市和四川汶川地震受灾严重地区。2009年1月,在全国范围内全面实施增值税转型改革,允许全国范围内的所有增值税一般纳税人抵扣其新购进设备所含的进项税额。

2006年4月,对现行消费税的税目、税率进行了1994年税制改革以来最大规模的调整,新增高尔夫球及球具、高档手表、游艇、木制一次性筷子、实木地板等税目,增列成品油税目(原汽油、柴油税目作为该税目的子目,新增石脑油、溶剂油、润滑油、燃料油、航空煤油5个子目),取消护肤护发品税目,调整白酒、小汽车、摩托车、汽车轮胎等部分税目的税率。2008年,再次提高了大排量乘用车的消费税税率,降低了小排量乘用车的消费税税率。2009年1月实施成品油税费改革,取消原在成品油价外征收的公路养路费、航道养护费、公路运输管理费、公路客货运附加费、水路运输管理费、水运客货运附加费6项收费,逐步取消政府还贷二级公路收费。2009年5月,提高了卷烟生产环节的消费税税率,调整了卷烟生产环节的消费税计税价格。

2011 年 11 月，财政部、国家税务总局联合下发营业税改征增值税试点方案和印发《交通运输业和部分现代服务业营业税改征增值税试点实施办法》《交通运输业和部分现代服务业营业税改征增值税试点有关事项的规定》和《交通运输业和部分现代服务业营业税改征增值税试点过渡政策的规定》。2012 年 1 月 1 日起在上海交通运输业（包括陆路运输、水路运输、航空运输、管道运输）和部分现代服务业（包括研发和技术、信息技术、文化创意、物流辅助、有形动产租赁、鉴证咨询）开展营业税改征增值税试点。2012 年 8 月，营业税改征增值税试点地区扩大至北京、天津、江苏、浙江、安徽、福建、湖北、广东和厦门、深圳 10 个省市。2013 年 8 月 1 日在全国范围内开展交通运输业和部分现代服务业营业税改征增值税试点，并将广播影视作品的制作、播映、发行等纳入试点范围。2014 年 1 月 1 日起，将铁路运输和邮政服务业纳入营业税改征增值税试点，至此交通运输业已全部纳入营改增范围。2015 年 5 月，营改增的最后 3 个行业建安房地产、金融保险、生活服务业的营改增方案将推出，不排除分行业实施的可能性。其中，建安房地产的增值税税率暂定为 11%，金融保险、生活服务业为 6%。进入 2015 年下半年后，中国或将全面告别营业税。时任财政部部长的楼继伟在全国财政工作会议上表示，2016 年将全面推开“营改增”改革，将建筑业、房地产业、金融业和生活服务业纳入试点范围。2017 年 10 月 30 日，国务院常务会议通过《国务院关于废止〈中华人民共和国营业税暂行条例〉和修改〈中华人民共和国增值税暂行条例〉的决定（草案）》，标志着实施 60 多年的营业税正式退出历史舞台。

从 2018 年 5 月 1 日起，将制造业等行业增值税税率从 17% 降至 16%，将交通运输、建筑、基础电信服务等行业及农产品等货物的增值税税率从 11% 降至 10%。统一增值税小规模纳税人标准，将工业企业和商业企业小规模纳税人的年销售额标准由 50 万元和 80 万元上调至 500 万元，并在一定期限内允许已登记为一般纳税人的企业转登记为小规模纳税人，让更多企业享受按较低征收率计税的优惠。对装备制造等先进制造业、研发等现代服务业符合条件的企业和电网企业在一定时期内未抵扣完的进项税额予以一次性退还。

2. 所得税系的税制调整

2007 年 3 月 16 日，第十届全国人民代表大会第五次会议审议通过了《中华人民共和国企业所得税法》，废止了《中华人民共和国企业所得税暂行条例》和《中华人民共和国外商投资企业和国外企业所得税法》。新企业所得税法自 2008 年 1 月 1 日起施行，结束了两套内外有别的企业所得税税法的历史。

2006 年 1 月，我国工资、薪金所得个人所得税的费用扣除标准提高到 1 600 元，2008 年 3 月提高到 2 000 元。2010 年 1 月，对个人转让上市公司限售股取得的所得开始征收个人所得税。2011 年 6 月 30 日通过了《全国人民代表大会常务委员会关于修改〈中华人民共和国个人所得税法〉的决定》，自 2011 年 9 月 1 日起施行。此次个人所得税法修改的主要内容有：①提高工资薪金所得费用扣除标准，将费用扣除标准由现行的 2 000 元 / 月提高到 3 500 元 / 月；②调整工资薪金所得税率结构，将现行 9 级超额累进税率减少为 7 级，并对级距作相应调整，超额累进税率中第 1 级由 5% 降低到 3%；③调整了个体工商户生产经营所得和承包承租经营所得税率级距，将生产经营所得税率表第一级级距由年应纳税所得额5 000元调整为15 000元，其他各档的级距也相应作了调整。2018年8月31日，第十三届全国人民代表大会常务委员会第五次会议《关于修改〈中华人民共和国个人所得税法〉的决定》，将个税免征额由3 500元提高到5 000元。减税向中低收入倾斜。新个税法规定，历经此次修法，个税的部分税率级距进一步优化调整，扩大3%、10%、20%三档低税率的级距，缩小25%税率的级距，30%、35%、45%三档较高税率级距不变。多项支出可抵税，在扣除基本减除费用标准和“三险一金”等专项扣除外，还增加了专项附加扣除项目。新个税法规定：专项附加扣除，包括子女教育、继续教育、大病医疗、住房贷款利息或者住房租金、赡养老人等支出，具体范围、标准和实施步骤由国务院确定，并报全国人大常委会备案。新个税法于2019年1月1日起施行，2018年10月1日起施行最新起征点和税率。新个税法规定，自2018年10月1日至2018年12月31日，纳税人的工资、薪金所得，先行以每月收入额减除费用5 000元以及专项扣除和依法确定的其他扣除后的余额为应纳税所得额，依照个人所得税税率表（综合所得适用）按月换算后计算缴纳税款，并不再扣除附加减除费用。

3. 其他税系的税制调整

2000年10月，国务院颁布了《中华人民共和国车辆购置税暂行条例》，2001年1月1日起在全国范围内征收车辆购置税，同时取消车辆购置附加费。2007年1月，新修订的《中华人民共和国城镇土地使用税暂行条例》正式实施，将外商投资企业和外国企业也纳入了城镇土地使用税的纳税人范围。

2010年6月在新疆进行资源税改革试点，将原油、天然气资源税由从量计征改为从价计征。2010年12月油气资源税改革扩大到整个西部地区。2011年9月30日公布了《国务院关于修改〈中华人民共和国资源税暂行条例〉的决定》，2011年10月28日财政部、税务总局发布了《中华人民共和国资源税暂行条例实施细则》。修改后的资源税暂行条例及其实施细则规定，从2011年11月1日起，在全国范围全面实施原油、天然气资源税的从价计征改革，取消对中外合作油气田和海上自营油气田征收的矿区使用费，统一中外油气企业资源税收制度。

2005年12月29日，第十届全国人民代表大会常务委员会第十九次会议决定，自2006年1月1日起，废止1958年6月3日通过的《中华人民共和国农业税条例》，在全国范围内彻底取消农业税。2010年10月18日，发布了《国务院关于统一内外资企业和个人城市维护建设税和教育费附加制度的通知》，决定对外商投资企业、外国企业及外籍个人（以下统称外资企业）征收城市维护建设税和教育费附加。2010年10月18日，发布了《国务院关于统一内外资企业和个人城市维护建设税和教育费附加制度的通知》，决定统一内外资企业和个人城市维护建设税和教育费附加制度。

四、我国税收制度的改革方向

我国税收制度的改革方向是为企业减负，改革完善增值税，按照减少增值税税收档次的方向调整税率水平，增值税的税率将要由三档调整为两档。为企业减税减负，是过去一直在做、未来也要继续做的事情。减税也面临着“国际竞争”。减税已经从区域竞争上升为国际竞争。随着特朗普减税方案的出台,欧洲的很多国家,亚洲的日本、韩国等国家都开始着手于减税方案的设计。因此,我国的减税方案不仅顺应了世界潮流,同时也是增强产品国际竞争力的重要手段。减税要和税制改革结合起来,从间接税为主转变为直接税为主,从而真正减轻企业负担。目前,我国的个人所得税将免税额从 3 500 元提高到 5 000 元,个人所得税占我国总税收的份额不足 5%。个人所得税改革的关键是扩大税基,让真正富有的人成为税收的主要贡献力量。2008 年全年政府将再为企业和个人减税 8 000 多亿元。

本章小结

1. 税收制度的构成要素包括纳税人、课税对象、税率、纳税环节、纳税期限、纳税地点、税收优惠、税收附加与加成等。

2. 税率分为比例税率、累进税率、定额税率、虚拟税率,累进税率分为全额累进税率和超额累进税率,虚拟税率包括名义税率、实际税率、平均税率、边际税率。

3. 公平课税理论核心内容是税收公平,倡导最理想的税制就是根据综合所得对宽所得税基征收累进的个人直接税。

4. 最优课税理论不仅关注资源配置的效率,还考虑收入分配的公平性。最优课税理论包括商品课税理论、最优所得税理论、所得税与商品税的最优搭配理论。

5. 我国税收制度演变历程分为计划经济时期的税制改革、有计划的商品经济时期的税收制度改革、社会主义市场经济时期的税制改革三个阶段。

思考与练习

1. 简述公平课税理论的核心内容。
2. 分析全额累进税率和超额累进税率的区别。
3. 解释拉姆齐法则和逆弹性法则。
4. 依据最优税收理论解释所得税与商品税如何进行最优搭配?
5. 分析我国税收制度的改革方向。

第九章　流转税

教学要求

通过学习，学生应掌握现行增值税制的主要内容、增值税的计算、现行消费税制的主要内容、消费税的计算；理解流转税的特征和功能、增值税的概念与特征、增值税出口退（免）税、消费税的概念与特征、关税的计算；了解增值税的类型、关税的分类、关税制度的主要内容。

重点难点

本章的学习重点是现行增值税制的主要内容、现行消费税制的主要内容、流转税的特征和功能；难点是增值税的计算、消费税的计算、关税的计算。

第一节　流转税概述

一、流转税的概念

流转税，又称商品课税，是指以流转额为课税对象的税类。流转额包括商品流转额和非商品流转额。商品流转额是指在商品流转过程中发生的交易额，表现为买方的商品销售额和买方的商品采购额。非商品流转额是指提供劳务发生的营业额，表现为各种劳务收入或服务性业务收入金额。流转税是商品生产和商品交换的产物，各种流转税（例如增值税、消费税、关税）是政府财政收入的重要来源。

二、流转税的特征

（一）课税具有转嫁性和隐蔽性

流转税可以税负转嫁，其纳税人与负税人通常是分离的。纳税人可以通过前转、后转和混合转嫁等形式将税负转嫁出去，并不是真正的负税人，真正的负税人其实是消费者或供货者（大多数情况下负税人都是消费者）。随着价格的波动，负税人对税收负担变化的感受并不直接。

（二）价格变动对税收影响较大

流转税主要针对流转额征收，多为从价征收。无论是对商品流转额的课征，还是对非商品流转额的课征，流转税与价格有密切的关系。在商品或劳务的交易过程中，价格的升降变动会导致商品流转额、非商品流转额的升降，在既定的税率下，也导致了税收收入的升降。

（三）征税简便，易于征管

流转税的计税依据为流转额，与商品成本、纳税人盈利水平无关。除少数税种或税目实行定额税率外，普遍按比例税率征收，计征非常简便。与财产税、所得税相比，流转税主要采用从价定率或从量定额征收，征稽和管理比较容易。

（四）税负承担具有累退性

流转税的课征一般采用比例税率，不分课税对象大小，都按相同比例征收。由于税前扣除项目、税收抵免、税率优惠、税额减免等税收优惠的存在，导致了流转额的累退性。这是因为，对于同一课税对象而言，尽管法定税基和适用的名义税率都相同，但由于税收优惠的存在，纳税人的实际课税的税基和实际纳税额也存在较大差异。流转额越高，存在税收优惠的情况下，纳税人的实际税率（实际承担的税额占法定税基的比例）就越小。

流转税主要针对商品和劳务征税，由于个人消费商品或劳务的数量多少与个人收入的多少并无必然关联，且随着收入的增加，个人消费性支出在收入中的比重逐渐减少。

三、流转税的作用

（一）稳定取得财政收入

流转税以商品和商业性劳务为征税对象，只要有商品交换、生产和商业性劳务的提供，并产生了交易额，就要征收流转税。流转税的课税非常广泛，涉及各类产业，既包括对境内销售商品取得的销售收入和提供劳务所得的营业收入征税，也包括对进口商品的进口价格和出口商品的销售价格征税，税源比较充足。流转税以商品流转额或劳务的发生额为征税对象，与商品成本和盈利水平无关，一般不受生产、经营成本和费用变化的影响。因此，在保证财政收入的稳定性方面，商品税具有其他税种不可替代的作用。

（二）调节生产和消费

流转税和价格有密切的关系，在从价税的情况下，政府可以通过税种、税率、征税范围的调整和各种税收优惠等措施导致价格的变化，充分利用价格机制引导资源的合理配置，进而起到调节生产的作用。流转税能够随着价格的变化实现转嫁，而且大多数情况下税负以消费领域作为最终的归宿，政府通过流转税制度的政策的调整，起到调节消费的作用。一般而言，作为从价税的流转税具有收入效应和替代效应，收入效应能够直接调节消费者的消费水平，而替代效应影响消费者的行为选择。政府可以针对不同需求弹性的商品，运用差异化的税率有效调节消费。

（三）实现国家的经济政策目标

由于流转税和价格有着密切的关系，政府通过充分调整流转税的政策和制度，借助于价格机制，体现国家的产业政策和消费政策。增值税的征收最能体现税收的经济效率原则。政府征收增值税，不仅不会影响到纳税人经营行为的选择，还能通过增值税专用发票制度规范纳税人的生产经营活动和经济核算行为，通过进项税额抵扣减轻纳税人负担和促进企业的技术升级和设备更新改造，通过减免政策刺激投资、扩大需求和促进经济结构的调整。消费税是以特定的消费品为征税对象，政府可以通过对消费税范围、消费税税率的调整等措施引导消费方向和调整消费结构。例如，政府为实现环境保护和节能减排目标，可以将过度消耗资源的、容易产生污染的、依赖不可再生资源生产的消费品纳入消费税的征税范围，并且提高税率，就可以限制对这些消费品的生产和消费。

不同商品或商业性服务的需求弹性和供给弹性有所不同，流转课税对经济资源配置产生的扭曲程度也有所不同。一般来说,需求弹性或供给弹性越大的商品产生的超额税负担就越大。为优化资源的配置,消除流转课税的超额负担,政府可以实施差别化的税率。

第二节 增值税

一、增值税的概念

增值税是对在我国境内销售货物或提供加工修理修配劳务,销售服务、无形资产或者不动产以及进口货物的单位和个人,就其销售货物或提供应税劳务和应税服务的销售额以及进口货物金额计税并实行税款抵扣制的一种流转税。具体包括:销售服务、交通运输服务、邮政服务、电信服务、建筑服务、金融服务、现代服务、生活服务、销售无形资产、销售不动产。

增值税最早发源于丹麦,法国于 1954 年开始实施,以后在西欧和北欧各国迅速推广,现在已经成为许多国家广泛采用的一个国际性税种。增值税之所以能够在世界上众多国家推广,是因为其具有:体现税收中性,普遍征税、道道征税,实行税款抵扣制度,实行价外税制度等特点。

二、增值税的特征

(一)体现税收中性

增值税以增值额为课税对象,排除了重复征税。对于同一商品,只要增值额相同,无论经过多少流转环节,税负都会相同。

(二)普遍征税、道道征税

增值税在商品生产、批发、零售、进口环节和劳务提供的各环节,向纳税人普遍征收。增值税按纳税环节征收,只要有一道生产、经营环节就征一道税,但只对增值额征收。

(三)实行税款抵扣制度

征收增值税时,允许扣除购进项目的已纳税款,即按增值额征税。同一商品、劳务的销售额相同,不论经营环节多少,税负始终保持一致。

(四)实行价外税制度

增值税价税分计,作为计税依据的销售额中不包含增值税税额。

三、增值税的类型

根据对外购固定资产所含税金扣除方式的不同,增值税制分为生产型、收入型和消费型三种类型。

(一)生产型增值税

生产型增值税的特点是计算增值税时,不允许扣除任何外购固定资产的价款,在这种情况下,法定增值额作为增值税的课税基础,除包括纳税人新创造的价值外,还包括当期计入成本的外购固定资产价款部分,即法定增值额相当于当期工资、奖金、利润、利息、租金、股息等理论增值额与折旧额之和。从整个国民经济角度来讲,这一课税基础在统计口径上大致相当于国民生产总值,所以将这种类型的增值税称为生产型增值税。

实行生产型增值税,不允许扣除外购固定资产的已纳税金,意味着这种类型增值税的税基包含了外购固定资产的价款,这样就存在对固定资产价值重复征税的问题。因此,生产型增值税是一种不彻底的增值税，对于资本有机构成高的行业的发展以及加快技术进步有不利影响。但是，由于这种类型增值税的法定增值额大于理论上的增值额，因而有利于扩大财政收入。

（二）收入型增值税

收入型增值税的特点是计算增值税时，不允许将当期购入的固定资产的价款一次全部扣除，只允许扣除纳税期内应计入产品价值的折旧费部分，即作为这种类型增值税课税基础的法定增值额，大体相当于纳税人当期工资、资金、利润、利息、租金、股息等各个增值项目之和。从整个国民经济来看，这一课税基础相当于国民收入，所以这种类型的增值税又叫收入型增值税。

收入型增值税的法定增值额与理论增值额一致，在理论上它是一种标准的增值税，可以在固定资产的折旧期内逐步解决重复征税的问题。然而，在实行这种类型的增值税时，一方面需要划分外购和自制固定资产，另一方面外购固定资产价款是以计提折旧的方式分期转入产品价值的，使得凭发票扣税的计算方法在操作上存在一定困难，进而影响了该种类型增值税的广泛应用。目前，实行收入型增值税的国家只有阿根廷、摩洛哥等国家。

（三）消费型增值税

消费型增值税的特点是计算增值税时，允许将纳税期内购入的全部固定资产的价款一次扣除。这种类型的增值税的法定增值额为纳税人当期的销售收入总额扣除外购的全部生产资料（流动资产与固定资产）价款后的余额。从整个国民经济来看，该种类型的增值税相当于生产资料不征税，其课税基础仅限于消费资料，因此称为消费型增值税。

消费型增值税对于扩大固定资产投资具有较强的激励效应，固定资产的基本特点是价值量大，而且其价值通常要在较长的使用周期内以折旧的方式逐步转移到产品价值中去。实行消费型增值税，允许外购固定资产的已纳税金在当期一次性全部扣除，实际上具有提前补偿固定资产价值的性质，在客观上可以发挥鼓励投资、加速设备更新的作用。由于这种类型增值税的法定增值额小于理论增值额，因而从静态上看，它对组织财政收入也具有一定的不利影响。

【例 9-1】 假定某企业纳税期限内货物销售额为 88 万元，从外单位购入的原材料等流动资产价款为 34 万元，购入机器设备等固定资产价款为 30 万元，当期计入成本的折旧费用为 6 万元。根据上述条件计算该企业理论增值额以及在不同国家增值税制度下的法定增值额，见表 9-1。

表 9-1　不同国别的法定增值额

（万元）

国别	货物销售额	允许扣除外购流动资产价款	允许扣除外购固定资产价款	法定增值额	理论增值额	法定增值额与理论增值额差值	增值税类型
甲国	88	34	0	54	48	6	生产型
乙国	88	34	6	48	48	0	收入型
丙国	88	34	30	24	48	–24	消费型

四、增值税的征税范围

增值税的征税范围包括在境内销售货物，提供应税劳务、提供应税服务以及进口货物。境内是指销售货物的起运地或者所在地在境内，提供的应税劳务发生在境内。根据《中华人民共和国增值税暂行条例实施细则》的规定，货物是指有形动产，包括电力、热力、气体在内；加工是指受托加工货物，即委托方提供原料及主要材料，受托方按照委托方的要求，制造货物并收取加工费的业务；修理修配是指受托对损伤和丧失功能的货物进行修复，使其恢复原状和功能的业务。

（一）征税范围的一般规定

1. 销售或者进口的货物

货物是指有形动产，包括电力、热力、气体在内。销售货物是指有偿转让货物的所有权。

2. 提供的应税劳务

应税劳务是指纳税人提供的加工、修理修配劳务。加工是指受托加工货物，即委托方提供原料及主要材料，受托方按照委托方的要求制造货物并收取加工费的业务。提供应税劳务指有偿提供的加工、修理修配劳务。单位或者个体工商户聘用的员工为本单位或者雇主提供加工、修理修配劳务的，不包括在内。有偿是指从购买方取得货币、货物或者其他经济利益。

3. 发生应税行为

应税行为是指销售应税服务、无形资产和不动产。其中。应税服务包括交通运输服务、邮政服务、电信服务、建筑服务、金融服务、现代服务和生活服务。但是，单位或个体工商户聘用的员工为本单位或雇主提供并取得工资的服务以及单位或个体工商户为聘用的员工提供的服务不包括在内。销售服务、无形资产和不动产是指有偿提供服务、有偿转让无形资产或不动产。

（二）征税范围的具体规定

1. 属于征税范围的特殊项目

（1）货物期货应当征收增值税，在期货的实物交割环节纳税。交割时采取由期货交易所开具发票的，以期货交易所为纳税人；交割时采取由供货的会员单位直接将发票开给购货会员单位的，以供货会员单位为纳税人。

（2）银行销售金银的业务，应当征收增值税。

（3）典当业的死当物品销售业务和寄售业代委托人销售寄售物品的业务，均应征收增值税。

（4）电力公司向发电企业收取的过网费，应当征收增值税。

（5）对从事热力、电力、燃气、自来水等公用事业的增值税纳税人收取的一次性费用，凡与货物的销售数量有直接关系的，征收增值税；凡与货物的销售数量无直接关系的，不征收增值税。

（6）印刷企业接受出版单位委托，自行购买纸张，印刷有统一刊号（CN）以及采用国际标准书号（ISBN）编序的图书、报纸和杂志，按货物销售征收增值税。

（7）对增值税纳税人收取的会员费收入不征收增值税。

（8）各燃油电厂从政府财政专户取得的发电补贴不属于增值税规定的价外费用，不计入应税销售额，不征收增值税。

（9）纳税人提供的矿产资源开采、挖掘、切割、破碎、分拣、洗选等劳务，属于增值税应税劳务，应当缴纳增值税。

2. 属于征税范围的特殊行为

1）视同销售货物或视同提供应税服务的行为

（1）将货物交付其他单位或者个人代销。

（2）销售代销货物。

（3）设有两个以上机构并实行统一核算的纳税人，将货物从一个机构移送至其他机构用于销售，但相关机构设在同一县（市）的除外。

（4）将自产、委托加工的货物用于集体福利或者个人消费。

（5）将自产、委托加工或者购进的货物作为投资，提供给其他单位或者个体工商户。

（6）将自产、委托加工或者购进的货物分配给股东或者投资者。

（7）将自产、委托加工或者购进的货物无偿赠送其他单位或个人。

（8）单位或者个体工商户向其他单位或者个人无偿提供应税服务，但以公益活动为目的或者以社会公众为对象的除外。

（9）单位或者个人向其他单位或者个人无偿转让无形资产或者不动产，但用于公益事业或者以社会公众为对象的除外。

2）混合销售行为

一项销售行为如果既涉及服务又涉及货物，即为混合销售。判断混合销售行为的标准有两个：一是其销售行为必须是一项行为；二是该项行为必须既涉及服务又涉及货物，其中货物是指有形动产，包括电力、热力和气体在内；服务是指改征增值税范围的交通运输业服务、建筑服务、金融服务、邮政服务、电信服务、现代服务和生活服务等。

3）兼营行为

兼营行为是指货物的销售与劳务的提供完全是独立的两项行为。纳税人兼营销售货物、劳务、服务、无形资产或者不动产，适用不同税率或者征收率的，应当分别核算适用不同税率或者征收率的销售额；未分别核算的，从高适用税率。

五、增值税的纳税人

2017年10月30日，国务院第191次常务会议通过《国务院关于废止〈中华人民共和国营业税暂行条例〉和修改〈中华人民共和国增值税暂行条例〉的决定》。根据规定，在中华人民共和国境内销售货物或者加工、修理修配劳务，销售服务、无形资产、不动产以及进口货物的单位和个人，为增值税的纳税人。单位是指企业、行政单位、事业单位、军事单位、社会团体及其他单位。个人是指个体工商户和其他人。

（一）一般纳税人

一般纳税人是指年应税销售额超过财政部、国家税务总局规定标准的纳税人。年应税销售额是指纳税人在连续不超过12个月的经营期内累计应征增值税的销售额。

一般纳税人的标准如下：

（1）从事货物生产或提供应税劳务的纳税人，以及以从事货物生产或提供应税劳务为主并兼营货物批发或零售的纳税人，年应税销售额超过50万元的；

（2）对上述规定以外的原增值税纳税人年应税销售额超过80万元的；

（3）营改增之后从事应税服务的纳税人年应税销售额在500万元以上的；

（4）营改增之前已取得增值税一般纳税人资格并兼有应税服务的纳税人；

（5）营改增之前应税服务年销售额未超过500万元的纳税人，如符合相关规定条件，也可以向主管税务机关申请增值税一般纳税人资格认定；

（6）年应税销售额未超过规定标准的纳税人，会计核算健全，能够提供准确税务资料的，可以向主管税务机关办理一般纳税人资格登记，成为一般纳税人。

（二）小规模纳税人

小规模纳税人是指年销售额在规定标准以下且会计核算不健全，难以按税法规定准确提供纳税资料的增值税纳税人。会计核算不健全是指不能正确核算增值税的销项税额、进项税额和应纳税额。

小规模纳税人的标准如下：

（1）原增值税纳税人从事货物生产或者提供应税劳务的纳税人，以及以从事货物生产或提供应税劳务为主并兼营货物批发或零售的纳税人，年应税销售额在50万元及50万元以下的；

（2）对上述规定以外的原增值税纳税人年应税销售额在80万元及80万元以下的；

（3）营改增之后从事应税服务的纳税人年应税销售额在500万元及500万元以下的；

（4）年应税销售额超过规定标准的其他个人按小规模纳税人纳税；

（5）年应税销售额超过规定标准但不经常发生应税行为的单位和个体工商户可选择按照小规模纳税人纳税；

（6）兼有销售货物、提供加工修理修配劳务和应税行为且不经常发生销售货物、提供加工修理修配劳务和应税行为的单位与个体工商户，可选择按照小规模纳税人纳税。

六、增值税的税率和征收率

财政部和国家税务总局发布《关于简并增值税税率有关政策的通知》，2017年7月1日起，简并增值税税率结构，取消13%的增值税税率，并明确了适用11%税率的货物范围和抵扣进项税额规定。从2018年5月1日起，将制造业等行业增值税税率从17%降至16%，将交通运输、建筑、基础电信服务等行业及农产品等货物的增值税税率从11%降至10%。

税率是指应纳税额与征税对象数额之间的比例，是计算应纳税额的尺度。税率是在税收法律中明确定义的，是税法的构成要素，如增值税税率分为：16%、10%、6%、0%。征收率是指在纳税人因财务会计核算制度不健全，不能提供税法规定的课税对象和计税依据等资料的条件下，由税务机关经调查核定，按与课税对象和计税依据相关的其他数据计算应纳税额的比例。征收率则不是税法的构成要素，是征对特定纳税主体的特定课税对象设定的，如增值税中对小规模纳税人按3%的征收率计征增值税。

(一)增值税的税率

1. 适用13%税率

(1)销售货物或者提供加工、修理修配劳务以及进口货物。

(2)提供有形动产租赁服务。

2. 适用9%税率

(1)提供交通运输服务:陆路运输、水路运输、航空运输、管道运输。

(2)农产品(含粮食)、自来水、暖气、石油液化气、天然气、食用植物油、冷气、热水、煤气、居民用煤炭制品、食用盐、农机、饮料、农药、农膜、化肥、沼气、二甲醚、图书、报纸、杂志、音像制品、电子出版物。

(3)提供邮政服务。

(4)提供基础电信服务。

(5)提供建筑服务。

(6)提供不动产租赁服务。

(7)销售不动产。

(8)转让土地使用权。

3. 适用6%税率

(1)提供增值电信服务。

(2)提供现代服务业服务:研发和技术服务、信息技术服务、文化创意服务、物流辅助服务、鉴证咨询服务。

(3)提供金融服务。

(4)提供生活服务。

(5)提供广告代理服务。

(6)转让土地使用权以外的其他无形资产。

4. 适用0%税率

(1)纳税人出口货物,税率为零,国务院另有规定的除外。

(2)境内单位和个人发生的跨境应税行为。

①国际运输服务。国际运输服务包括在境内载运旅客或者货物出境、在境外载运旅客或者货物入境、在境外载运旅客或者货物。

②航天运输服务。

③向境外单位提供的完全在境外消费的研发服务、合同能源管理服务、设计服务、广播影视节目(作品)的制作和发行服务、软件服务、电路设计及测试服务、信息系统服务、业务流程管理服务、离岸服务外包业务、转让技术。

④财政部和国家税务总局规定的其他服务。

（二）增值税的征收率

1. 小规模纳税人

小规模纳税人经营规模小且会计核算不健全，其增值税实行按销售额与征收率计算应纳税额的简易办法。小规模纳税人增值税征收率为3%，财政部和国家税务总局另有规定的除外。

2. 采用简易征收办法的一般纳税人

（1）一般纳税人销售以下物品，暂按简易办法依照3%征收率计算缴纳增值税。

①寄售商店代销寄售物品（包括居民个人寄售的物品在内）。

②典当业销售死当物品。

③经国务院或国务院授权机关批准的免税商店零售的免税品。

（2）一般纳税人销售自产的下列货物，可选择按照简易办法依照3%征收率计算缴纳增值税。

①县级及县级以下小型水力发电单位生产的电力。小型水力发电单位是指各类投资主体建设的装机容量为5万千瓦以下（含5万千瓦）的小型水力发电单位。

②建筑用和生产建筑材料所用的砂、土、石料。

③以自己采掘的砂、土、石料或其他矿物连续生产的砖、瓦、石灰（不含黏土实心砖、瓦）。

④用微生物、微生物代谢产物、动物毒素、人或动物的血液或组织制成的生物制品。

⑤自来水。

⑥商品混凝土（仅限于以水泥为原料生产的水泥混凝土）。

一般纳税人选择简易办法计算缴纳增值税后，36个月内不得变更。

3. 关于征收率的特殊规定

（1）一般纳税人销售自己使用过的属于《中华人民共和国增值税暂行条例》第十条规定不得抵扣且未抵扣进项税额的固定资产，按照简易办法依照3%征收率减按2%征收增值税。一般纳税人销售自己使用过的除固定资产以外的物品，应当按照适用税率征收增值税。

（2）小规模纳税人销售自己使用过的固定资产，减按2%征收率征收增值税。小规模纳税人销售自己使用过的除固定资产以外的物品，应按3%征收率征收增值税。

七、增值税的计算

（一）一般计税方法应纳税额的计算

增值税一般纳税人销售货物或者提供应税劳务和应税服务适用一般计税方法计税。应纳税额的计算主要采用国际上通行的购进扣税法，即从销项税额中抵扣进项税额，间接计算出当期增值税的应纳税额。

增值税应纳税额 = 当期销项税额 − 当期进项税额

1. 销项税额的确定

销项税额是指纳税人销售货物或者应税劳务和应税服务时，按照销售额或提供应税劳务和应税服务收入额和适用税率计算并向购买方收取的增值税税额。

销项税额＝销售额 × 税率

在适用税率既定的前提下，销项税额的大小主要取决于销售额的大小。增值税适用税率的选择是比较简单的，因而销项税额计算的关键就是如何确定作为增值税计算依据的销售额。

【例 9-2】 某企业为一般纳税人，本月销售商品取得销售收入 10 万元（不含税），本月购进一批生产商品用的原材料，增值税专用发票注明的进项税额为 8 500 元，计算该企业应缴的增值税。

解：销项税额 =100 000 × 16%=16 000（元）

应纳税额 =16 000–8 500=7 500（元）

1）一般销售方式下的销售额

销售额是指纳税人销售货物或者应税劳务和应税服务向购买方收取的全部价款和价外费用。销项税额也是销售方向购买方收取的，但是由于增值税采用价外计税方式，用不含税价作为计税依据，因而销售额中不包括向购买方收取的销项税额。

价外费用是指价外向购买方收取的手续费、补贴、基金、集资费返还利润、奖励费、违约金（延期付款利息）、包装费、包装物租金、储备费、优质费、运输装卸费、代收款项、代垫款项及其他各种性质的价外收费。但是不包括如下几项。

（1）向购买方收取的销项税额。

（2）受托加工应征消费税的消费品所代收代缴的消费税。

（3）同时符合以下条件的代垫运费：承运部门的运费发票开具给购货方的；纳税人将该项发票转交给购货方的。

（4）符合条件代为收取的政府性基金和行政事业性收费。

（5）销货同时代办保险收取的保险费、代购买方缴纳的车辆购置税、车辆牌照费。

2）特殊销售方式下的销售额

在销售活动中，为了达到促销的目的，有多种销售方式。不同销售方式下，销售者取得的销售额会有所不同。对不同销售方式如何确定其计征增值税的销售额，既是纳税人关心的问题，也是税法必须分别予以明确规定的事情。税法对以下几种销售方式分别作了规定。

（1）折扣方式销售。折扣销售是指销货方在销售货物或提供应税劳务和应税服务时，因购货方购货数量较大等原因而给予购货方的价格优惠。根据税法规定，纳税人采取折扣方式销售货物，销售额和折扣额在同一张发票上分别注明，可以按折扣后的销售额征收增值税；如果将折扣额另开发票，不论其在财务上如何处理，均不得从销售额中减除折扣额。

折扣销售不同于销售折扣。销售折扣是指销货方在销售或提供应税劳务和应税服务后，为了鼓励购货方及早偿还货款而协议许诺给予购货方的一种折扣优待。销售折扣发生在销货之后，是一种融资性质的理财费用，因此，销售折扣不得从销售额中减除。企业在研究销售额时应把折扣销售与销售折扣严格区分开。

销售折扣又不同于销售折让。销售折让是货物销售后，由于其品种、质量等原因购货方未予退货，但销货方需给予购货方的一种价格折让。销售折让与销售折扣相比较，虽然都是在货物销售后发生的,但因为销售折让是由于货物的品种和质量引起的销售额的减少,因此,对销售可按折让后的货款作为销售额。

折扣销售仅限于货物价格的折扣,如果销货者将自产、委托加工和购买的货物用于实物折扣的,则该实物不能从货物销售额中减除,且该实物应按增值税条例"视同销售货物"中的"赠送他人"计算征收增值税。

(2)以旧换新方式销售。以旧换新销售是指纳税人在销售货物时,折价收回同类旧货物,并以折价款部分冲减新货物价款的一种销售方式。根据税法规定,采取以旧换新的方式销售货物的,应按新货物的同期销售价格确定销售额,不得扣减旧货物的收购价格。但是对金银首饰以旧换新的业务,可以按销售方实际收取的不含增值税的全部价款征收增值税。

(3)还本销售方式销售。还本销售是指纳税人在销售货物后,到一定期限将货款一次或分次退还给购货方全部或部分价款的一种销售方式。这种方式实际上是一种筹资,是以货物换取资金的使用价值,到期还本不付息的方法。根据税法规定,采取还本销售方式销售货物,其销售额就是货物的销售价格,不得从销售额中减除还本支出。

(4)以物易物方式销售。以物易物是指购销双方不是以货币结算,而是以同等价款的货物相互结算,实现货物购销的一种方式。根据税法的规定,以物易物双方都应作购销处理,以各自发出的货物核算销售额并计算销项税额,以各自收到的货物按规定核算购货额并计算进项税额。在以物易物活动中,应分别开具合法的票据,如收到的货物不能取得相应的增值税专用发票或其他合法票据的,不能抵扣进项税额。

(5)包装物押金的税务处理。包装物是指纳税包装本单位货物的各种物品。纳税人销售货物时另收取包装物押金,目的是促使购货方及早退回包装物以便周转使用。根据税法规定,纳税人为销售货物而出租包装物收取的押金,单独核算的,时间在1年以内,又未过期的,不并入销售额征税,但对因逾期未收回包装物不再退还的押金,应按所包装货物的适用税率计算销项税额。

上述规定中的"逾期"是指按合同约定实际逾期或以1年为期限,对收取1年以上的押金,无论是否退还均并入销售额征税。当然,在将包装物押金并入销售额征税时,需要先将该押金换算为不含税价,再并入销售额征税。纳税人为销售货物出租包装物而收取的押金,无论包装物周转使用期限长短,超过1年(含1年)以上仍不退还的均并入销售额征税。

从1995年6月1日起,对销售除啤酒、黄酒外的其他酒类产品而收取的包装物押金,无论是否返还以及会计上如何核算,均应并入销售额征税。对销售啤酒、黄酒所收取的押金,按上述一般押金的规定处理。另外,包装物押金不应混同于包装物租金,包装物租金在销货时作为价外费用并入销售额计算销项税额。

(6)销售已使用过的固定资产的税务处理。自2009年1月1日起,增值税一般纳税人销售自己使用过的固定资产,应区分不同情形征收增值税,同时应根据《关于简并增值税征收率政策的通知》的规定,对2014年7月1日后的有关行为进行征收率的处理。

销售自己使用过的2009年1月1日以后或者自制的固定资产,按照适用税率征收增值税。

2008 年 12 月 31 日以前未纳入扩大增值税抵扣范围试点的纳税人，销售自己使用过的 2008 年 12 月 31 日以前购进或者自制的固定资产，按照 4% 的征收率减半征收增值税，2014 年 7 月 1 日以后的按照征收率减按 2% 征收增值税。

2008 年 12 月 31 日以前已纳入扩大增值税抵扣范围试点的纳税人，销售自己使用过的在本地区扩大增值税抵扣范围试点以前购进或者自制的固定资产减按 2% 征收增值税。销售自己使用过的在本地区扩大增值税抵扣范围试点以后购进或者自制的固定资产，按照适用税率征收增值税。

按照“营改增”规定认定的一般纳税人，销售自己使用过的本地区试点实施之日（含）以后购进或者自制的固定资产，按照适用税率征收增值税，销售自己使用过的本地区试点实施之日以前购进或者自制的固定资产，按照 4% 的征收率减半征收增值税，2014 年 7 月 1 日以后按照 3% 的征收率减按 2% 征收增值税。

（7）对视同销售货物行为的销售额的确定。税法规定，对视同销售征税而无销售额的按下列顺序确定其销售额。

第一，按纳税人最近时期同类货物的平均销售价格确定。

第二，按其他纳税人最近时期同类货物的平均销售价格确定。

第三，按组成计税价格确定，组成计税价格的公式为

组成计税价格 = 成本 ×（1+ 成本利润率）

属于应征消费税的货物，其组成计税价格中应加计消费税额。

组成计税价格 = 成本 ×（1+ 成本利润率）+ 消费税税额

或

组成计税价格 = 成本 ×（1- 成本利润率）÷（1- 消费税税率）

公式中的成本是指销售自产货物的为实际生产成本，销售外购货物的为实际采购成本。公式中的成本利润率由国家税务总局确定。

一个征收消费税的货物，如果销售，那么销售时候的销售额应该包括 3 个部分，货物的成本、货物的利润、货物应缴纳的消费税（消费税是价内税，是要包含到销售额中去的）。本来正常销售时候的销售额是已知的，直接用给出的销售额就可以，但是如果销售额未知（视同销售的时候，没有同类售价），就要用这 3 个部分自己来组一个销售额。

组成计税价格 = 成本 + 利润 + 消费税

利润 = 成本 × 成本利润率

消费税 = 组成计税价格 × 消费税税率

（正常从价消费税的计算就是用销售额乘以税率）

组成计税价格 = 成本 + 成本 × 成本利润率 + 组成计税价格 × 消费税税率

组成计税价格 ×（1- 消费税税率）= 成本 ×（1+ 成本利润率）

组成计税价格 = 成本 ×（1+ 成本利润率）÷（1- 消费税税率）

比如货物的成本是 100 元，成本的利润率是 10%，适用的消费税税率是 30%，那么它的组价就是 100 ×（1+10%）÷（1-30%）。

如果消费税分为从价和从量两部分，公式为

组成计税价格 =[成本 ×(1+ 成本利润率)+ 从量计征的消费税税额]

÷(1- 消费税税率)

3)含税销售额的换算

为了符合增值税作为价外税的要求，纳税人在填写进销货及纳税凭证，进行账务处理时，应分项记录不含税销售额、销项税额和进项税额，以正确计算应纳增值税额。然而，在实际工作中，常会出现一般纳税人将销售货物或者应税劳务采用销售额和销项税额合并价收取的方法，这样，就会形成含量税销售额，我国增值税是价外税，计税依据中不含增值税本身的数额。在计算应纳税额时，如果不将含税销售额换算成不含税的销售额，就不符合我国增值税的设计原则，会导致对增值税销项税额本身重复征税的现象，也会影响企业成本核算的过程。因此，一般纳税人销售货物或者应税劳务取得含量税的销售额在计算销项税额时，必须将其换算成不含税的销售额。其计算公式如下：

销售额 = 含税销售额 ÷(1+ 税率)

【例 9-3】 某企业为一般纳税人，本月销售商品取得收入 116 000 万元(含税)，本月购进一批生产商品用的原材料，增值税专用发票注明的进项税额为 8 500 元，计算该企业应缴的增值税。

解：不含税价格 =116 000 ÷ (1+16%)=100 000(元)

销项税额 =100 000 × 16%=16 000(元)

应纳税额 =16 000−8 500=7 500(元)

2. 进项税额的确定

进项税额是指纳税人购进货物或者接受应税劳务和应税服务需支付或者负担的增值税额。进项税额是与销项税额相对应的另一个概念。一项销售业务中，销售方收取的销项税额就是购货方支付的进项税额。增值税设计的关键是用“税减税”的办法体现对增值额计税，即应纳税额是销项税额减去进项税额的差额，进项税额的多少直接关系着纳税人的纳税金额。但有一点必须注意，并不是所有的进项税额都能从销项税额中抵扣。因此，严格把握哪些进项税额可以抵扣，哪些不可以抵扣，是正确计算应纳税额的关键。

1)准予抵扣进项税额的情形

(1)从销售方或提供方取得的增值税专用发票上注明的增值税额。

(2)从海关取得的海关进口增值税专用缴款书上注明的增值税额。

(3)增值税一般纳税人购进农业生产者销售的农产品或者向小规模纳税人购买的农产品，准予按照买价和 11% 的扣除率计算进项税额，从当期销项税额中扣除。其进项税额的计算公式为

进项税额 = 买价 × 扣除率

(4)自境外单位或者个人购进劳务、服务、无形资产或者境内不动产，从税务机关或者扣缴义务人取得的代扣代缴税款的完税凭证上注明的增值税额。

2)不得抵扣进项税额的情形

(1)用于简易计税方法计税项目、免征增值税项目、集体福利或者个人消费的购进货物、劳务、服务、无形资产和不动产。

(2)非正常损失的购进货物以及相关的劳务和交通运输服务(非正常损失是指因管理不善造成被盗、丢失、霉烂变质的损失)。

(3)非正常损失的在产品、产成品所耗用的购进货物、劳务和交通运输服务。

(4)进口货物向境外实际支付的货款低于进口报送价格的差额部分以及从境外供应商取得的退还或返还的资金,不做进项税额转出处理。

(5)纳税人自用的应征消费税的摩托车、汽车、游艇,其进项税额不得从销项税额中抵扣。

(二)简易计税方法应纳税额的计算

1. 应纳税额的计算

小规模纳税人或一般纳税人销售货物、提供应税劳务和应税服务适用按简易计税方法计算增值税应纳税额,不得抵扣进项税额。其计算公式为

应纳税额 = 销售额 × 征收率

这里需要注意两点:第一,按简易计税方法取得的销售额是销售货物或提供应税劳务和应税服务向购买方收取的全部价款和价外费用,但是不包括按 3% 的征收率收取的增值税税额;第二,按简易计税方法不得抵扣进项税额。

2. 含税销售额的换算

简易计税方法的销售额不包括其应纳的增值税税额,纳税人采用销售额和应纳增值税税额合并定价方法的,应先计算出不含税销售额。其计算公式为

销售额 = 含税销售额 ÷(1+ 征收率)

3. 进口货物应纳税额的计算

纳税人进口货物,按照组成计税价格和适用税率计算应纳税额。其计算公式为

组成计税价格 = 关税完税价格 + 关税 + 消费税

应纳税额 = 组成计税价格 × 适用税率

应当注意的是,一般贸易下进口货物的关税完税价格以海关审定的成交价格为基础的到岸价格作为完税价格;组成计税价格中须包括已纳关税税额,若进口货物属于应税消费品的,还应包括进口环节已缴纳的消费税税额;进口环节的应纳增值税税额是不得抵扣任何税额的。

八、增值税出口退(免)税

(一)出口货物退(免)税含义及基本政策

出口货物退(免)税是指对出口货物退还或免征其在国内各生产流转环节缴纳的增值税和消费税,即对增值税出口货物实行零税率,对消费税出口货物免税。出口货物以不含国内流转税的价格参与全球市场竞争,是国际上在“消费地”征税原则的体现,是国际通行惯例。我国税法依照国际惯例,实行出口货物为零的优惠政策。所谓实行出口货物零税率是

指货物在出口时整体税负为零。这样,出口货物适用零税率,不但出口环节不必纳税,而且还可以退还以前纳税环节已纳税款。零税率是基本原则,针对不同的出口组织者和不同的出口商品种类,法律也制定了不同的退(免)税方法。

1. 出口免税并退税

出口免税是指对货物在出口环节不征增值税、消费税。出口退税是指对货物在出口前实际承担的税收负担,按规定的退税率计算后予以退还。予以免税并退税的货物范围如下。

(1)生产企业自营出口或委托外贸企业代理出口的自产货物。

(2)有出口经营权的外贸企业收购后直接出口或委托其他外贸企业代理出口的货物。

(3)下列货物由于在销售方式、消费环节、结算办法上存在特殊性以及国家间的特殊情况,法律特准退还或免征其增值税和消费税。这些货物主要有:

①对外承包工程公司运出境外用于对外承包项目的货物;

②对外承接修理修配业务的企业用于对外修理修配的货物;

③外轮供应公司、远洋运输供应公司销售给外轮、远洋货轮而收取外汇的货物;

④企业在国内采购并运往境外作为在国外投资的货物等。

除上述企业出口货物准予退(免)外,其他非生产性企业委托外贸企业出口的货物不予退(免)税,这是对一般无进出口经营权的商贸企业进行出口贸易的限制。

2. 出口免税但不退税

出口免税但不退税是指对货物在出口销售环节不征增值税,而且因为这类货物在前一环节是免税的,因此出口时该货物的价格中是不含税的,也无须退税。

免税但不退税的货物范围如下。

(1)属于生产企业的小规模纳税人自营出口或委托外贸企业代理出口的自产货物。

(2)外贸企业从小规模纳税人购进并持普通发票的特准退税货物(但对规定列举的诸如抽纱、工艺品等12类出口货物,考虑其占出口比重较大及其生产、采购的特殊特准退税)。

(3)外贸企业直接购进国家规定的免税货物(包括免税农产品)。

(4)按国家规定在出口环节前免税的出口货物。这些货物包括:

①来料加工复出口的货物所用原材料进口免税,加工自制的货物出口不退税;

②避孕药品和用具、古旧图书,内销免税,出口也免税;

③有出口卷烟权的企业出口国家出口卷烟计划内的卷烟,生产环节免征增值税、消费税,出口环节不退税;

④军品及军队系统企业出口军需工厂生产或军需部门调拨的货物免税;

⑤国家规定的其他免税货物。

3. 出口不免税也不退税

出口不免税也不退税是指国家限制或禁止出口的某些货物在出口环节视同内销,照常征税。出口不退税是指对这些货物不退还出口前实际负担的税款。不免税也不退税的货物范围如下。

（1）国家计划外出口原油。

（2）援外出口货物。

（3）国家禁止出口的货物（包括天然牛黄、麝香、铜及铜基合金等）。

（二）出口货物的退税率

出口货物的退税率，是出口货物的实际退税额与退税计税依据的比例。现行出口货物的增值税退税率有17%、16%、14%、13%、11%、9%、8%、6%、5%等。

财政部、国家税务总局2018年10月25日联合发布通知明确，为进一步简化税制、完善出口退税政策，对部分产品增值税出口退税率进行调整，并自2018年11月1日起执行。

调整出口退税率的商品包括：

（1）将部分纺织品、服装、玩具出口退税率提高到14%；

（2）将日用及艺术陶瓷出口退税率提高到11%；

（3）将部分塑料制品出口退税率提高到9%；

（4）将部分家具出口退税率提高到11%、13%；

（5）将艾滋病药物、基因重组人胰岛素冻干粉、黄胶原、钢化安全玻璃、电容器用钽丝、船用锚链、缝纫机、风扇、数控机床硬质合金刀、部分书籍、笔记本等商品的出口退税率分别提高到9%、11%、13%；

（6）将相纸胶卷、塑料制品、竹地板、草藤编织品、钢化安全玻璃、灯具等产品出口退税率提高至16%；

（7）将润滑剂、航空器用轮胎、碳纤维、部分金属制品等产品出口退税率提高至13%；

（8）将部分农产品、砖、瓦、玻璃纤维等产品出口退税率提高至10%；

（9）取消豆粕出口退税。

（三）出口货物应退税额的计算

我国《出口货物退（免）税管理办法》规定了两种退税计算办法：第一种办法是"免抵退"办法，主要适用于自营和委托外贸企业代理出口自产货物的生产企业；第二种办法"先征后退"办法，主要用于收购货物出口的外（工）贸企业。

"免抵退"的方法。其中，"免"税是指对生产企业出口的自产货物，免征本企业生产销售环节增值税。"抵"税是指生产企业出口的自产货物所耗用的原材料、零部件、燃料、动力等所含应予退还的进项税额，抵顶内销货物的应纳税额。"退"税是指生产企业出口的自产货物在当月内应抵顶的进项税额大于应纳税额时，对未抵顶完的部分予以退税。

"先征后退"的方法。外贸企业以及实行外贸企业财务制度的工贸企业收购货物出口，其出口销售环节的增值税免税；由于其收购货物的成本部分也承担了前面环节已纳的增值税税款，因此在货物出口后按收购成本与退税率计算应退税款退还给外贸企业，征退税率之差计入企业成本。

1."免抵退"的计算方法

1）当期应纳税额的计算

（1）当期应纳税额 = 当期内销货物的销项税额 -（当期进项税额 - 当期免抵退税不得

免征和抵扣税额)- 上期留抵税额。

(2)当期免抵退税不得免征和抵扣税额 = 出口货物离岸价 × 外汇人民币牌价 ×(出口货物征税率 - 出口货物退税率)- 免抵退税不得免征和抵扣税额抵减额。

(3)免抵退税不得免征和抵扣税额抵减额 = 免税购进原材料价格 ×(出口货物征税率 - 出口货物退税率)。

2)免抵退税额的计算

(1)免抵退税额 = 出口货物离岸价 × 外汇人民币牌价 × 出口货物退税率 - 免抵退税额抵减额。

(2)免抵退税额抵减额 = 免税购进原材料价格 × 出口货物退税率。

3)当期应退税额和免抵税额的计算

(1)如当期期末留抵税额≤当期免抵退税额,则

当期应退税额 = 当期期末留抵税额

当期免抵税额 = 当期免抵退税额 - 当期应退税额

(2)如当期期末留抵税额 > 当期免抵退税额,则

当期应退税额 = 当期免抵退税额

当期免抵税额 =0

2.“先征后退”的计算方法

1)外贸企业出口委托加工修理修配货物以外的货物

增值税应退税额 = 增值税退(免)税计税依据 × 出口货物退税率

2)外贸企业出口委托加工修理修配货物的

出口委托加工修理修配货物的增值税应退税额 = 委托加工修理修配的增值税退(免)计税依据 × 出口货物退税率

第三节　消费税

一、消费税概念

消费税是对在我国境内从事生产、委托加工、零售和进口应税消费品的单位和个人就其销售额或销售数量,在特定环节征收的一种税。消费税是 1994 年税制改革在流转税中新设置的一个税种。在对货物普遍征收增值税的基础上,选择少数消费品再征一道特殊的流转税——消费税,目的是引导消费和生产结构,调节收入分配,增加财政收入。

二、消费税的特征

(一)消费税以特定消费品为课税对象

我国消费税根据产业政策与消费政策仅选择部分消费品征税,而不是对所有消费品都征收消费税。目前我国消费税的征税范围包括 15 个税目,主要针对某些高档消费品或奢侈品,如贵重首饰及珠宝玉石;某些不可再生的资源类消费品,如木制一次性筷子;以及某些危害人类健康和社会生态环境的消费品,如烟、酒等。

(二)征税环节具有单一性

消费税一般在消费品的生产、委托加工和进口环节征税,在以后的批发、零售等流转环节中再征税。但是,金银首饰、钻石及钻石饰品、铂金首饰在零售环节征税;自 2009 年 5 月 1 日起,卷烟由原来在生产环节征收消费税调整为在生产环节与批发环节征收消费税,批发环节加征一道从价税。

(三)征收方法具有灵活性

既采用对消费品制定单位税额,以消费品的数量实行从量定额的征收方法,也采用对消费品制定比例税率,以消费品的价格实行从价定率的征收方法。

(四)消费税体现了税收的宏观调控功能

通过选择某些高档奢侈品课以重税,使高收入者承担更多的税金;对水泵资源类产品征税,引导生产者转变生产方式,努力提高资源利用效率,注重环保,实现经济可持续发展;对多消费有害健康产品适用较高的税率,达到调节消费结构的目的。

(五)消费税实行价内征收

在计算应税消费品应纳的消费税额时,税基中应当不包括增值税,但包括消费税。

(六)消费税是间接税

消费税是典型的间接税。消费税的税收负担具有转嫁性,最终都转嫁到消费者身上。

三、消费税的纳税义务人

根据《中华人民共和国消费税暂行条例》的规定,在中华人民共和国境内生产、委托加工、零售和进口应税消费品的单位和个人,以及国务院确定的销售本条例规定的消费品的其他单位和个人,为消费纳税人。在我国境内生产、委托加工、零售和进口应税消费品的国营企业、集体企业、私有企业、股份制企业、其他企业、行政单位、事业单位、军事单位、社会团体和其他单位、个体经营者及其他个人是消费税的纳税义务人。另外,在我国境内生产、委托加工、零售和进口应税消费品的外商投资企业和外国企业,也是消费税的纳税人。

四、消费税的征税范围

(一)生产应税消费品

生产应税消费品的销售是消费税征收的主要环节,因为消费税具有单一环节征税的特点,在生产销售环节征税以后,货物在流通环节无论再转销多少次,都不用再缴纳消费税。生产应税消费品除了直接对外销售应征收消费税外,纳税人将生产的应税消费品换取生产资料、消费资料、投资入股、偿还债务以及用于继续生产应税消费品以外的其他方面都应缴纳消费税。

另外,工业企业以外的单位和个人的下列行为视为应税消费品的生产行为,并按规定征收消费税:

(1)将外购的消费税非应税产品以消费税应税产品对外销售的;

(2)将外购的消费税低税率应税产品以高税率应税产品对外销售的。

(二)委托加工应税消费品

委托加工应税消费品是指委托方提供原料和主要材料,受托方只收取加工费和代垫部分辅助材料加工的应税消费品。由受托方提供原材料或其他情形的一律不能视同加工税税消费品。委托加工的应税消费品收回后，再继续用于生产应税消费品销售且符合现行政策规定的，其加工环节缴纳的消费税款可以扣除。

（三）进口应税消费品

单位和个人进口货物属于消费税征税范围的，在进口环节要缴纳消费税。

（四）零售应税消费品

自 1995 年 1 月 1 日起，金银首饰消费税由生产销售环节征收改为零售环节征收。改在零售环节征收消费税的金银首饰仅限于金基、银基合金首饰以及金、银和金基、银基合金的镶嵌首饰，进口环节暂不征收，零售环节适用税率为 5%，在纳税人销售金银首饰、钻石及钻石饰品时征收。其计税依据是不含增值税的销售额。

对既销售金银首饰，又销售非金银首饰的生产、经营单位，应将两类商品划分清楚，分别核算销售额。凡划分不清楚或不能分别核算的，在生产环节销售的，一律从高适用税率征收消费税；在零售环节销售的，一律按金银首饰征收消费税。金银首饰与其他产品组成成套消费品销售的，应按销售额征收消费税。

纳税人采用以旧换新方式销售的金银首饰，应按实际收取的不含增值税的全部价款确定计税依据征收消费税。

五、消费税的税目

目前我国消费税税目包括烟、酒、高档化妆品、贵重首饰及珠宝玉石、油、鞭炮焰火、成品油、小汽车、摩托车、高尔夫球及玩具、高档手表、游艇、木制一次性筷子、实木地板、电池、涂料。

（一）烟

凡是以烟叶为原料加工生产的产品，不论使用何种辅料，均属于本税目的征收范围。烟类包括卷烟（进口卷烟、白包卷烟、手工卷烟和未经国务院批准纳入计划的企业及个人生产的卷烟）、雪茄烟和烟丝。

在“烟”税目下的“卷烟”子目又分为“甲类卷烟”和“乙类卷烟”。甲类卷烟是指每标准条（200 支）调拨价格在 70 元（含 70 元，不含增值税）以上的卷烟。乙类卷烟是指每标准条（200 支）调拨价格在 70 元（不含增值税）以下的卷烟。与其他应税消费品不同的是，卷烟除了在生产销售环节征收消费税外，还在批发环节加征一次。自 2015 年 5 月 10 日起，卷烟批发环节消费税的从价税税率由 5% 提高至 11%，并按 0.005 元 / 支加征从量税。

（二）酒

酒是酒精度在 1 度以上的各种酒类饮料，包括白酒、黄酒、啤酒和其他酒。

白酒采用复合计征的方法，在从价税 20% 税率基础上按每 500 克（500 毫升）0.5 元加征从量税。

啤酒又分为“甲类啤酒”和“乙类啤酒”，其中啤酒每吨出厂价（含包装物及包装物押金）在 3 000 元（含 3 000 元，不含增值税）以上的是甲类啤酒，每吨出厂价在 3 000 元（不含增值税）以下的是乙类啤酒。对饮食业、商业、娱乐业举办的啤酒屋（啤酒坊）利用啤酒生产设备生产的啤酒，应当征收消费税。果啤属于啤酒，按啤酒征收消费税。

（三）高档化妆品

本税目征收范围包括各类高档美容、修饰类化妆品，高档护肤类化妆品和成套化妆品。高档美容、修饰类化妆品和高档护肤类化妆品是指生产（进口）环节销售（完税）不含增值税的价格在 10 元（人民币）/ 毫升或 15 元 / 片（张）以上的美容、修饰类化妆品和护肤类化妆品。

美容、修饰类化妆品是指香水、香水精、香粉、口红、指甲油、胭脂、眉笔、唇笔、蓝眼油、眼睫毛以及成套化妆品。

舞台、戏剧、影视演员化妆用的上妆油、卸妆油、彩油，不属于本税目的征收范围。

自 2016 年 10 月 1 日起普通化妆品不再征收消费税，高档化妆品消费税税率从 30% 降至 15%。

（四）贵重首饰及珠宝玉石

贵重首饰及珠宝玉石包括凡以金、银、白金、宝石、珍珠、钻石、翡翠、珊瑚、玛瑙等高贵稀有物质以及其他金属、人造宝石等制作的各种纯金、银首饰及镶嵌首饰和经采掘、打磨、加工的各种珠宝玉石。对出国人员免税商店销售的金、银征收消费税。

（五）鞭炮、焰火

鞭炮、焰火包括各种鞭炮、焰火。体育上用的发令纸、鞭炮药引线，不按本税目征收。

（六）成品油

成品油包括汽油、柴油、石脑油、溶剂油、润滑油、燃料油和航空煤油 7 个子目；航空煤炭油暂缓征收。

（七）小汽车

小汽车是指由动力驱动，具有 4 个或 4 个以上车轮的非轨道承载的车辆。

本税目征税范围包括含驾驶员座位在内最多不超过 9 个座位（含 9 个）的，在设计和技术特性上用于载运乘客和货物的各类乘用车；含驾驶员座位在内座位数在 10~23（含 23 座）座的，在设计和技术特性上用于载运乘客和货物的各类中轻型商用客车。

电动汽车不属本税目的征收范围。

沙滩车、雪地车、卡丁车、高尔夫车不属于消费税征税范围，不征消费税。

（八）摩托车

摩托车包括轻便摩托车和摩托车两种。对最大设计车速不超过 50 千米 / 小时，发动气缸工作容量不超过 50 毫升的三轮摩托车不征收消费税。气缸容量 250 毫升（不含 250 毫升）以下的小排量摩托车不征收消费税。

（九）高尔夫球及球具

高尔夫球及玩具是指从事高尔夫球运动所需的各种专用设备，包括高尔夫球、高尔夫球杆和高尔夫球包（袋）。

高尔夫球杆的杆头、杆身和握把属于本税目的征税范围。

（十）高档手表

高档手表是指销售价格（不含增值税）每只在 10 000 元（含 10 000 元）以上的各类手表。

（十一）游艇

游艇是指长度大于 8 米小于 90 米，船体由玻璃钢、钢、铝合金、塑料等多种材料制作，可以在水上移动的水上浮载体，包括无动力艇、帆艇和机动艇。

（十二）木制一次性筷子

木制一次性筷子又称卫生筷子，是指以木材为原料，经锯段、浸泡、刨切、烘干、打磨、包装等工序加工而成的各类一次性使用的筷子。

（十三）实木地板

实木地板是指以木材为原料，经锯割、干燥、刨光、截断、涂漆等工序加工而成的块状或条状的地面装饰材料。

（十四）电池

电池是指一种将化学能、光能等直接转移为电能的装置，一般由电极、电解质、容器、极端，通常还有隔离层组成的基本功能单位，以及用一个或多个基本功能单元装配成的电池组。电池包括原电池、蓄电池、燃料电池和全钒液流电池免征消费税。

（十五）涂料

涂料是指涂于物体表面能形成具有保护、装饰或特殊性能的固态涂膜的一类液体或固体材料之总称。

对施工状态下挥发性有机物（Volatile Organic Compounds，VOC）含量低于 420 克 / 升（含 420 克 / 升）的涂料免征消费税。

六、消费税的税率

消费税税目、税率见表 9-2。

表 9-2 消费税税目、税率

税目	税率
一、烟	
1. 卷烟	
（1）甲类卷烟（调拨价 70 元（含 70 元，不含增值税）/ 条以上	56% 加 0.003 元 / 支
（2）乙类卷烟（调拨价 70 元（不含增值税）/ 条以下）	36% 加 0.003 元 / 支
（3）商业批发	11% 加 0.005 元 / 支
2. 雪茄烟	36%
3. 烟丝	30%
二、酒	
1. 白酒	20% 加 0.5 元 /500 克（或者 500 毫升）
2. 黄酒	240 元 / 吨
3. 啤酒	

续表

税目	税率
（1）甲类啤酒	250元/吨
（2）乙类啤酒	220元/吨
4. 其他酒	10%
三、高档化妆品	15%
四、贵重首饰及珠宝玉石	
1. 金银首饰、铂金首饰和钻石及钻石饰品	5%
2. 其他贵重首饰和珠宝玉石	10%
五、鞭炮、焰火	15%
六、成品油	
1. 汽油	
（1）含铅汽油	1.52元/升
（2）无铅汽油	1.52元/升
2. 柴油	1.20元/升
3. 航空煤油	1.20元/升
4. 石脑油	1.52元/升
5. 溶剂油	1.52元/升
6. 润滑油	1.52元/升
7. 燃料油	1.20元/升
七、小汽车	
1. 乘用车	
（1）气缸容量（排气量，下同）在1.0升（含1.0升）以下的	1%
（2）气缸容量在1.0升以上至1.5升（含1.5升）的	3%
（3）气缸容量在1.5升以上至2.0升（含2.0升）的	5%
（4）气缸容量在2.0升以上至2.5升（含2.5升）的	9%
（5）气缸容量在2.5升以上至3.0升（含3.0升）的	12%
（6）气缸容量在3.0升以上至4.0升（含4.0升）的	25%
（7）气缸容量在4.0升以上的	40%
2. 中轻型商用客车	5%
3. 超豪华小汽车	按子税目1和子税目2的规定征收，零售环节10%

续表

税目	税率
八、摩托车	
1. 气缸容量(排气量,下同)在250毫升(含250毫升)以下的	3%
2. 气缸容量在250毫升以上的	10%
九、高尔夫球及球具	10%
十、高档手表	20%
十一、游艇	10%
十二、木制一次性筷子	5%
十三、实木地板	5%
十四、电池	4%
十五、涂料	4%

七、消费税应纳税额的计算

我国消费税应纳税额的计算分为从价定率、从量定额、从价定率与从量定额混合计算三类计算方法。

(一)从价定率的计算方法

在从价定率的计算方法上,应纳税额取决于应税消费品的销售额和税率两个因素。其计算公式如下:

应纳消费税额 = 应税消费品的销售额 × 比例税率

1. 生产销售应税消费品销售额的确定

1)计税销售额的一般规定

销售额是指纳税人销售应税消费品向购买方收取的全部价款(不包括应向购贷方收取的增值税税款)和价外费用之和。销售是指有偿转让应税消费品的所有权;有偿是指从购买方取得货币、货物或者其他经济利益。价外费用是指价外向购买方收取的手续费、补贴、基金、集资费、返还利润、奖励费、违约金、滞纳金、延期付款利息、赔偿金、代收款项、代垫款项、包装费、包装物租金、储备费、优质费、运输装卸费以及其他各种性质的价外费用。但下列款项不包括在内。

(1)同时符合下列条件的代垫费用:

第一,承运部门的运输费用发票开具给购买方的;

第二,纳税人将该项发票转交给购买方的。

(2)同时符合下列条件代为收取的政府性基金或者行政事业性收费:

第一,由国务院或者财政部批准设立的政府性基金,由国务院或者省级人民政府及其财政、价格主管部门批准设立的行政事业性收费;

第二,收取时开具省级以上财政部门印制的财政票据;

第三，所收款项全部上缴财政。

除此之外，其他价外费用，无论是否属于纳税人的收入，均应并入销售额计算。

2）包装物计税的规定

有关包装物押金的核算：应税消费品连同包装物销售的，无论包装物是否单独计价，也不论在会计上如何核算，均应并入应税消费品的销售额中征收消费税。如果包装物不作价随同产品销售，而是收取押金，且单独核算又未逾期的，此项押金则不应并入应税消费品的销售额中征税。但对因逾期未收回的包装物不再退还的或者已收取的时间超过 12 个月的押金，应并入应税消费品的销售额，按照应税消费品适用税率征收消费税。

对既作价随同应税消费品销售，又另外收取押金的包装物的押金，凡纳税人在规定的期限内不予退还的，均应并入应税消费品的销售额，按照应税消费品的适用税率征收消费税。

国家对销售除啤酒、黄酒外的其他酒类产品而收取的包装物押金，无论是否返还以及会计上如何核算，均应并入应税消费品的销售额，按照应税消费品的适用税率征收消费税。

3）含增值税销售额的换算

按照现行消费税的基本规定，应税消费品的销售额中不含向购买方收取的增值税税额。如果纳税人应税消费品的销售额中未扣除增值税税款或者因不得开具增值税专用发票而发生价款和增值税税款合并收取的，在计算消费税时，应当换算为不含增值税税款的销售额。其公式如下：

应税消费品的销售额 = 含增值税的销售额 ÷（1+ 增值税税率或征收率）

2. 自产自用应税消费品计税销售额的确定

自产自用是指纳税人生产应税消费品后，不是用于直接对外销售，而是用于自己连续生产应税消费品或用于其他方面。

1）用于连续生产应税消费品

纳税人自产自用的应税消费品，用于连续生产应税消费品的，不纳税。“纳税人自产自用的应税消费品，用于连续生产应税消费品的”是指作为生产最终应税消费品的直接材料并构成最终产品实体的应税消费品。例如，卷烟厂生产出烟丝，烟丝已是应税消费品，卷烟厂再用生产出的烟丝连续生产卷烟，这样用于连续生产卷烟的烟丝就不缴纳消费税，只对生产的卷烟征收消费税。如果生产出的烟丝是直接销售的，则烟丝需要缴纳消费税。

2）用于其他方面的应税消费品

纳税人自产自用的应税消费品，除用于连续生产应税消费品外，凡用于其他方面的，移送使用时纳税。“用于其他方面”是指纳税人用于生产非应税消费品、在建工程、管理部门、非生产机构，提供劳务，以及用于馈赠、赞助、集资、广告、样品、职工福利、奖励等方面。

3）组成计税价格及税额的计算

纳税人自产自用的应税消费品，凡用于其他方面应当纳税的，按照纳税人生产的同类消费品的销售价格计算纳税。同类消费品的销售价格是指纳税人当月销售的同类消费品的销售价格，如果当月同类消费品各期销售价格高低不同，应按销售数量加权平均计算。但销售的应税消费品有下列情况之一时，不得列入加权平均计算：

（1）销售价格明显偏低又无正当理由的；

（2）无销售价格的。

如果当月无销售或者当月未完结，应按照同类消费品上月或者最近月份的销售价格计算纳税。没有同类消费品销售价格的，按照组成计税价格计算纳税。组成计税价格的计算公式是：

组成计税价格 =（成本 + 利润）÷（1- 消费税税率）

该公式中，成本是指应税消费品的生产成本；利润是指根据应税消费品的全国平均成本利润率计算的利润。应税消费品的全国平均成本利润率由国家税务总局确定，见表 9-3。

表 9-3 平均成本利润率

（%）

货物名称	利润率	货物名称	利润率
1. 甲类卷烟	10	11. 贵重首饰及珠宝玉石	6
2. 乙类卷烟	5	12. 汽车轮胎	5
3. 雪茄烟	5	13. 摩托车	6
4. 烟丝	5	14. 高尔夫球及球具	10
5. 粮食白酒	10	15. 高档手表	20
6. 薯类白酒	5	16. 游艇	10
7. 其他酒	5	17. 木制一次性筷子	5
8. 酒精	5	18. 实木地板	5
9. 化妆品	5	19. 乘用车	8
10. 鞭炮、焰火	5	20. 中轻型商用客车	5

3. 委托加工应税消费品计税销售额的确定

1）委托加工应税消费品的界定

委托加工的应税消费品是指由委托方提供原料和主要材料，受托方只收取加工费和代垫部分辅助材料加工的应税消费品。对于由受托方提供原材料生产的应税消费品，或者受托方先将原材料卖给委托方，然后再接受加工的应税消费品，以及由受托方以委托方名义购进原材料生产的应税消费品，不论纳税人在财务上是否作销售处理，都不得作为委托加工应税消费品，而应当按照销售自制应税消费品缴纳消费税。

2）代收代缴税款

对于确实属于委托方提供原材料和主要材料，受托方只收取加工费和代垫部分辅助材料加工的应税消费品，由受托方在向委托方交货时代收代缴消费税。但是纳税人委托个体经营者加工应税消费品的，一律由委托方收回后在委托所在地缴纳消费税。委托加工的应税消费品，受托方在交货时已代缴消费税，委托方收回后直接出售的，不再征收消费税。

3）计税依据的确定

委托加工的应税消费品，按照受托方的同类消费品的销售价格计算纳税。同类消费品的销售价格是指受托方（即代收代缴义务人）当月销售的同类消费品的销售价格。如果当月同类消费品各期销售价格高低不同，应按销售数量加权平均计算。但销售的应税消费品有下列情况之一的，不得列入加权平均计算：

（1）销售价格明显偏低又无正当理由的；

（2）无销售价格的。

如果当月无销售或者当月未完结，应按照同类消费品上月或最近月份的销售价格计算纳税。没有同类消费品销售价格的，按照组成计税价格计算纳税。组成计算价格的计算公式为

组成计税价格 =（材料成本 + 加工费）÷（1- 消费税税率）

该公式中的“材料成本”是指委托方所提供加工材料的实际成本。委托加工应税消费品的纳税人，必须在委托加工合同上如实注明（或以其他方式提供）材料成本，凡未提供材料成本的，受托方所在地主管税务机关有权核定其材料成本。“加工费”是指受托方加应税消费品向委托方收取的全部费用（包括代垫辅助材料的实际成本，不包括增值税税金）。

4. 进口应税消费品的计税销售额的确定

进口的应税消费品，于报关进口时由海关代征进口环节的消费税，由进口人或其代理人向报送地海关申报纳税人，自海关填发海关进口消费税专用缴款书之日起 15 日内缴纳税款。

以组成计税价格为计税销售额，组成计税价格计算公式为

组成计税价格 =（关税完税价格 + 关税）÷（1- 消费税比例税率）

（二）从量定额的计算方法

在从量定额的计算方法下，应纳税额的多少取决于应税消费品的销售数量和单位税额两个因素。其计算公式如下：

消费税应纳税额 = 应税消费品的销售数量 × 定额税率

1. 销售数量的确定

销售数量是指纳税人生产、加工和进口应税消费品的数量，具体规定如下：

（1）销售应税消费品的，为应税消费品的销售数量；

（2）自产自用应税消费品的，为应税消费品的移送使用数量；

（3）委托加工应税消费品的，为纳税人收回的应税消费品数量；

（4）进口的应税消费品，为海关核定的应税消费品进口征税数量。

2. 计量单位的换算

为了便于纳税人准确计算应纳税额，实行从量定额办法计算应纳税额的应税消费品，计量单位的换算标准见表 9-4。

表 9-4 吨、升换算

序号	名称	计量单位的换算标准
1	黄酒	1 吨 =962 升
2	啤酒	1 吨 =988 升
3	汽油	1 吨 =1 388 升
4	柴油	1 吨 =1 176 升
5	航空煤油	1 吨 =1 246 升
6	石脑油	1 吨 =1 385 升
7	溶剂油	1 吨 =1 282 升
8	润滑油	1 吨 =1 126 升
9	燃料油	1 吨 =1 015 升

（三）从价定率与从量定额混合的计算方法

现行消费税的征税对象中，只有卷烟和白酒采用复合计税的方法。

生产销售卷烟、白酒从量定额的计税依据为实际销售的数量。进口、委托加工、自产自用卷烟、白酒从量定额计税依据分别为海关核定的进口征税数量、委托方收回数量、移送使用数量。其公式为

消费税应纳税额 = 应税销售数量 × 定额税率 + 应税销售额 × 比例税率

（四）计税依据的特殊规定

1. 纳税人通过自设非独立核算的门市部销售自产应税消费品

纳税人通过自设非独立核算的门市部销售自产应税消费品，应当按照门市部对外销售额或销售数量征收消费税。

2. 纳税人用于换取生产资料和消费资料，投资入股或抵偿债务等方面的应税消费品

纳税人用于换取生产资料和消费资料，投资入股或抵偿债务等方面的应税消费品，应以纳税人同类应税消费品的最高销售价格作为计税依据计算消费税。

3. 酒类关联企业间关联交易消费税问题处理

白酒生产企业向商业销售单位收取的“品牌使用费”是随着应税白酒的销售而向购货方收取的，属于应税白酒销售价款的组成部分，因此不论企业采取何种方式或以何种名义收取价款，均应并入白酒的销售额中缴纳消费税。

4. 兼营不同税率应税消费品的税务处理

纳税人生产销售应税消费品，如果不是单一经营某一税率产品，而是经营不同税率的多种产品，即为兼营行为。纳税人兼营不同税率的应税消费品，应当分别核算不同税率应税消费品的销售额、销售数量。未分别核算销售额、销售数量，或者将不同税率的应税消费品组成成套化妆品销售的，从高适用税率。需要注意的是，纳税人兼营不同税率的应税消费品是指纳税人生产销售两种税率以上的应税消费品。

八、已纳消费税扣除的计算

为了避免重复征税，现行消费税规定将外购应税消费品和委托加工收回的应税消费品

用于继续生产应税消费品销售的，可以将外购应税消费品和委托加工收回应税消费品已缴纳的消费税给予扣除。

（一）以外购应税消费品继续生产应税消费品的已纳消费税允许扣除范围

连续生产出来的应税消费品计算征税时，税法规定应按当期生产领用数量计算准予扣除外购的应税消费品已纳的消费税税款。扣除范围包括：

（1）外购已税烟丝生产的卷烟；

（2）外购已税化妆品生产的化妆品；

（3）外购已税珠宝玉石生产的贵重首饰及珠宝玉石；

（4）外购已税鞭炮、焰火生产的鞭炮、焰火；

（5）外购已税杆头、杆身和握把为原料生产的高尔夫球杆；

（6）外购已税木制一次性筷子为原料生产的木制一次性筷子；

（7）外购已税实木地板为原料生产的实木地板；

（8）外购已税汽油、柴油、石脑油、燃料油、润滑油用于连续生产应税成品油；

（9）外购已税摩托车连续生产应税摩托车（如用外购两轮摩托车改装三轮摩托车）。

上述当期准予扣除外购应税消费品已纳消费税税款的计算公式为

当期准予扣除的外购应税消费品已纳税款 = 当期准予扣除的外购应税消费品买价 × 外购应税消费品适用税率

当期准予扣除的外购应税消费品买价 = 期初库存的外购应税消费品的买价 + 当期购进的应税消费品的买价 − 期末库存的外购应税消费品的买价

【例 9-4】 某卷烟生产企业某月初库存外购应税烟丝金额为 50 万元，当月又外购应税烟丝金额 500 万元（不含增值税），月末库存烟丝金额 30 万元，其余被当月生产卷烟领用。计算卷烟厂当月准许扣除的外购烟丝已缴纳的消费税税额（烟丝适用的消费税税率为 30%）。

解：（1）当期准许扣除的外购烟丝买价 =50+500−30=520（万元）；

（2）当月准许扣除的外购烟丝已缴纳的消费税税额 =520 × 30%=156（万元）。

（二）委托加工收回的应税消费品已纳消费税允许扣除范围

委托加工的应税消费品因为已由受托方代收代缴消费税，因此，委托方收回货物后用于连续生产应税消费品的，其已纳税款准予按照规定从连续生产的应税消费品应纳消费税税额中抵扣。按照国家税务总局的规定，下列连续生产的应税消费品准予从应纳消费税税额中按当期生产领用数量计算扣除委托加工收回的应税消费品已纳消费税税款：

（1）以委托加工收回的已税烟丝为原料生产的卷烟；

（2）以委托加工收回的已税化妆品为原料生产的化妆品；

（3）以委托加工收回的已税珠宝玉石为原料生产的贵重首饰及珠宝玉石；

（4）以委托加工收回的已税鞭炮、焰火为原料生产的鞭炮、焰火；

（5）以委托加工收回的已税杆头、杆身和握把为原料生产的高尔夫球杆；

（6）以委托加工收回的已税木制一次性筷子为原料生产的木制一次性筷子；

（7）以委托加工收回的已税实木地板为原料生产的实木地板；

（8）以委托加工收回的已税汽油、柴油、石脑油、燃料油、润滑油用于连续生产应税成品油；

（9）以委托加工收回的已税摩托车生产的摩托车（如用外购两轮摩托车改装三轮摩托车）。

上述当期准予扣除委托加工收回的应税消费品已纳税税款的计算公式是

当期准予扣除的委托加工应税消费品已纳税款 = 当期准予扣除的委托加工应税消费品价格 × 委托加工应税消费品适用税率

当期准予扣除的委托加工应税消费品买价 = 期初库存的委托加工应税消费品买价 + 当期购进的委托加工应税消费品买价 − 期末库存的委托加工应税消费品买价

纳税人用委托加工收回的已税珠宝玉石生产的改在零售环节征收消费税的金银首饰，在计税时一律不得扣除委托加工收回的珠宝玉石的已纳消费税税款。

九、消费税的出口退（免）税

（一）消费税的出口退（免）税政策

出口应税消费品退（免）消费税在政策上分为以下 3 种情况。

1. 出口免税并退税

适用这个政策的是：有出口经营权的外贸企业购进应税消费品直接出口，以及外贸企业受其他外贸企业委托代理出口应税消费品。这里需要重申的是，外贸企业只有受其他外贸企业委托，代理出口应税消费品才可以办理退税，外贸企业受其他企业（主要是非生产性的商贸企业）委托，代理出口应税消费品是不予退（免）税的。这个政策限定与前述出口货物退（免）增值税的政策规定是一致的。

2. 出口免税但不退税

适用这个政策的是：有出口经营权的生产性企业自营出口或生产企业委托外贸企业代理出口自产的应税消费品，依据其实际出口数量免征消费税，不予办理退还消费税。免征消费税是指对生产性企业按其实际出口数量免征生产环节的税。不予办理退还消费税是指因已免征生产环节的消费税，该应税消费品出口时，已不含有消费税，所以也无须再办理退还消费税了。这项政策规定与前述生产性企业自营出口或委托代理出口自产货物退（免）增值税的规定是不一样的。其政策区别的原因是，消费税仅在生产企业的生产环节征收，生产环节免税了，出口的应税消费品就不含消费税了；而增值税却在货物销售的各个环节征收，生产企业出口货物时，已纳的增值税就需退还。

3. 出口不免税也不退税

适用这个政策的是：除生产企业、外贸企业外的其他企业，具体是指一般商贸企业，这类企业委托外贸企业代理出口应税消费品一律不予退（免）税。

（二）出口应税消费品退税额的计算

消费税税额的计算分为从价定率、从量定额和复合计征 3 种方法，在计算应退消费税税款时，分为 3 种情况。

1. 从价定率计征消费税的应税消费品

属于从价定率计征消费税的应税消费品，为已征且未在内销应税消费税应纳税额中抵扣的购进出口货物金额，其计算公式如下：

消费税应退税额 = 从价定率计征消费税的退税计税依据 × 比例税率

2. 从量定额计征消费税的应税消费品

属于从量定额计征消费税的应税消费品，为已征且未在内销应税消费品应纳税额中抵扣的购进出口货物数量，其计算公式如下：

消费税应退税额 = 从量定额计征消费税的退税计税依据 × 定额税率

3. 复合计征消费税的应税消费品

属于复合计征消费税的应税消费品，应按从价定率和从量定额的计税依据分别确定，其计算公式如下：

消费税应退税额 = 从价定率计征消费税的退税计税依据 × 比例税率 + 从量定额计征消费税的退税计税依据 × 定额税率

第四节　关　　税

一、关税的概念

关税是指由海关依法对进出关境的物品和货物征收的一种税。关税统一在关境征税，对进出关境的货物或者物品征税，由专设的海关负责征收。

关税是一个古老的税种，它的起源很早。随着社会生产力的发展，出现了商品的生产和交换，关税正是随着商品交换和商品流通领域的不断扩大、国际贸易的不断发展而产生和逐步发展的。是否征收关税，以货物或物品是否经过一个国家的关境而不是以国境为标准。一般情况下，关境与国境一致的，但两者不完全相同。关境是指一国海关法令有效实施的境域。国境包括一个主权国家全部的领土、领海、领空。当一个国家不存在贸易自由港、自由区和未加入关税同盟的时候，其关境与国境是一致的。当存在自由港、自由区或者几处国家结成关税同盟的时候，关境与国境的范围就会产生不一致。例如，我国在国境内设有自由贸易港、自由贸易区和出口加工区，这时关境小于国境；欧洲联盟的成员国之间相互取消关税，对外实行共同的关税税则，这时关境大于国境。

二、关税的特征

（一）以进出关境的货物和物品为征税对象

关税的征税对象是进出关境的货物和物品。属于贸易性进出口的商品称为货物；属于入境旅客携带的、个人邮递的、运输工具上的服务人员携带的以及用其他方式进口的个人自用的非贸易性商品称为物品。关税不同于因商品交换或提供劳务取得收入而课征的流转税，也不同于因取得所得或拥有财产而课征的所得税或财产税，而是对特定货物和物品途经海关通道进出口征税。

（二）以货物进出口的国境或关境为征税环节

关税是主权国家对进出国境或关境的货物和物品统一征收的税种。在封建社会里，由于封建割据，导致国内关卡林立，重复征税，所以那时的关税主要为国内关税或内地关税，它严重地阻碍着商品经济发展。资本主义生产方式取代封建生产方式之后，新兴资产阶级建立起统一的国家，主张国内自由贸易和商品自由流通，因而纷纷废除旧时的内陆关税，实行统一的国境关税。进口货物征收关税之后，可以行销全国，不再征收进口关税。

（三）实行复式税则

关税的税则是关税课税范围及其税率的法则。复式税则又称多栏税则，是指一个税目设有两个或两个以上的税率，根据进口货物原产国的不同，分别适用高低不同的税率。复式税则是一个国家对外贸易政策的体现。目前，在国际上除极个别国家外，各国关税普遍实行复式税则。

（四）关税具有涉外统一性，执行统一的对外经济政策

关税是一个国家的重要税种。国家征收关税不单纯是为了满足政府财政上的需要，更重要的是利用关税贯彻执行统一的对外经济政策，实现国家的政治经济目的。在我国现阶段，关税被用来争取实现平等互利的对外贸易，保护并促进国内工农业生产发展，为社会主义市场经济服务。

（五）关税由海关机构代表国家征收

关税由海关部署及所属机构具体管理和征收，征收关税是海关工作的一个重要组成部分。《中华人民共和国海关法》规定："中华人民共和国海关是国家的进出关境（以下简称进出境）监督管理机关。海关依照本法和其他有关法律、行政法规，监管进出境的运输工具、货物、行李物品、邮递物品和其他物品（以下简称进出境运输工具、货物、物品），征收关税和其他税、费，查缉走私，并编制海关统计和办理其他海关业务。"监督管理、征收关税和查缉走私是当前我国海关的三项基本任务。

三、关税的分类

（一）按征税对象分类

按照征税对象，关税可分为进口税、出口税和过境税。

（1）进口税是海关在外国货物进口时所课征的关税，征税目的在于保护本国市场和增加财政收入。

（2）出口税是海关在本国货物出口时所课征的关税，征税目的在于限制本国某产品或自然资源的输出，或为了保护本国生产、本国市场供应和增加财政收入以及某些特定的需要。

（3）过境税是对外国货物通过本国国境或关境时征收的一种关税。过境税最早主要是为了增加国家财政收入而征收的，目前大多数国家逐步废除了过境税的条款。

（二）按征税目的分类

按照征税目的，关税可分为财政关税、保护关税。

（1）财政关税是以增加国家财政收入为主要目的而课征的关税。通常情况下，财政关

税的税率比保护关税低。随着世界经济的发展,财政关税的意义逐渐降低,而被保护关税替代。

(2)保护关税是以保护本国经济发展为主要目的而课征的关税。保护关税主要是进口税,税率较高,有的高达百分之几百。保护关税是实现一个国家对外贸易政策的重要措施。

(三)按计征方式分类

按照计征方式,关税可分为从价关税、从量关税、复合关税和滑准关税。

(1)从价关税是以货物的价格为计征方式而计算征收的一种关税。从价关税的优点是税负较为合理,关税收入随货物价格的升降而增减,其不足之处是完税价格必须严格审定,缴税手续比较复杂。从价关税是关税的主要征收方式。

(2)从量关税是以货物的计量单位(重量、数量、体积)为计征方式而计算征收的一种关税。从量关税的优点是无须审定货物的价格、品质、规格,计税简便,对廉价进口商品有较强的抑制作用。其缺点是对同一税目的商品,在规格、质量、价格相差较大的情况下,按同一定额税率计征,税额不够合理,且在物价变动的情况下,税收的收入不能随之增减。

(3)复合关税是对同一种进口货物采用从价、从量两种标准课征的一种关税。课征时,或以从价税为主,加征从量税;或以从量税为主,加征从价税。计征手续较为繁琐,但在物价波动时,可以减少对财政收入的影响。

(4)滑准关税是一种关税税率随进口货物价格由高到低而由低到高设置计征关税的方法。进口货物价格越高,其进口关税税率越低;进口货物价格越低,其进口关税税率越高。其主要特点是可保持滑准关税货物的国内市场价格的相对稳定,尽可能减少国际市场价格波动的影响。

(四)按差别待遇分类

按照货物国别来源而区别对待,关税可分为最惠国关税、协定关税、特惠关税和普通关税。

(1)最惠国关税适用原产于与我国共同适用最惠国待遇条款的世界贸易组织成员国或地区的进口货物,或原产于与我国签订有相互给予最惠国待遇条款的双边贸易协定的国家或地区的进口货物。

(2)协定关税适用原产于我国参加的含有关税优惠条款的区域性贸易协定的有关缔约方的进口货物。

(3)特惠关税适用原产于与我国签订有特殊优惠关税协定的国家或地区的进口货物。

(4)普通关税适用原产于上述国家或地区以外的国家或地区的进口货物。

四、关税的基本税制要素

(一)征税对象

关税的征税对象是国家准许进出境的货物和物品。货物是指贸易性商品;物品是指入境旅客随身携带的行李物品、个人邮递物品、各种运输工具上的服务人员携带进口的自用物品、馈赠物品以及其他方式进入国境的个人物品。

（二）纳税义务人

进口货物的收货人、出口货物的发货人、进出境物品的所有人，均是关税的纳税义务人。进出口货物的收货人、发货人是依法取得对外贸易经营权，并进口或者出口货物的法人或者其他社会团体。进出境物品的所有人是指该物品的所有人和推定为所有人的人。一般情况下，对于携带进境的物品，推定其携带人为所有人；对分离运输的行李，推定相应的进出境旅客为所有人；对以邮递方式进境的物品，推定其收件人为所有人；以邮递或其他运输方式出境的物品，推定其寄件人或托运人为所有人。

（三）税率

1. 进口关税税率

进口关税规定了最惠国税率、协定税率、特惠税率、普通税率、关税配额税率 5 种税率形式。不同税率的运用是以进口货物的原产地为标准的。对进口货物在一定时期内可以实行暂定税率。

最惠国税率适用原产于与我国共同适用最惠国待遇条款的世界贸易组织成员国或地区的进口货物，或原产于与我国签订有相互给予最惠国待遇条款的双边贸易协定的国家或地区进口的货物，以及原产于我国境内的进口货物；协定税率适用原产于我国参加的含有关税优惠条款的区域性贸易协定有关缔约方的进口货物；特惠税率适用原产于与我国签订有特殊优惠关税协定的国家或地区的进口货物；普通税率适用原产于上述国家或地区以外的其他国家或地区的进口货物；按照国家规定实行关税配额管理的进口货物，关税配额内的，适用关税配额税率；关税配额外的，其税率的适用按上述税率形式的规定执行。

2. 出口关税税率

我国出口税则为一栏税率，即出口税率。国家仅对少数资源性产品及易于竞相杀价、盲目进口、需要规范出口秩序的半制成品征收出口关税。现行税则对 100 余种商品计征出口关税，主要是鳗鱼苗、部分有色金属矿砂及其精矿、生锑、磷、氟钽酸钾、苯、山羊板皮、部分铁合金、钢铁废碎料、铜和铝原料及其制品、镍锭、锌锭、锑锭。但对上述范围内的部分商品实行 0~25% 的暂定税率。此外，根据需要对其他 200 多种商品征收暂定税率。与进口暂定税率一样，出口暂定税率优先适用于出口税则中规定的出口税率。

3. 特别关税

特别关税包括报复性关税、反倾销税与反补贴税、保障性关税。

1）报复性关税

任何国家或者地区对其进口的原产于我国的货物征收歧视性关税或者给予其他歧视性待遇的，我国对原产于该国家或者地区的进口货物征收报复性关税。

2）反倾销税与反补贴税

进口产品经初裁确定倾销或者补贴成立，并由此对国内产业造成损害的，可以采取临时反倾销或反补贴措施，实施期限为自决定公告规定实施之日起，不超过 4 个月。采取临时反补贴措施在特殊情形下，可以延长至 9 个月。经终裁确定倾销或者补贴成立，并由此对国内产业造成损害的，可以征收反倾销或反补贴税，有可能导致倾销或补贴以及损害的继续或再度发生的，征收期限可以适当延长。

3）保障性关税

有明确证据表明进口产品数量增加，在不采取临时保障措施将对国内产业造成难以补救的损害的紧急情况下，可以做出初裁决定，并采取临时保障措施。临时保障措施采取提高关税的形式。终裁决定确定进口产品数量增加，并由此对国内产业造成损害的，可以采取保障措施。保障措施可以提高关税、数量限制等形式，针对正在进口的产品实施，不区分产品来源国家或地区。其中，采取提高关税形式的，由对外贸易经济合作部提出建议，国务院关税税则委员会根据建议做出决定，由对外贸易经济合作部予以公告。

五、关税的完税价格

《中华人民共和国海关法》规定，进出口货物的完税价格，由海关以该货物的成交价格为基础审查确定。成交价格不能确定时，完税价格由海关依法估定。

（一）进口货物的完税价格

1. 以成交价格为基础的完税价格

进口货物的完税价格包括货物的货价、货物运抵我国境内输入地点起卸前的运输及其相关费用、保险费。

2. 对实付或应付价格进行调整的有关规定

实付或应付价格是指买方为购买进口货物直接或间接支付的总额，即作为卖方销售进口货物的条件，由买方向卖方或为履行卖方义务向第三方已经支付或将要支付的全部款项。

（1）若下列费用或者价值未包括在进口货物的实付或者应付价格中，应当计入完税。

①由买方负担的除购货佣金以外的佣金和经纪费（购货佣金指买方为购买进口货物向自己的采购代理人支付的劳务费用；经纪费指买方为购买进口货物向代表买卖双方利益的经纪人支付的劳务费用）。

②由买方负担的与该货物视为一体的容器费用。

③由买方负担的包装材料和包装劳务费用。

④与该货物的生产和向中国境内销售有关的，买方以免费或以低于成本价方式提供的其他价款，以及在境外开发、设计等相关服务的费用。

⑤与该货物有关并作为卖方向我国销售该货物的一项条件，由买方直接或间接支付的特许权使用费。

⑥卖方直接或间接从买方取得转售、处置或使用所得中获得的收益。

（2）不计入完税价格的项目如下。

①厂房、机械、设备等货物进口后进行建设、安装、装配、维修和技术服务的费用。

②进口货物运抵境内输入地点起卸后的运输及其相关费用、保险费。

③进口关税及国内税收。

3. 进口货物的海关估价

进口货物的成交价格不符合成交价格条件或者成交价格不能确定的，海关经了解有关情况，并与纳税义务人进行价格磋商后，依次以下列价格估定该货物的完税价格。

（1）与该货物同时或者大约同时向中华人民共和国境内销售的相同货物的成交价格。

（2）与该货物同时或者大约同时向中华人民共和国境内销售的类似货物的成交价格。

（3）与该货物进口的同时或者大约同时，将该进口货物、相同或者类似进口货物在第一级销售环节销售给无特殊关系买方最大销售总量的单位价格，但应当扣除规定的项目。

（4）按照下列各项总和计算的价格：生产该货物所使用的料件成本和加工费用，向中华人民共和国境内销售同等级或者同种类货物通常的利润和一般费用，该货物运抵境内输入地点起卸前的运输及其相关费用、保险费。

（5）以合理方法估定的价格。

（二）出口货物的完税价格

1. 以成交价格为基础的完税价格

出口货物的完税价格由海关以该货物向境外销售的成交价格为基础审查确定，并应包括货物运至我国境内输出地点装载前的运输及其相关费用、保险费，但其中包含的出口关税税额，应当扣除。出口货物的成交价格是指该货物出口销售到我国境外时买方向卖方实付或应付的价格。出口货物的成交价格中含有支付给境外的佣金的，如果单独列明，应当扣除。

2. 出口货物的海关估价

出口货物的成交价格不能确定的，海关经了解有关情况，并与纳税义务人进行价格磋商后，依次以下列价格估定该货物的完税价格。

（1）与该货物同时或者大约同时向同一国家或者地区出口的相同货物的成交价格。

（2）与该货物同时或者大约同时向同一国家或者地区出口的类似货物的成交价格。

（3）按照下列各项总和计算的价格：境内生产相同或者类似货物的料件成本、加工费用，通常的利润和一般费用，境内发生的运输及其相关费用、保险费。

（4）以合理方法估定的价格。

六、关税应纳税额的计算

（一）从价税计算方法

从价税是最普遍的关税计征方法，它以进（出）口货物的完税价格作为计税依据。其计算公式如下：

应纳税额＝应税进（出）口货物数量×单位完税价格×适用税率

（二）从量税计算方法

从量税是以进（出）口货物的数量为计税依据的一种关税计征方法。其计算公式如下：

应纳税额＝应税进（出）口货物数量×单位货物税额

（三）复合税计算方法

我国目前实行复合税都是先计征从量税，再计征从价税。其计算公式如下：

应纳税额＝应税进（出）口货物数量×单位货物税额＋应税进（出）口货物数量×单位完税价格×适用税率

(四)滑准税计算方法

滑准税是指关税的税率随着进口货物价格的变动而反方向变动的一种税率形式,即价格越高,税率越低,税率为比例税率。因此,对实行滑准税率的进口货物应纳关税税额的计算方法仍同于从价税的计算方法。其计算公式如下:

应纳税额 = 应税进(出)口货物数量 × 单位完税价格 × 滑准税税率

本章小结

1. 流转税,又称商品课税,是指以流转额为课税对象的税类。流转额包括商品流转额和非商品流转额。商品流转额是指在商品流转过程中发生的交易额,表现为买方的商品销售额和买方的商品采购额。非商品流转额是指提供劳务发生的营业额,表现为各种劳务收入或服务性业务收入金额。流转税是商品生产和商品交换的产物,各种流转税(例如增值税、消费税、关税)是政府财政收入的重要来源。

2. 流转税的特征:课税具有转嫁性和隐蔽性;价格变动对税收影响较大;征税简便,易于征管;税负承担具有累退性。

3. 增值税是对在我国境内销售货物或提供加工修理修配劳务,销售服务、无形资产或者不动产以及进口货物的单位和个人,就其销售货物或提供应税劳务和应税服务的销售额以及进口货物金额计税并实行税款抵扣制的一种流转税。增值税的特征:体现税收中性,普遍征税、道道征税,实行税款抵扣制度,实行价外税制度。

4. 消费税是对在我国境内从事生产、委托加工、零售和进口应税消费品的单位和个人就其销售额或销售数量,在特定环节征收的一种税。消费税的特征:消费税以特定消费品为课税对象,征税环节具有单一性,征收方法具有灵活性,消费税体现了税收的宏观调控功能,消费税实行价内征收,消费税是间接税。

5. 关税是指由海关依法对进出关境的物品和货物征收的一种税。关税统一在关境征税,对进出关境的货物或者物品征税,由专设的海关负责征收。关税的特征:以进出境的货物和物品为征税对象;以货物进出口的国境或关境为征税环节;实行复式税则;关税具有涉外统一性,执行统一的对外经济政策;关税由海关机构代表国家征收。

思考与练习

1. 简述流转税的特征。
2. 简述增值税的类型。
3. 增值税的一般纳税人与小规模纳税人如何划分?
4. 简述增值税的特点和优点。

第十章　所得税

教学要求

通过学习，学生应掌握企业所得税的税制要素、企业所得税应纳税额的计算、个人所得税的税制要素、个人所得税应纳税额的计算；理解所得税的特征与功能。

重点难点

本章的学习重点是企业所得税的税制要素、个人所得税的税制要素、所得税的特征与功能；难点是企业所得税应纳税额的计算、个人所得税应纳税额的计算。

第一节　所得税概述

一、所得税的概念

所得税是以法人和自然人在一定期间获取的所得额为课税对象的一类税收。所得税在整个税收制度中占有极其重要的位置，不论在国家筹集财政收入方面还是在调节经济方面，所得税都具有明显的优势。在许多国家，所得税都是主体税种。在我国，所得税的收入水平还较低，但其经济调节作用却在进一步增强。

从经济学角度出发，所得是在一定时期里以价值表现的经济能力的净增加值，包括：工资、利润、租金、利息等要素所得和赠与、遗产、财产增值等所得。从会计学角度出发，所得必须以现实的交易为基础，包括：工资、利润、租金、利息等要素所得和资本所得。从税收学角度出发，所得是指应纳税所得，在会计学的基础上经过调整而得出的，即应纳税额 = 会计利润总额 ± 纳税调整项目金额。例如，某个企业购买国债，得到国债的利息，其参与了利润，而税法中规定国债的利息是不纳税的，因此应该在会计利润的基础上将国债的利息减掉。

二、所得税的特征

（一）税源普遍且不易转嫁

所得税的课征对象是纳税人的所得额，多为具有连续来源的收益，可以是来自于法人的生产经营所得、投资所得，也可以是来自个人的劳务所得，因而税源比较普遍。所得税属于直接税，税负不易转嫁，一般由纳税人自行承担。（企业会通过调整员工的工资和职工福利的方式来转嫁所得税，只是较难，职工福利费按不超过工资薪金总额 14% 的部分准予扣除）

（二）量能负担，税负公平

所得税一般是以纯收入或净所得为计税依据，一般实行所得多者多征、所得少者少征、无所得者不征的原则，体现量能负担的原则。所得税的一些项目通常采用累进税率，所得越多，税负越高，因而能够有效调节税负分配。所得税一般规定了起征点、免征额和费用扣除项目,照顾到了低收入群体的基本生活状况,因而税负较为公平。

(三)计税复杂,不利征管

对于企业而言,既有成本核算的难度,也有费用扣除的复杂性。对税务机构而言,不仅要核实纳税人应税所得、成本核算、损失扣除、税金计算的准确性,还要审查纳税人税收优惠的合理性,因而税务管理复杂;个人所得税税源分散,税收征管难度较大,征税成本较高。

(四)税收收入富有弹性

正是由于所得税的税源广泛、计税复杂。它可以成为政府的宏观调控手段,政府可以根据经济形势采取灵活的所得税政策,因而使税收收入更具弹性。经济周期繁荣阶段,国家的所得税比其他税种增加得更多;经济周期衰退阶段,国家的所得税比其他税种减少得更快,因为采用累进税率。

三、所得税的功能

(一)筹集财政收入

随着经济发展水平、国民收入水平的提高,纳税人的所得额快速增加,因而所得税的征收更加普遍。由于税基广阔,所得税收入占全部财政收入的比重不断提高,成为国家筹集财政收入的重要来源。所得税多实行的是累进税率,在经济繁荣时期,财政收入能够快速增加。

(二)调节收入分配

所得税具有量能负担的特点,是政府调节收入公平分配的工具。通过累进税率的实施,能够调节不同收入群体的收入差距。所得税中的个人所得税素有“社会公平调节器”之称,具有调节收入公平分配的独特功能,能够有效缩小社会收入分配和财富占有差距。在累进税率下,低收入者适用较低税率征税,高收入者按较高税率征税,有利于促进税负的公平合理,缓和社会矛盾。

(三)稳定宏观经济

累进的所得税政策可以发挥自动稳定器的作用,对宏观经济实行自动调节。在经济繁荣时期,税率档次爬升,税收收入增加,从而抑制纳税人的投资需求和消费需求;在经济衰退时期,税率档次下降,税收收入减少,从而刺激纳税人的投资需求和消费需求。相机抉择财政政策中的税收工具更是可以对需求起到抑制或扩张的作用,通过调整所得税的减免税政策、征税范围,就可以熨平宏观经济的波动。

第二节　企业所得税

企业所得税是以企业或者组织为纳税义务人,对其一定期间内的所得额征收的一种税。它是国家参与企业利润分配,正确处理国家与企业分配关系的一个重要税种,体现了国家与企业的分配关系。

一、纳税义务人

企业所得税的纳税义务人是我国境内的企业和其他取得收入的组织,不包括个人独资企业、合伙企业。个人独资企业是指个人出资经营、归个人所有和控制、由个人承担风险和享有全部经营收益的企业。自然人企业是最古老、最简单的一种企业组织形式，主要盛行于零售业、手工业、农业、林业、渔业、服务业和家庭作坊等。合伙企业是指在中国境内设立的，由两个或两个以上的自然人通过订立合伙协议，共同出资经营、共负盈亏、共担风险的企业组织形式。因为个人独资企业与合伙企业的个人财产与企业财产不分，所以对它们征收个人所得税。

企业所得税的纳税义务人分为居民企业和非居民企业。

(一)居民企业

居民企业是依法在中国境内成立，或者依照外国(地区)法律成立但实际管理机构在中国境内的企业。这里的企业包括国营企业、集体企业、私营企业、联营企业、股份制企业、外商投资企业、外国企业以及有生产、经营所得和其他所得的其他组织。其中，有生产、经营所得和其他所得的其他组织，是经国家有关部门批准，依法注册和登记的事业单位、社会团体等组织。由于我国的一些社会团体组织、事业单位在完成国家事业计划的过程中，开展多种经营和有偿服务活动，取得除财政部门各项拨款、财政部和国家价格主管部门批准的各项规费收入以外的经营收入，具有了经营的特点，应当视同企业纳入征税范围。其中，实际管理机构是指对企业的生产经营、人员、账务、财产等实施实质性全面管理和控制的机构。

(二)非居民企业

非居民企业是指依照外国(地区)法律成立且实际管理机构不在中国境内，但在中国境内设立机构、场所的，或者在中国境内未设立机构场所，但有来源于中国境内所得的企业。机构、场所是指在中国境内从事生产经营活动的机构、场所，包括以下几个方面：

(1)管理机构、营业机构、办事机构；

(2)工厂、农场、开采自然资源的场所；

(3)提供劳务的场所；

(4)从事建筑、安装、装配、修理、勘探等工程作业的场所；

(5)其他从事生产经营活动的机构、场所。

非居民企业委托营业代理人在中国境内从事生产经营活动的，包括委托单位或者个人经常代其签订合同或者储存、交付货物等，该营业代理人被视为非居民企业在中国境内设立的机构、场所。

注意：外国企业并非都是非居民企业；机构、场所不等于实际管理机构。

【例 10-1】 A 公司在南非注册成立，总机构设在南非，该公司在上海设有营业机构，该公司的董事会大多在上海举行，在上海举行的董事会会议决定除矿井作业以外的所有经营事项，该公司在中国境内外的经营由上海的机构控制、管理与指导。

B 公司是依照韩国法律在韩国注册成立的企业，该公司的实际管理机构在韩国，B 公司为销售便利，在北京和深圳设立了办事机构。

判断分析：A、B 公司是否属于中国的居民企业？

解：(1)A 公司为中国的居民企业。A 公司虽然在南非成立，但 A 公司位于上海的机构承担了对A公司的生产经营实施实质性全面管理和控制的职责，即A公司的实际管理机构在中国。

（2）B公司为中国的非居民企业。因为B公司既不在中国境内成立，实际管理机构也不在中国。

二、课税对象

（一）居民企业的课税对象

居民企业的课税对象是来源于我国境内、境外的所得，包括销售货物所得、提供劳务所得、转让财产所得、股息红利等权益性投资所得、利息所得、租金所得、特许权使用费所得、接受捐赠所得和其他所得。

（二）非居民企业的课税对象

非居民企业的课税对象是我国境内所设机构、场所取得的境内所得，与其所设机构、场所有实际联系的境外所得，在我国境内未设立机构、场所或虽设立机构、场所但与其机构、场所没有实际联系的境内所得。实际联系是指非居民企业在中国境内设立的机构、场所拥有的据以取得所得的股权、债权，以及拥有、管理、控制据以取得所得的财产。

（三）所得来源的确定

（1）销售货物所得，按照交易活动发生地确定。

（2）提供劳务所得，按照劳务发生地确定。

（3）转让财产所得。其中，不动产转让所得按照不动产所在地确定；动产转让所得按照转让动产的企业或者机构、场所所在地确定；权益性投资资产转让所得按照被投资企业所在地确定。

（4）股息、红利等权益性投资所得，按照分配所得的企业所在地确定。

（5）利息所得、租金所得、特许权使用费所得，按照负担、支付所得的企业或者机构、场所所在地确定，或者按照负担、支付所得的个人的住所确定。

（6）其他所得，由国务院财政、税务主管部门确定。

三、税率

企业所得税实行比例税率，基本税率为25%，低税率为20%。

基本税率适用于居民企业和在中国境内设有机构、场所且所得与机构、场所有关联的非居民企业。

低税率适用于在中国境内未设立机构、场所的，或者虽设立机构、场所但取得的所得与其所设机构、场所没有实际联系的非居民企业。

小型微利企业按20%的税率征收企业所得税。小型微利企业是指年度应纳税所得额外低于30万元、从业人数少于100人、资产总额不超过3 000万元的工业企业；年度应纳税所得额低于30万元、从业人数少于80人、资产总额不超过1 000万元的企业。

四、应纳税所得额

企业所得税的应纳税所得额是企业所得税的计税依据，是指企业每一纳税年度收入总额减除不征税收入、免税收入、各项扣除以及允许弥补的以前年度亏损后的余额。正确确定应纳税所得额是正确计算应纳所得税税额的关键,直接关系到国家财政收入的实现和纳税人的税收负担,是所得税制度的核心问题。其基本公式为

应纳税所得额 = 收入总额 - 不征税收入 - 免税收入 - 各项扣除 - 以前年度亏损

(一)收入总额

收入总额是指纳税人在一个纳税年度内取得的货币形式和非货币形式的各项收入,具体包括销售货物收入、提供劳务收入、转让财产收入、股息红利等权益性投资收入、利息收入、租金收入、特许权使用费收入、接受捐赠收入和其他收入。

货币形式的收入包括:现金、存款、应收账款、应收票据、准备持有至到期的债券投资以及债务的豁免等。非货币形式的收入包括:固定资产、生物资产、无形资产、股权投资、存货、不准备持有至到期的债券投资、劳务及有关权益等,需按照公允价值确定收入额。

1. 收入确定的基本规定

(1)销售货物收入是指企业销售商品、产品、原材料、包装物、低值易耗品以及其他存货取得的收入。

(2)劳务收入是指企业从事建筑安装、修理修配、交通运输、仓储租赁、金融保险、邮电通信、咨询经纪、文化体育、科学研究、技术服务、教育培训、餐馆住宿、中介代理、卫生保健、社区服务、旅游、娱乐、加工以及其他劳务活动取得的收入。

(3)转让财产收入是指企业转让固定资产、生物资产、无形资产、股权、债权等财产取得的收入。

(4)股息、红利等权益性投资收益是指企业因权益性投资从被投资方取得的收入。股息、红利等权益投资收益,除国务院财政、税务主管部门另有规定外,按照被投资方做出利润分配决定的日期确认收入的实现。

(5)利息收入是指企业将资金提供他人使用但不构成权益性投资,或者因他人占有本企业资金取得的收入,包括存款利息、贷款利息、债券利息、欠款利息等收入。利息收入按照合同约定的债务人应付利息的日期确认收入的实现。

(6)租金收入是指企业提供固定资产、包装物或者其他有形资产的使用权取得的收入。租金收入按照合同约定的承租人应付租金的日期确认收入的实现。

(7)特许权使用费收入是指企业提供专利权、非专利技术、商标权、著作权以及其他特许权的使用权取得的收入。特许权使用费收入按照合同约定的特许权使用人应付特许权使用费的日期确认收入的实现。

(8)接受捐赠收入是指企业接受的来自其他企业、组织或者个人无偿给予的货币性资产、非货币性资产。接受捐赠收入,按照实际收到捐赠资产的日期确认收入的实现。

(9)其他收入是指企业取得的除以上收入以外的其他收入,包括企业资产溢余收入、逾期未退包装物押金收入、确实无法偿付的应付款项、已作坏账损失处理后又收回的应收款项、债务重组收入、补贴收入、违约金收入、汇兑收益等。

2. 收入确定的特殊规定

(1)以分期收款方式销售货物的,按照合同约定的收款日期确认收入的实现。

（2）企业受托加工制造大型机械设备、船舶、飞机，以及从事建筑、安装、装配工程业务或者提供其他劳务等，持续时间超过12个月的，按照纳税年度内完工进度或者完成的工作量确认收入的实现。

（3）采取产品分成方式取得收入的，按照企业分得产品的日期确认收入的实现，其收入额按照产品的公允价值确定。

（4）企业发生非货币性资产交换，以及将货物、财产、劳务用于捐赠、偿债、赞助、集资、广告、样品、职工福利或者利润分配等用途的，应当视同销售货物、转让财产或者提供劳务，但国务院财政、税务主管部门另有规定的除外。

3. 处置资产收入的确认

（1）内部处置资产（所有权在形式和内容上均不变），不视同销售确认收入，相关资产的计税基础延续计算。例如，将资产用于生产、制造、加工另一产品；改变资产开关、结构或性能；改变资产用途（如自建商品房转为自用或经营）；将资产在总机构及分支机构之间转移；上述两种或两种以上情形的混合；其他不改变资产所有权属的用途。

（2）资产移送他人，所有权属发生改变的，按视同销售确认收入。例如，用于市场推广或销售；用于交际应酬；用于职工奖励或福利；用于股息分配；用于对外捐赠；其他改变资产所有权的用途。

（3）属于企业自制的资产，按企业同类资产同期对外售价确定销售收入；属于外购的资产，可按购入时的价格确定销售收入。

4. 相关收入实现的确认

（1）企业销售商品同时满足下列条件的，应确认收入的实现：已签订销售合同，企业已将商品所有权相关的主要风险和报酬转移给购货方；企业对所售出的商品既没有保留通常与所有权相联系的继续管理权，也没有实施有效控制；收入的金额能可靠计量；已发生或将发生的销货方的成本能够可靠计量。

（2）符合以上收入确认条件，采取下列商品销售方式的，按照以下规定确定收入实现时间：托收承付方式的，以办妥托收手续时确认收入；预收款方式的，以发出商品时确认收入；商品需要安装和检验的，在购买方接收商品及安装检验完毕时确认收入；以支付手续费方式委托代销的，在收到代销清单时确认收入。

（3）采用售后回购方式销售商品的，销售的商品按照售价确认收入，回购的商品作为购进商品处理。

（4）销售商品以旧换新的，销售商品应该按照收入确认条件确认收入，回收的商品作为购进商品处理。

（5）企业为促进商品销售而在商品价格上给予的价格扣除属于商业折扣，应该按照扣除商业折扣后的金额确定销售商品收入金额。

（6）企业在各纳税期末，提供劳务交易的结果能够可靠估计的，采用完工进度（完工百分比）法确认提供劳务收入。

（7）企业以买一赠一等方式组合销售本企业产品的，不属于捐赠，应将总的销售金额按照各项商品的公允价值的比例来分摊确认各项的销售收入。

(8)企业取得资产(包括各类资产、股权、债券等)转让收入、债务重组收入、接受捐赠收入、无法偿付的应付款收入等,不论是以货币形式还是非货币形式体现,除另有规定外,均应一次性计入确认收入的年度计算缴纳企业所得税。

(二)不征税收入

不征税收入是指从性质或根源上不属于企业营利性活动带来的经济利益、不负有纳税义务并不作为应纳税所得额组成部分的收入。不征税收入包括:财政拨款,依法收取并纳入财政管理的行政事业性收费、政府性基金,国务院规定的其他不征税收入。

(1)财政拨款是指各级人民政府对纳入预算管理的事业单位、社会团体等组织拨付的财政资金,但国务院和国务院财政、税务主管部门另有规定的除外。

(2)行政事业性收费是指依照法律法规等有关规定,按照国务院规定程序批准,在实施社会公共管理,以及在向公民、法人或者其他组织提供特定公共服务过程中,向特定对象收取并纳入财政管理的费用。

政府性基金是指企业依照法律、行政法规等有关规定,代政府收取的具有专项用途的财政资金。

(3)国务院规定的其他不征税收入是指企业取得的,由国务院财政、税务主管部门规定专项用途并经国务院批准的财政性资金。财政性资金是指企业取得的来源于政府及其有关部门的财政补助、补贴、贷款贴息,以及其他各类财政专项资金,包括直接减免的增值税和即征即退、先征后退、先征后返的各种税收,但不包括企业按规定取得的出口退税款。

①企业取得的各类财政性资金,除属于国家投资和资金使用后要求归还本金的以外,均应计入企业当年收入总额。

②对企业取得的由国务院财政、税务主管部门规定专项用途并经国务院批准的财政性资金,准予作为不征税收入,在计算应纳税所得额时从收入总额中减除。

③纳入预算管理的事业单位、社会团体等组织按照核定的预算和经费报领关系收到的由财政部门或上级单位拨入的财政补助收入,准予作为不征税收入,另有规定的除外。

(三)免税收入

(1)企业取得的国债利息收入。

(2)居民企业直接投资于其他居民企业取得的股息、红利等权益性收益,在我国境内设立机构、场所的非居民企业从居民企业取得与该机构、场所有实际联系的股息、红利等权益性收益,收益中不包括连续持有居民企业公开发行并上市流通的股票不足12个月取得的投资收益。

(3)符合条件的非营利性组织的收入,不包括非营利性组织从事营利性活动取得的收入,但国务院财政、税务主管部门另有规定的除外。

(四)各项扣除

1. 准予扣除项目的内容

企业实际发生的与取得收入有关的、合理的成本、费用、税金、损失和其他支出,准予在计算应纳税所得额时扣除。除企业所得税法另有规定外,不得重复扣除。

(1)成本是指企业在生产经营活动中发生的销售成本、销货成本、业务支出以及其他耗费,即企业销售商品(产品、材料、下脚料、废料、废旧物资等)、提供劳务、转让固定资产、无形资产(包括技术转让)的成本。

(2)费用是指企业每一个纳税年度为生产、经营商品和提供劳务等所发生的销售费用、管理费用和财务费用。

(3)税金是指企业发生的除企业所得税和允许抵扣的增值税以外的企业缴纳的各项税金及其附加。

(4)损失是指企业在生产经营活动中发生的固定资产和存货的盘亏、毁损、报废损失,转让财产损失,呆账损失,坏账损失,自然灾害等不可抗力因素造成的损失及其他损失。

(5)其他支出是指除成本、费用、税金、损失外,企业在生产经营活动中发生的与生产经营活动有关的、合理的支出。

2. 部分准予扣除项目的范围和标准

1)工资、薪金支出

企业发生的合理的工资、薪金支出准予据实扣除。工资、薪金是指企业每一纳税年度支付给在本企业任职或者受雇的员工的所有现金形式或者非现金形式的劳动报酬,包括:基本工资、资金、津贴、补贴、年终加薪、加班工资,以及与任职或者与受雇有关的其他支出。国营企业发放的工资薪金不得超过政府有关部门规定的限定数额,超过部分不得计入工资薪金总额,也不得在计算企业所得税时扣除。“合理的工资、薪金”是指企业按照股东大会、董事会、薪酬委员会或相关管理机构制定的工资薪金制度实际发放给员工的工资薪金。税务机关在对工资薪金进行合理性确认时,可按以下原则掌握:①企业制定了较为规范的员工工资薪金制度;②企业所制定的工资薪金制度符合行业及地区水平;③企业在一定时期所发放的工资薪金是相对固定的,工资薪金的调整是有序进行的;④企业对实际发放的工资薪金,已依法履行了代扣代缴个人所得税的义务;⑤有关工资薪金的安排,不以减少或逃避税款为目的。

2)职工福利费、工会经费、职工教育经费

企业实际发生的职工福利费、工会经费、职工教育经费,未超过标准的按实际数扣除,超过标准的按标准扣除。职工福利费支出按不超过工资薪金总额 14% 的部分准予扣除,超过规定部分不得扣除。企业职工福利费,包括以下内容:①尚未实行分离办社会职能的企业,其内设福利部门所发生的设备、设施和人员费,包括职工食堂、职工浴室、理发室、医务所、托儿所、疗养院等集体福利部门的设备、设施及维修保养费用和福利部门工作人员的工资薪金、社会保险费、住房公积金、劳务费等;②为职工卫生保健、生活、住房、交通等所发放的各项补贴和非货币性福利,包括企业向职工发放的因公外地就医费用、未实行医疗统筹企业职工医疗费用、职工供养直系亲属医疗补贴、供暖费补贴、职工防暑降温费、职工困难补贴、救济费、职工食堂经费补贴、职工交通补贴等;③按照其他规定发生的其他职工福利费,包括丧葬补助费、抚恤费、安家费、探亲假路费等。

企业拨缴的工会经费按不超过工资薪金总额2%的部分准予扣除,超过规定部分不得扣除。企业凭工会组织开具的"工会经费收入专用依据"在企业所得税税前扣除,在委托税务机关代收工会经费的地区,企业拨缴的工会经费,也可凭合法、有效的工会经费代收凭据依法在税前扣除。

自2018年1月1日起,企业发生的职工教育经费支出,按不超过工资薪金总额8%的部分准予在计算企业所得税应纳税所得额时扣除,超过部分准予结转以后纳税年度扣除。软件生产企业的职工培训费用,可按实际发生额在计算应纳税所得额时扣除。核力发电企业为培养核电厂操纵员发生的培养费用,可作为企业的发电成本在税前扣除。航空企业实际发生的飞行员养成费、飞行训练费、乘务训练费、空中保卫员训练费等空勤训练费用,可以作为航空企业运输成本在税前扣除。企业职工参加社会上的学历教育以及个人为取得学位而参加的在职教育,所需费用应由个人承担,不能挤占企业的职工教育培训费。对于企业高层管理人员的境外培训和考察,其一次性单项支出较高的费用应从其他管理费用中支出,避免挤占日常的职工教育培训费开支。

3)社会保险费

企业按照国务院有关主管部门或者省级人民政府规定的范围和标准为职工缴纳的基本养老保险费、基本医疗保险费、失业保险费、工伤保险费、生育保险费等基本社会保险费和住房公积金准予扣除。

企业根据国家有关政策规定,为在本企业任职或者受雇的全体员工支付的补充养老保险费、补充医疗保险费,分别在不超过职工工资总额5%标准内的部分,在计算应纳税所得额时准予扣除,超过部分不予扣除。

4)商业保险

企业按照国家有关规定为特殊工种职工支付的人身安全保险费和符合国务院财政、税务主管部门规定的商业保险准予扣除,企业为投资者或职工支付的商业保险费,不得扣除;企业参加财产保险按照规定缴纳的保险费,准予扣除。

因公出差乘坐交通工具发生的人身意外保险费支出,准予企业在计算应纳税所得额时扣除。

企业参加雇主责任险、公众责任险等责任保险,按照规定缴纳的保险费,准予在企业所得税税前扣除。

5)利息费用

非金融企业向金融企业借款的利息支出、金融企业的各项存款利息支出和同业拆借利息支出、企业经批准发行债券的利息支出据实扣除;非金融企业向非金融企业借款的利息支出,不超过按照金融企业同期同类贷款利率计算的部分据实扣除,超过部分不许扣除;企业从其关联方接受债权性投资与权益性投资的比例不超过规定比例(金融企业5:1,其他企业2:1)和有关规定计算的部分准予扣除。

6)借款费用

企业生产经营中发生的不需资本化的合理借款费用准予扣除;企业为购置、建造固定资产、无形资产和经过 12 个月以上的建造才能达到预定可销售状态的存货发生借款的，在有关资产购置、建造期间发生的合理的借款费用，应当作为资本性支出计入有关资产的成本，有关资产交付使用后发生的借款利息，可在发生当期扣除。

7）汇兑损失

企业在货币交易中或在纳税年度终了时将外币性资产、负债按期末即期人民币汇率中间价折算时产生的汇兑损失，除已计入有关资产成本和向所有者利润分配的部分外，准予扣除。

8）业务招待费

企业生产经营中发生的业务招待费按发生额的 60% 扣除，最高不得超过当年销售（营业）收入的 0.5%；企业在筹建期间发生的与筹办活动有关的业务招待费支出，可按实际发生额的 60% 计入企业筹办费，并按有关规定在税前扣除。

9）广告费和业务宣传费

企业发生的符合条件的广告费和业务宣传费支出，除国务院财税主管部门另有规定外，不超过当年销售收入 15% 的部分，准予扣除；超过部分准予结转以后纳税年度扣除。

10）环境保护专项资金

企业依照法律、行政法规有关规定提取的环境保护、生态恢复等方面的专项资金准予扣除，但在专项资金提取后改变用途的，不得扣除。

11）租赁费

经营租赁方式租入固定资产的租赁费，按租赁期限均匀扣除，经营租赁是指所有权不转移的租赁；融资租赁方式租入固定资产的租赁费，按融资租入固定资产价值提取折旧的部分分期扣除，融资租赁是指转移与一项资产所有权有关的全部风险和报酬的一种租赁。

12）劳动保护费

企业发生的合理的劳动保护支出，准予扣除。企业统一制作并要求员工统一着装所发生的工作服饰费用，可作为企业合理的劳动保护支出准予扣除。

13）公益性捐赠支出

符合规定范围的公益性捐赠支出，不超过年度会计利润 12% 的部分，准予扣除。

14）有关资产的费用

企业转让各类固定资产发生的费用，按规定计算的固定资产折旧费、无形资产和递延资产的摊销费，准予扣除。

15）总机构分摊的费用

非居民企业在中国境内设立的机构、场所，就其中国境外总机构发生的与该机构、场所生产经营有关的费用，能够提供总机构出具的费用汇集范围、定额、分配依据和方法等证明文件并合理分摊的，准予扣除。

16）资产损失

企业当期发生的固定资产和流动资产盘亏、毁损净损失，在提供清查盘存资料经主管税务机关审核后准予扣除。企业因存货盘亏、毁损、报废等原因不得从销项税金中抵扣的进项税金,应视同企业财产损失,准予与存货损失一起在所得税前按规定扣除。

17)手续和佣金支出

企业发生的与生产经营有关的手续费及佣金支出,不超过规定计算限额的部分准予扣除,超过部分不得扣除。

(1)保险企业:财产保险企业按当年全部保费收入扣除退保金等后余额的15%计算限额;人身保险企业按当年全部保费收入扣除退保金等后余额的10%计算限额。

(2)其他企业:按与具有合法经营资格中介服务机构或个人(不含交易双方及其雇员、代理人和代表人等)所签订服务协议或合同确认的收入金额的5%计算限额。

18)研究开发费

企业为开发新技术、新产品、新工艺发生的研究开发费用,未形成无形资产计入当期损益的,在依照规定据实扣除的基础上按50%加计扣除;已形成无形资产的,按无形资产成本的150%摊销。

19)其他项目

依照有关规定准予扣除的其他项目,如会员费、合理的会议费、差旅费、违约金、诉讼费用等。

(五)不得扣除的项目

有关所得税,企业在计算应纳税所得额时,不得扣除的项目如下:

(1)向投资者支付的股息、红利等权益性投资收益款项;

(2)企业所得税税款;

(3)税收滞纳金;

(4)罚款、罚金和被没收财物的损失;

(5)超过规定标准的捐赠支出;

(6)各种非广告性质的赞助支出;

(7)未经核定的各项资产减值准备、风险准备等准备金支出;

(8)企业间支付的管理费、企业内营业机构间支付的租金和特许权使用费及非银行企业内营业机构之间支付的利息;

(9)与取得收入无关的其他支出。

(六)亏损弥补

企业某一纳税年度发生的亏损可以用下一年度的所得弥补,下一年度的所得不足以弥补的,可以逐年延续弥补,但最长不得超过5年。企业汇总计算企业所得税时,其境外营业机构的亏损不得抵减境内营业机构的盈利。企业筹办期间的费用支出不得计算为当期的亏损,企业可选择在开始经营之日的当年一次性扣除或按照新税法有关长期待摊费用的处理规定处理,一经选定,不得改变。

【例10-2】 表10-1为经税务机关审定的某国营企业7年应纳税所得额情况,假设该企业一直执行5年亏损弥补规定,请计算该企业7年间须缴纳的企业所得税。

表 10-1　某国营企业 7 年应纳税所得额情况

（万元）

年度	2003	2004	2005	2006	2007	2008	2009
应纳税所得额	-100	10	-20	30	20	30	60

解：应纳企业所得税 =40 × 25%=10（万元）

（七）资产的税务处理

企业的固定资产、生物资产、无形资产、长期待摊费用、投资资产、存货等各项资产，以历史成本为计税基础。企业持有各项资产期间资产增值或者减值，除国务院财税主管部门规定可以确认损益外，不得调整该资产的计税基础。为形成资产发生的资本性支出及无形资产的受让、开发费用不允许从纳税人的收入总额中一次性扣除，只能采取分次计提折旧或分次摊销的方式予以扣除。企业在财务会计核算中与税法规定不一致的，应依照税法规定予以调整。

五、企业所得税应纳税额的计算

企业所得税应纳税额是应纳税所得额乘以适用税率后减除按照企业所得税法和国务院税收优惠规定减征、免征、抵免税额的余额。

应纳税额 = 应纳税所得额 × 适用税率 - 减免税额 - 抵免所得税额

（一）直接计算法

应纳税所得额为企业每一纳税年度的收入总额减除不征税收入、免税收入、各项扣除金额，以及允许弥补的以前年度亏损后的余额，其计算公式如下：

应纳税所得额 = 收入总额 - 不征税收入 - 免税收入 - 各项扣除金额 - 弥补亏损

（二）间接计算法

应纳税所得额为会计利润总额加或减按照税法规定调整的项目金额后的余额，其计算公式如下：

应纳税所得额 = 会计利润总额 ± 纳税调整项目金额

【例 10-3】 假定某企业为居民企业，2018 年经营业务如下：取得销售收入 2 500 万元；销售成本 1 100 万元；发生销售费用 670 万元（其中广告费 450 万元），管理费用 480 万元（其中业务招待费 15 万元），财务费用 60 万元；销售税金 160 万元（含增值税 120 万元）；营业外收入 70 万元；营业外支出 50 万元（含通过公益性社会团体向贫困山区捐款 30 万元，支付税收滞纳金 6 万元）；计入成本、费用中的实发工资总额 150 万元、拨缴职工工会经费 3 万元、支出职工福利费和职工教育经费 29 万元。要求：计算该企业 2009 年度实际应纳的企业所得税。

解：会计利润总额 =2 500+70-1 100-670-480-60-（160-120）-50=170（万元）

广告费和业务宣传费调增所得额 =450-2 500 × 15%=450-375=75（万元）

业务招待费扣除限额：2 500 × 0.5%=12.5（万元）＞ 15 × 60%=9（万元）

业务招待费调增所得额 =15-15 × 60%=15-9=6（万元）

捐赠支出应调增所得额 =30−170×12%=9.6（万元）

职工工会经费、福利费和教育经费调增所得额 =3+29−150×18.5%=4.25（万元）

应纳税所得额 =170+75+6+9.6+6+4.25=270.85（万元）

2018 年应缴企业所得税 =270.85×25%=67.71（万元）

第三节　个人所得税

个人所得税是指对自然人的劳动和非劳动所取得的各项应税所得征收的一种税，体现国家与个人之间的分配关系。

一、纳税义务人

个人所得税的纳税义务人，包括中国公民、个体工商户、个人独资企业、合伙企业投资者、在中国大陆有所得的外籍人员（包括无国籍人员）和中国香港、澳门、台湾地区的同胞。纳税义务人依据住所和居住时间两个标准，区分为居民个人和非居民个人，分别承担不同的纳税义务。

（一）居民个人

在中国境内有住所，或者无住所而一个纳税年度内在中国境内居住累计满 183 天的个人，为居民个人。居民个人从中国境内和境外取得的所得，依照相关规定缴纳个人所得税。居民纳税人负有无限纳税义务，即其所得的应纳税所得，无论来源于中国境内还是中国境外任何地方，都要在中国缴纳个人所得税。

（二）非居民个人

在中国境内无住所又不居住，或者无住所而一个纳税年度内在中国境内居住累计不满 183 天的个人，为非居民个人。非居民个人从中国境内取得的所得，依照相关规定缴纳个人所得税。非居民纳税人承担有限纳税义务，即仅就来源于中国境内的所得，向中国缴纳个人所得税。

中国境内无住所个人纳税义务的确认见表 10-2。

表 10-2　中国境内无住所个人纳税义务的确认

分类	在中国境内居住时间	来源于中国境内的所得		来源于中国境外的所得	
		由中国境内企事业单位和其他经济组织或者居民个人支付的部分	由境外雇主支付并且不由该雇主在中国境内的机构、场所负担的部分	由中国境内企事业单位和其他经济组织或者居民个人支付的部分	由境外雇主支付并且不由该雇主在中国境内的机构、场所负担的部分
非居民个人	在一个纳税年度中在中国境内连续或者累计居住不超过 90 天的	征税	免税	不征[注2]	不征
	在一个纳税年度内在中国境内累计居住超过 90 天但未满 183 天的	征税	征税[注1]	不征[注2]	不征

续表

分类	在中国境内居住时间	来源于中国境内的所得		来源于中国境外的所得	
		由中国境内企事业单位和其他经济组织或者居民个人支付的部分	由境外雇主支付并且不由该雇主在中国境内的机构、场所负担的部分	由中国境内企事业单位和其他经济组织或者居民个人支付的部分	由境外雇主支付并且不由该雇主在中国境内的机构、场所负担的部分
居民个人	在境内居住累计满 183 天的年度连续不满 5 年的，或满 5 年但其间有单次离境超过 30 天情形的	征税	征税	征税	免税
	在境内居住累计满 183 天的年度连续满 5 年的，且在 5 年内未发生单次离境超过 30 天情形的	征税	征税	征税	征税

[注 1]税收协定另有约定的从其规定；[注 2]高级管理人员除外。

二、课税对象

我国的个人所得税实行分类课征制度，个人的全部收入被划分为 9 类，分别课税。个人所得税的课税对象包括：工资、薪金所得；劳务报酬所得；稿酬所得；特许权使用费所得；经营所得；利息、股息、红利所得；财产租赁所得；财产转让所得；偶然所得。居民个人取得工资、薪金所得，劳务报酬所得，稿酬所得，特许权使用费所得（以下称综合所得），按纳税年度合并计算个人所得税。非居民个人取得工资、薪金所得，劳务报酬所得，稿酬所得，特许权使用费所得，按月或者按次分项计算个人所得税。纳税人取得经营所得，利息、股息、红利所得，财产租赁所得，财产转让所得，偶然所得。

（一）工资、薪金所得

工资、薪金所得是指个人因任职或受聘而取得的工资、薪金、奖金、年终加薪、劳动分红、津贴、补贴以及与任职或受雇有关的其他所得。实行内部退养的个人，在办理内部退养手续后从原任职单位取得的一次性收入，或法定离退休年龄前从原任职单位取得的工资、薪金，或在办理内部退养手续后至法定离退休年龄之间重新就业取得的工资、薪金按“工资、薪金所得”项目征税。对于个人收入中的独生子女补贴、托儿补助费、差旅费津贴、误餐补助及执行公务员工资制度未纳入基本工资总额的补贴、津贴差额和家属成员的副食品补贴不属于纳税人工资薪金所得项目的收入，不予征税。

（二）劳务报酬所得

劳务报酬所得是指个人独立从事设计、装潢、安装、制图、化验、测试、医疗、法律、会计、咨询、讲学、新闻、广播、审稿、书画、雕刻、影视、录音、录像、演出、表演、广告、展览、技术服务、介绍服务、经纪服务、代办服务取得的报酬。劳务报酬所得与工资薪金所得的主要区别在于：工薪所得的取得存在雇佣与被雇佣关系，属于非独立个人劳务活动所得；而劳务报酬所得属于独立个人劳务活动所得，不存在这种关系。一般来说，劳务报酬所得与工资薪金所得的具体判定标准有：是否缴纳三险一金；是否签订劳动合同；是否与其他职工享受同等福利待遇。

（三）稿酬所得

稿酬所得是指个人因其作品以图书、报刊形式出版、发表而取得的所得。对不以图书、报刊形式出版、发表的翻译、审稿、书画所得归为劳务报酬所得。这里所说的"作品"是指包括中外文字、图片、乐谱等能以图书、报刊方式出版、发表的作品；"个人作品"包括本人的著作、翻译的作品等。个人取得遗作稿酬，应按稿酬所得项目计税。

（四）特许权使用费所得

特许权使用费所得是指个人提供专利权、商标权、著作权、非专利技术以及其他特许权的使用权取得的所得。提供著作权的使用权取得的所得，不包括稿酬所得。作者将自己文字作品手稿原件或复印件公开拍卖（竞价）取得的所得，应按特许使用费所得项目计税。

（五）经营所得

经营所得是指个人通过在中国境内注册登记的个体工商户、个人独资企业、合伙企业从事生产、经营活动取得的所得；个人依法取得执照，从事办学、医疗、咨询以及其他有偿服务活动取得的所得；个人承包、承租、转包、转租取得的所得；个人从事其他生产、经营活动取得的所得。

（六）利息、股息、红利所得

利息、股息、红利所得是指个人拥有债权、股权而取得的利息、股息、红利所得。利息是指个人的存款利息、贷款利息和购买各种债券的利息。股息也称股利，是指股票持有人根据股份制公司章程规定，凭股票定期从股份公司取得的投资收益。红利也称公司（企业）分红，是指股份公司或企业根据应分配的利润按股份分配超过股息部分的利润。股份制企业以股票形式向股东个人支付股息、红利即派发红股，应以派发的股票面额为收入额计税。除个人独资企业、合伙企业以外的其他企业的个人投资者，以企业资金为本人、家庭成员及其相关人员支付与企业生产经营无关的消费性支出及购买汽车、住房等财产性支出，视为企业对个人投资者的红利分配，依照"利息、股息、红利所得"项目计征个人所得税。

（七）财产租赁所得

财产租赁所得是指个人出租建筑物、土地使用权、机器设备、车船以及其他财产取得的所得。个人取得的财税和转租收入属于"财产租赁所得"的征税范围。

（八）财产转让所得

财产转让所得是指个人转让有价证券、股权、合伙企业中的财产份额、不动产、土地使用权、机器设备、车船以及其他财产取得的所得。

（九）偶然所得

偶然所得是指个人得奖、中奖、中彩及其他偶然性质的所得。个人参加有奖储蓄取得的各种形式的中奖所得，个人因参加企业的有奖销售活动而取得的赠品所得，属于"偶然所得"的征税范围。偶然所得应缴纳的个人所得税税款，一律由发奖单位或机构代扣代缴。

三、税率

(一)居民个人的综合所得

综合所得是指居民个人取得工资、薪金所得,劳务报酬所得,稿酬所得,特许权使用费所得。综合所得,适用 3%~45% 的超额累进税率表。综合所得适用表 10-3。

表 10-3　个人所得税综合所得适用税率

级数	全年应纳税所得额	税率(%)	速算扣除数
1	不超过 36 000 元的	3	0
2	超过 36 000 元至 144 000 元的部分	10	2 520
3	超过 144 000 元至 300 000 元的部分	20	16 920
4	超过 300 000 元至 420 000 元的部分	25	31 920
5	超过 420 000 元至 660 000 元的部分	30	52 920
6	超过 660 000 元至 960 000 元的部分	35	85 920
7	超过 960 000 元的部分	45	181 920

(二)非居民个人工资、薪金所得、劳务所得、稿酬所得、特许权使用费所得

非居民个人取得工资、薪金所得,依照表 10-3 按月换算后计算应纳税额,见表 10-4。

表 10-4　按月换算后的非居民个人工资薪金所得适用税率

级数	全月应纳税所得额	税率(%)	速算扣除数
1	不超过 3 000 元的	3%	0
2	超过 3 000 元至 12 000 元的部分	10%	210
3	超过 12 000 元至 25 000 元的部分	20%	1 410
4	超过 25 000 元至 35 000 元的部分	25%	2 660
5	超过 35 000 元至 55 000 元的部分	30%	4 410
6	超过 55 000 元至 80 000 元的部分	35%	7 160
7	超过 80 000 元的部分	45%	15 160

非居民个人取得劳务报酬所得、稿酬所得和特许权使用费所得,按照 20% 的税率计算。

什么是速算扣除数?

速算扣除数是指为解决超额累进税率分级计算税额的复杂技术问题,而预先计算出的一个数据。超额累进税率的计税特点,是把全部应税金额分成若干等级部分,每个等级部分分别按相应的税率计征,税额计算比较复杂。简便的计算方法是先将全部应税金额按其适用的最高税率计税,然后再减去速算扣除数,其余额就为按超额累进税率计算的税额。速算扣除数是按全额累进税率计算的税额和按超额累进税率计算的税额相减后的一个差数。例如,工资 9 000 元,应纳税所得额为 4 000 元,适用第二级税率,但是其中 3 000 元的税率是 3%,只有 1 000 元的税率是 10%。所以,每一级都要把上一级多交的税减掉,这多交的部分

就是速算扣除数。

速算扣除数是如何算出来的?

210=3 000×10%-3 000×3%=210(元)

1 410=12 000×20%-9 000×10%-3 000×3%=1 410(元)

……

(三)经营所得

经营所得,适用5%至35%的超额累进税率。个体工商户的生产、经营所得和对企业事业单位的承包经营、承租经营所得,先行适用新的经营所得税率,见表10-5。

表10-5 个人所得税经营所得适用税率

级数	全年应纳税所得额	税率(%)	速算扣除数
1	不超过30 000元的	5	0
2	超过30 000元至90 000元	10	1 500
3	超过90 000元至300 000元的部分	20	10 500
4	超过300 000元至500 000元的部分	30	40 500
5	超过500 000元的部分	35	65 500

(四)利息、股息、红利所得

利息、股息、红利所得适用比例税率,税率为20%。

(五)财产租赁所得

财产租赁所得适用比例税率,税率为20%。

(六)财产转让所得

财产转让所得适用比例税率,税率为20%。

(七)偶然所得

偶然所得适用比例税率,税率为20%。

三、应纳税所得额的确定

(一)综合所得

居民个人的综合所得,是将工资薪金所得、劳务报酬所得、稿酬所得和特许权使用费所得同项合并、四项合并,按年计算应纳税额,年内预缴,次年汇算清缴,多退少补。以每一纳税年度的收入额减除费用6万元以及专项扣除、专项附加扣除和依法确定的其他扣除后的余额,为应纳税所得额。

综合所得应纳税所得额=每一纳税年度的收入额-费用-专项扣除-专项附加扣除-依法确定的其他扣除

1.每一纳税年度的收入额

劳务报酬所得、稿酬所得、特许权使用费所得以收入减除20%的费用后的余额为收入额。稿酬所得的收入额减按70%计算。

每一纳税年度的收入额 = 工资、薪金所得 + 劳务报酬所得 ×80%+ 稿酬所得 ×56%+ 特许权使用费 ×80%

2. 费用

减除费用标准为 60 000 元 / 年。

3. 专项扣除

专项扣除，包括居民个人按照国家规定的范围和标准缴纳的基本养老保险、基本医疗保险、失业保险等社会保险费和住房公积金等。

4. 专项附加扣除

专项附加扣除，包括子女教育、继续教育、大病医疗、住房贷款利息或者住房租金、赡养老人等支出，专项附加扣除在纳税人本年度综合所得应纳税所得额中扣除，本年度扣除不完的，不得结转以后年度扣除。具体方法见表 10-6。

表 10-6 专项附加扣除的具体方法

<table>
<tr><th rowspan="2">专项扣除</th><th colspan="2">标准（元）</th><th colspan="2" rowspan="2">适用范围</th><th rowspan="2">扣除主体</th><th rowspan="2">扣除时间</th></tr>
<tr><th>每年</th><th>每月</th></tr>
<tr><td rowspan="4">子女教育</td><td rowspan="4">每个子女 12 000（定额）</td><td rowspan="4">每个子女 1 000（定额）</td><td>学前教育</td><td>年满 3 岁至小学入学前</td><td rowspan="4">父母分别按扣除标准的 50% 扣除，也可以选择由其中一方按扣除标准的 100% 扣除。具体扣除方式在一个纳税年度内不得变更</td><td rowspan="4">汇算清缴时或按月</td></tr>
<tr><td rowspan="3">学历教育</td><td>义务教育</td></tr>
<tr><td>高中阶段教育</td></tr>
<tr><td>高等教育</td></tr>
<tr><td rowspan="2">继续教育</td><td>4 800（定额）</td><td>400（定额）</td><td>学历教育</td><td>参照子女教育</td><td>本人。个人接受同一学历教育事项，可以由其父母按照子女教育支出扣除，也可以由本人按照继续教育支出扣除，但不得同时扣除</td><td>在学历教育期间，清缴时或按月扣除</td></tr>
<tr><td colspan="2">3 600（定额）</td><td>继续教育</td><td>接受技能人员职业资格继续教育、专业技术人员职业资格继续教育</td><td>本人</td><td>办理清缴时扣除</td></tr>
<tr><td>大病医疗</td><td colspan="2">个人负担超过 15 000 元的医药费用支出部分，按照每年 60 000 元标准限额据实扣除（限额）</td><td colspan="2">社会医疗保险管理信息系统有记录的（包括医保目录范围内的自付部分和医保目录范围外的自费部分）纳税人应当留存医疗服务收费相关票据原件（或复印件）</td><td>本人</td><td>办理清缴时扣除</td></tr>
<tr><td>住房贷款</td><td>12 000（定额）</td><td>1 000（定额）</td><td colspan="2">本人或配偶使用商业银行或住房公积金个人住房贷款为本人或其配偶购买住房，发生的首套住房贷款利息支出</td><td>经夫妻双方约定，可以选择由其中一方扣除。纳税人应当留存住房贷款合同、贷款还款支出凭证</td><td>在偿还贷款期间，汇算清缴时或按月扣除</td></tr>
</table>

续表

<table>
<tr><th rowspan="2">专项扣除</th><th colspan="2">标准(元)</th><th rowspan="2" colspan="2">适用范围</th><th rowspan="2" colspan="2">扣除主体</th><th rowspan="2">扣除时间</th></tr>
<tr><th>每年</th><th>每月</th></tr>
<tr><td rowspan="3">住房租金</td><td>14 400（定额）</td><td>1 200（定额）</td><td>位于直辖市、省会城市、计划单列市</td><td rowspan="3">纳税人本人及配偶在纳税人的主要工作城市没有住房，而在主要工作城市租赁住房发生的租金支出</td><td rowspan="3" colspan="2">夫妻双方主要工作城市相同的，只能由一方扣除住房租金支出。夫妻双方主要工作城市不相同的，且各自在其主要工作城市都没有住房的，可以分别扣除住房租金支出。纳税人应当留存住房租赁合同</td><td rowspan="3">在租赁房屋期间，汇算清缴时或按月扣除</td></tr>
<tr><td>12 000（定额）</td><td>1 000（定额）</td><td>位于其他城市的，市辖区户籍人口超过 100 万人</td></tr>
<tr><td>9 600（定额）</td><td>800（定额）</td><td>位于其他城市的，市辖区户籍人口不超过 100 万人</td></tr>
<tr><td rowspan="2">赡养老人</td><td rowspan="2">24 000（定额）</td><td rowspan="2">2 000（定额）</td><td rowspan="2" colspan="2">赡养 60 岁（含）以上父母或子女已经去世的，实际承担对其赡养义务的祖父母、外祖父母</td><td>独生子女</td><td>本人</td><td rowspan="2">汇算清缴时或按月扣除</td></tr>
<tr><td>非独生子女</td><td>与其兄弟姐妹分摊每年 24 000 元的扣除额度，分摊方法包括平均分摊、被赡养人指定分摊或赡养人约定分摊</td></tr>
</table>

5. 依法确定的其他扣除

依法确定的其他扣除，包括个人缴付符合国家规定的企业年金、职业年金，个人购买符合国家规定的商业健康保险、税收递延型商业养老保险的支出以及国务院规定可以扣除的其他项目。

（二）非居民个人的工资、薪金所得、劳务所得、稿酬所得、特许权使用费所得

非居民个人的工资、薪金所得，以每月收入额减除费用 5 000 元以及专项扣除、专项附加扣除后的余额为应纳税所得额；劳务报酬所得、稿酬所得、特许权使用费所得，以每次收入额为应纳税所得额。

非居民个人工资、薪金所得应纳税所得额 = 每月工资、薪金收入 -5 000 元 - 专项扣除 - 专项附加扣除（选择）- 依法确定的其他扣除

外籍个人如果符合子女教育、继续教育、住房贷款利息或住房租金专项附加扣除条件，可选择按上述项目扣除，也可以选择继续享受现行有关子女教育费、语言训练费、住房补贴的免税优惠，但同一类支出事项不得同时享受。外籍人员暂不能确定为居民个人或者非居民个人的，应当按照非居民个人缴纳税款，年度终了确定纳税人为居民个人的，按照综合所得按年计算应纳税额，并按规定办理汇算清缴，多退少补。

（三）经营所得

经营所得，以每一纳税年度的收入总额减除成本、费用以及损失后的余额，为应纳税所得额。

个体工商户业主、个人独资企业投资者、合伙企业个人合伙人以及从事其他生产、经营

活动的个人，以其每一纳税年度来源于个体工商户、个人独资企业、合伙企业以及其他生产、经营活动的所得，减除费用6万元、专项扣除以及依法确定的其他扣除后的余额，为应纳税所得额。

（四）财产租赁所得

财产租赁所得，每次收入不超过4 000元的，减除费用800；4 000元以上的，减除20%的费用，其余额为应纳税所得额。财产租赁所得，以一个月内取得的收入为一次。

（五）财产转让所得

财产转让所得，以转让财产的收入额减除财产原值和合理费用后的余额，为应纳税所得额。

财产转让所得，按照一次转让财产的收入额减除财产原值和合理费用后的余额，计算纳税。个人发生非货币性资产交换，以及将财产用于捐赠、偿债、赞助、投资等用途的，应当视同转让财产并缴纳个人所得税，但国务院财政、税务主管部门另有规定的除外。

（六）利息、股息、红利所得

利息、股息、红利所得，以每次收入额为应纳税所得额。利息、股息、红利所得，以支付利息、股息、红利时取得的收入为一次。

（七）偶然所得

偶然所得，以每次收入额为应纳税所得额。

（八）公益性捐赠的扣除

个人将其所得对教育、扶贫、济困等公益慈善事业进行捐赠，捐赠额未超过纳税人申报的应纳税所得额30%的部分，可以从其应纳税所得额中扣除；国务院规定对公益慈善事业捐赠实行全额税前扣除的，从其规定。对教育、扶贫、济困等公益慈善事业进行捐赠，是指个人将其所得通过中国境内的社会团体、国家机关向教育、扶贫、济困等公益慈善事业的捐赠。应纳税所得额是指计算扣除捐赠额之前的应纳税所得额。

（九）居民个人境外所得抵免

居民个人从中国境外取得的所得，可以从其应纳税额中抵免已在境外缴纳的个人所得税税额，但抵免额不得超过该纳税人境外所得依照本法规定计算的应纳税额。已在境外缴纳的个人所得税税额，是指居民个人来源于中国境外的所得，依照该所得来源国家或者地区的法律应当缴纳并且实际已经缴纳的所得税税额；依照个人所得税法规定计算的应纳税额，是居民个人境外所得已缴境外个人所得税的抵免限额。

四、应纳税额的计算

应纳税额的计算按照个人所得税的分类征收制，应纳税额的计算必须按照所得的类别分别进行。

（一）居民个人综合所得

应纳税额 = 年度综合所得 × 适用税率 − 速算扣除数

【例10-5】 王某2019年任职单位应发年薪200 000元，“三险一金”个人缴费35 000元，年金个人缴费8 000元。另外，取得劳务报酬6次，每次3 000元，稿酬3次，每次2 000

元，取得特许权使用费收入 20 000 元。当年经确认专项附加扣除项目金额为 36 000 元。则王某 2019 年应缴纳的个人所得税是多少？

解： 全年综合所得应纳税所得额 =200 000+（3 000 × 6+20 000）× 80%+2 000 × 3 × 80% × 70%−60 000−35 000−36 000−8 000 = 94 760（元）

应纳税额 =94 760 × 10%−2 520 = 6 956（元）

（二）非居民个人工资、薪金所得、劳务所得、稿酬所得、特许权使用费所得

1. 非居民工资、薪金所得

应纳税额 = 应纳税所得额 × 适用税率 − 速算扣除数

2. 劳务所得

应纳税额 = 每次收入 × 80% × 适用税率（20%）

3. 稿酬所得

应纳税额 = 每次收入 × 80% × 70% × 适用税率（20%）

4. 特许权使用费所得

应纳税额 = 每次收入 × 80% × 适用税率（20%）

（三）经营所得

应纳税额 = 应纳税所得额 × 适用税率 − 速算扣除数

（四）财产租赁所得

应纳税额 = 应纳税所得额 × 20%

（五）财产转让所得

应纳税额 = 应纳税所得额 × 20%

（六）利息、股息、红利所得

应纳税额 = 应纳税所得额 × 20%

（七）偶然所得

应纳税额 = 应纳税所得额 × 20%

本章小结

1. 所得税是以法人和自然人在一定期间获取的所得额为课税对象的一类税收。所得税的特征包括：税源普遍且不易转嫁；量能负担，税负公平；计税复杂，不利征管；税收收入富有弹性。

2. 所得税的功能包括：一是筹集财政收入；二是调节收入分配；三是稳定宏观经济。

3. 企业所得税是以企业或者组织为纳税义务人，对其一定期间内的所得额征收的一种税。它是国家参与企业利润分配，正确处理国家与企业分配关系的一个重要税种，体现了国家与企业的分配关系。

4. 企业所得的纳税人包括：居民纳税人和非居民纳税人。居民企业是依法在中国境内成立，或者依照外国（地区）法律成立但实际管理机构在中国境内的企业。非居民企业是指依照外国（地区）法律成立且实际管理机构不在中国境内，但在中国境内设立机构、场所的，

或者在中国境内未设立机构场所，但有来源于中国境内所得的企业。

5. 企业所得税实行比例税率，基本税率为25%，低税率为20%。

6. 企业所得税应纳税所得额 = 收入总额 - 不征税收入 - 免税收入 - 各项扣除金额 - 以前年度亏损。

7. 个人所得税的纳税义务人，包括中国公民、个体工商户、个人独资企业、合伙企业投资者、在中国大陆有所得的外籍人员（包括无国籍人员）和中国香港、澳门、台湾地区的同胞。纳税义务人依据住所和居住时间两个标准，区分为居民纳税人和非居民纳税人，分别承担不同的纳税义务。

8. 我国的个人所得税实行分类课征制度，个人的全部收入被划分为9类，分别课税。个人所得税的课税对象包括：工资、薪金所得；劳务报酬所得；稿酬所得；特许权使用费所得；经营所得；利息、股息、红利所得；财产租赁所得；财产转让所得；偶然所得。

思考与练习

1. 简述所得税的特征。
2. 分析劳务报酬所得与工资薪金所得的主要区别。
3. 简述个人所得税居民纳税义务人和非居民纳税义务人的主要区别。
4. 简述企业所得税准予扣除的项目。

第十一章 财产税

教学要求

通过学习，学生应掌握房产税应纳税额的计算、车船税的计算；理解房产税的税制要素、车船税的税制要素；了解财产税的概念、财产税的特点、财产税的分类、财产税的作用。

重点难点

本章的学习重点是房产税的税制要素、车船税的税制要素；难点是房产税应纳税额的计算、车船税的计算。

第一节 财产税概述

一、财产税的概念

财产税是对法人或自然人在某一时点占有或可支配财产课征的一类税收的统称。所谓财产是指法人或自然人在某一时点所占有及可支配的经济资源，如房屋、土地、物资、有价证券等。财产税曾经是奴隶社会和封建社会时期主要的国家财政来源，但是进入资本主义社会后，该税种的地位逐渐降低，而流转税和所得税地位逐渐上升了。

二、财产税的特点

（一）财产税弥补所得税和流转税的不足

财产税是对社会财富的存量课税，可弥补所得税和流转税的不足。财产税的课税对象一般不是纳税人当年新创造的价值，而是其以往年度所创造价值的累计总和。因此财产税可以发挥流转税和所得税无法发挥的作用。

（二）财产税属于直接税，税负难以转嫁

由于财产税是在消费领域中对财产的占有或支配课税，一般不与他人发生经济关系，纳税人很难有机会转嫁其税负，故财产税对调节社会财富的不合理分布状况，实现公平合理的分配目标，有着无法替代的重要作用。

（三）财产税的计税依据难以确定，征管难度大

由于财产税是以纳税人在以往若干年度积蓄的财产存量为课税对象来进行征税，因此往往缺乏正常的交易价格作为计税依据，加之随着时间的推移，许多存量财产的历史成本已不复存在或难以反映目前的市场价值，这一切无疑都会增大其征管工作的难度。

三、财产税的分类

（一）按纳税人拥有的财产分类

按纳税人拥有的财产课征，财产税可以分为个别财产税和一般财产税。

个别财产税是对纳税人拥有的某些财产分别课税，这类财产税的课税对象一般为纳税人拥有的土地、房屋、机器设备等。

一般财产税，又称财富税，是对纳税人的全部财产（少数生活必需品可以免税）减去负债后的价值余额按照统一的税率表进行课征的一种财产税。

（二）按纳税人转移的财产分类

按纳税人转移的财产课征，财产税可以分为赠与税和死亡税。

赠与税是指对纳税人生前转移的财产进行的课税。

死亡税是指对纳税人死后转移的财产（遗产）进行的课税。根据课征方式的不同，死亡税又可以分为遗产税和继承税。遗产税是在立遗嘱人死后、遗产分配前对其遗产课征的税收；继承税则是在立遗嘱人死后对其遗产继承人分得的遗产课征的税收。

四、财产税的作用

（一）财产税有利于对社会全部财产的控制权优胜劣汰

财产税有利于对社会全部财产的控制权优胜劣汰，从而促使经营能力差的资产拥有人的财富逐步转移到经营能力强的人手里。因为如果没有财产税，社会福利需要的资金就只能由其他税种如所得税承担。而所得税纳税人是经营能力强、利润高的人，反倒纳税重。如果实行财产税，则所得税可以大幅度下降，因为社会福利所需的资金可以由经营能力差的资本家承担一部分。这过程在逻辑上等同于实现了资产从能力差的人手里转交到能力强的人手里。

（二）财产税也有利于经济稳定、避免经济危机

如果没有财产税，有存款的富翁就不着急投资。等经济繁荣、商品需求变大的年份，他们又都一窝蜂投资，导致过几年就产能和存量商品过剩。这时他们又一窝蜂停止投资，导致过几年经济萧条。这会造成经济不稳定，严重的就是经济危机。而征收财产税是每年都连续地对各个富翁征收的。富翁如果不尽早投资发展产业和经济，财产就会逐年减少。因此就产生每年、每月连续有富翁投资稳健产业的现象，稳定了经济。

（三）财产税调节的重点是富人，有利于缩小贫富差距

财产税类税种的课税对象是财产的收益或财产所有人的收入，主要包括房产税、财产税、遗产和赠与税等税种。对财产课税，对于促进纳税人加强财产管理、提高财产使用效果具有特殊的作用。目前中国财产课税有房产税、城市房地产税等。遗产和赠与税在体现鼓励勤劳致富、反对不劳而富方面有着独特的作用，是世界各国通用的税种，中国虽然列入了立法计划，但至今还未开征。

第二节　房产税

房产税是以城市、县城、建制镇和工矿区的房产为课税对象，按照房产的计税价值或租金收入征收的一种税。房产税征收目的是运用税收杠杆，加强对房产的管理、提高房产使用效率、控制固定资产投资规模和配合国家房产政策的调整，合理调节房产所有人和经营人的收入。此外，该税种税源稳定，易于控制管理，是地方财政收入的重要来源之一。

一、纳税人

房产税以房产为征税对象。房产是指有屋面和围护结构(有墙或两边有柱),能够遮风避雨,可供人们在其中生产、学习、工作、娱乐、居住或储藏物资的场所。独立于房屋的建筑物如围墙、暖房、水塔、烟囱、室外游泳池等不属于房产,但室内游泳池属于房产。房产税的纳税人是在征税范围内的房屋产权所有人,包括以下几方面内容。

(1)产权属于国家所有的,由经营管理的单位缴纳;产权属于集体和个人所有的,由集体单位和个人缴纳。

(2)产权出典的,由承典人缴纳。产权出典是指产权所有人将房屋、生产资料等的产权,在一定期限内典当给他人使用,而取得资金的一种融资业务。

(3)产权所有人、承典人不在房产所在地或产权未确定及租典纠纷未解决的,由房产代管人或者使用人缴纳。

(4)纳税单位和个人无租使用房产管理部门、免税单位及纳税单位房产的,应由使用人代为缴纳房产税。

(5)外商投资企业、外国企业和组织以及外籍个人,也需缴纳房产税。

二、征税范围

房产税的征税范围是城市、县城、建制镇和工矿区。城市、县城、建制镇、工矿区的具体征税范围,由各省、自治区、直辖市人民政府确定。

城市是指国务院批准设立的市;县城是指县人民政府所在地的地区;建制镇是指经省、自治区、直辖市人民政府批准设立的建制镇;工矿区是指工商业比较发达、人口比较集中、符合国务院规定的建制镇标准,但尚未设立建制镇的大中型工矿企业所在地。开征房产税的工矿区须经省、自治区、直辖市人民政府批准。房产税的征税范围不包括农村。

三、税率

房产税采用的是比例税率。由于房产税的计税依据分为从价计征和从租计征两种形式,所以房产税的税率也有两种:一是按房产原值一次扣除 10%~30% 后的余值计征的,税率为 1.2%;二是按房产出租的租金收入计征的,税率为 12%。从 2001 年 1 月 1 日起,对个人按照市场价格出租的居民住房,用于居住的,可暂减按 4% 的税率征收房产税。自 2008 年 3 月 1 日起,对于个人出租住房,不区分用途,按 4% 的税率征收房产税。

四、计税依据

房产税的计税依据是房产的计税价值或房产的租金收入。按照房产计税价值征税的,称为从价计征;按照房产租金收入计征的,称为从租计征。

(一)从价计征

从价计征是指以房产原值一次减除 10%~30% 后的余值为计税依据。具体减除幅度,由省、自治区、直辖市人民政府确定。减除幅度的确定,既要考虑到房屋自然损耗因素,又要照顾到房屋后期的增值因素。

房产原值应包括与房屋不可分割的各种附属设备或一般不单独计算价值的配套设施。其主要有:暖气、卫生、通风等,纳税人对原有房屋进行改建、扩建的,要相应增加房屋的原值。

（二）从租计征

从租计征是指以房屋出租取得的租金收入为计税依据。按照房产租金收入计征的，称为从租计征。其注意事项如下。

（1）房产出租的，以房产租金收入为房产税的计税依据。对投资联营的房产，在计征房产税时应予以区别对待。共担风险的，按房产余值作为计税依据，计征房产税；对收取固定收入的，应由出租方按租金收入计缴房产税。

（2）对融资租赁房屋的情况在计征房产税时应以房产余值计算征收，租赁期内房产税的纳税人，由当地税务机关根据实际情况确定。

（3）新建房屋交付使用时，如中央空调设备已计算在房产原值之中，则房产原值应包括中央空调设备；旧房安装空调设备，一般都作单项固定资产入账，不应计入房产原值。

五、应纳税额的计算

（一）从价计征的计算

应纳税额 = 房产原值 ×（1-10% 或 30% 扣除比例）× 1.2%

【例 11-1】 某企业的经营用房原值为 1 000 万元，按照当地规定允许减除 30% 后按作余额计税，适用税率为 1.2%，试计算其应纳房产税税额。

解： 应纳税额 =1 000 ×（1-30%）× 1.2%=8.4（万元）

（二）从租计征的计算

应纳税额 = 房产租金收入 × 12%（或 4%）

【例 11-2】 某公司出租房屋 20 间，年租金收入为 600 000 元，适用税率为 12%，试计算其应纳房产税税额。

解： 应纳税额 =600 000 × 12%=72 000（元）

第三节　车船税

车船税是以车船为课征对象，向车辆、船舶（以下简称车船）的所有人或者管理人征收的一种税。车船是指依法应当在车船管理部门登记的车船。

一、纳税人

车船税的纳税人是指在中华人民共和国境内，车辆、船舶的所有人或管理人。所有人是指在我国境内拥有车船的单位和个人；管理人是指对车船具有管理使用权，但不具有所有权的单位。如果车船的所有人或者管理人未缴纳车船税，使用人应当代为缴纳车船税。

二、征税范围

车船税的征收范围是指依法应当在我国车船管理部门登记的车船（除规定减免的车船外）。

车辆是指机动车辆和非机动车辆。机动车辆是指依靠燃油、电力等能源作为动力运行的车辆，如汽车、拖拉机、无轨电车等；非机动车辆是指依靠人力、畜力运行的车辆，如三轮车、自行车、畜力驾驶车等。

船舶是指机动船舶和非机动船舶。机动船舶是指依靠燃料等能源作为动力运行的船舶,如客轮、货船、气垫船等;非机动船舶是指依靠人力或者其他力量运行的船舶,如木船、帆船、舢板等。

三、税率

车船税实行定额税率,即对征税的车船规定固定税额。车船税采用从量计征的计税方法。2018 年 7 月 10 日,财政部、税务总局、工业和信息化部、交通运输部下发《关于节能新能源车船享受车船税优惠政策的通知》,要求对符合标准的新能源车船免征车船税,对符合标准的节能汽车减半征收车船税,见表 11-1。

表 11-1 车船税税目税额

税目		计税单位	年基准税额	备注
乘用车[按发动机汽缸容量(排气量)分档]	1.0 升(含)以下的	每辆	60 元至 360 元	核定载客人数 9 人(含)以下
	1.0 升以上至 1.6 升(含)的		300 元至 540 元	
	1.6 升以上至 2.0 升(含)的		360 元至 660 元	
	2.0 升以上至 2.5 升(含)的		660 元至 1200 元	
	2.5 升以上至 3.0 升(含)的		1 200 元至 2 400 元	
	3.0 升以上至 4.0 升(含)的		2 400 元至 3 600 元	
	4.0 升以上的		3 600 元至 5 400 元	
商用车	客车	每辆	480 元至 1 440 元	核定载客人数 9 人以上,包括电车
	货车	整备质量每吨	16 元至 120 元	包括半挂牵引车、三轮汽车和低速载货汽车等
挂车		整备质量每吨	按照货车税额的 50% 计算	
其他车辆	专用作业车	整备质量每吨	16 元至 120 元	不包括拖拉机
	轮式专用机械车		16 元至 120 元	
摩托车		每辆	36 元至 180 元	
船舶	机动船舶	净吨位每吨	3 元至 6 元	拖船、非机动驳船分别按照机动船舶税额的 50% 计算
	游艇	艇身长度每米	600 元至 2 000 元	

四、应纳税额的计算

(一)计税依据

车船税的计税依据,按车船的种类和性能分别为辆、整备质量吨、净吨位和艇身长度等。

(1)乘用车、商用车的客车、摩托车,以"辆"为计税依据。

(2)商用车的货车、专用作业车、轮式专用机械车,以"整备质量吨"为计税依据。

（3）机动船舶，以“净吨位”为计税依据。

（4）游艇，以“艇身长度”为计税依据。

（二）应纳税额的计算

1. 乘用车、商用车的客车和摩托车应纳税额的计算

应纳税额 = 辆数 × 适用的单位税额

2. 商用车的货车、专用作业车和轮式专用机械车应纳税额的计算

应纳税额 = 整备质量吨数 × 适用的单位税额

挂车的应纳税额 = 整备质量吨数 × 适用的单位税额 ×50%

3. 机动船舶应纳税额的计算

机动船舶的应纳税额 = 净吨位数 × 适用的单位税额

4. 游艇应纳税额计算

游艇的应纳税额 = 艇身米数 × 适用的单位税额

【例 11-3】 某运输公司拥有载货汽车 30 辆，整备质量全部为 10 吨；乘人大客车 40 辆；小客车 20 辆。已知载货汽车每吨年税额为 80 元，乘人大客车每辆年税额为 800 元，小客车每辆年税额为 700 元，试计算该公司应纳的车船税。

解： 载货汽车应纳税额 =30×10×80=24 000（元）

乘人汽车应纳税额 =40×800+20×700=46 000（元）

全年应纳车船税额 =24 000+46 000=70 000（元）

本章小结

1. 财产税是对法人或自然人在某一时点占有或可支配财产课征的一类税收的统称。财产税的特点：财产税的计税依据难以确定，征管难度大；财产税属于直接税，税负难以转嫁；财产税弥补所得税和流转税的不足。

2. 按纳税人拥有的财产课征，财产税可以分为个别财产税和一般财产税；按纳税人转移的财产课征，财产税可以分为赠与税和死亡税。

3. 房产税是以城市、县城、建制镇和工矿区的房产为课税对象，按照房产的计税价值或租金收入征收的一种税。房产税征收目的是运用税收杠杆，加强对房产的管理、提高房产使用效率、控制固定资产投资规模和配合国家房产政策的调整，合理调节房产所有人和经营人的收入。此外，该税种税源稳定，易于控制管理，是地方财政收入的重要来源之一。

4. 车船税是以车船为课征对象，向车辆、船舶（以下简称车船）的所有人或者管理人征收的一种税。车船是指依法应当在车船管理部门登记的车船。

思考与练习

1. 简述财产税的作用。
2. 现行房产税制对房产税的计税依据是如何规定的？
3. 现行车船税制对车船税的计税依据是如何规定的？

第十二章　资源税与行为税

教学要求

通过学习，学生应掌握资源税应纳税额的计算、城市维护建设税的计算、印花税的计算；理解资源税的税制要素、城市维护建设税的税制要素、印花税的税制要素；了解资源税的特点、行为税的概念、城市维护建设税的特点、印花税的特点。

重点难点

本章的学习重点是资源税的税制要素、城市维护建设税的税制要素、印花税的税制要素；难点是资源税应纳税额的计算、城市维护建设税应纳税额的计算、印花税应纳税额的计算。

第一节　资源税

资源税是对在中华人民共和国境内开采应税资源的矿产品或生产盐的单位和个人，就其应税资源销售数量或自用数量征收的一种税。

一、资源税的特点

（一）有选择地征收

资源税的征收范围应当包括一切开发和利用的国有资源，但由于我国开征资源税时间较短、缺乏经验，对某些资源征收资源税的条件尚不成熟，现行资源税不是对各种自然资源都征税，而是采取列举品目的办法只对矿产品资源和盐资源征税。随着我国税收制度的进一步完善，资源税的征收范围将会进一步扩大，进而使资源税成为国家税收体系中的一个重要税种。

（二）实行差别税额

为了发挥调节资源级差收入的作用，资源税根据纳税人开采资源条件的优劣及其收入高低，划分若干资源等级，分档核定税额。这样资源税既可以调节不同产品之间的级差收入，又可以调节同一产品内部的级差收入。

（三）征税方式逐渐以从价计征为主

经过近几年的改革，资源税中大部分税目由从量计征逐渐改成从价计征。从价计征改革，理顺资源税费关系，建立规范公平、调控合理、征管高效的资源税制度，有效发挥其组织收入、调控经济、促进资源节约集约利用和生态环境保护的作用。对于黏土、砂石、原矿和其他未列举的非金属矿产品仍采用从量计征便于征管。

（四）具有强制性和有偿性

自然资源都是国有资源，国家可以凭借政治权力和所有者的双重权力对这些资源征税，而不像其他税那样只凭借政治权力强制征收。

二、纳税人

资源税的纳税人是在中华人民共和国境内销售或自用应税的矿产品或者生产盐的单位和个人。单位是指国营企业、集体企业、私营企业、股份制企业、外商投资企业、外国企业和行政单位、事业单位、军事单位、社会团体及其他单位。个人是指个体经营者和其他个人。

三、扣缴义务人

资源税的扣缴义务人是收购未税矿产品的单位或中外合作开采油田作业者。资源税的扣缴义务人主要是针对零星、分散、不定期开采、易漏税的情况。扣缴义务包括以下内容。

（1）独立矿山、联合企业收购未税矿产品的单位，按照本单位应税产品税率、税额标准，依据收购的数量代扣代缴资源税。

（2）其他收购单位收购的未税矿产品，按税务机关核定的应税产品税率、税额标准，依据收购的数量代扣代缴资源税。

（3）开采海洋或陆地油气资源的中外合作油气田，按实物量计算缴纳资源税，以该油气田开采的原油、天然气扣除作业用量和损耗量之后的原油、天然气产量作为课税数量。

四、税目和税率

资源税的税目和子目主要是根据资源税应税产品和纳税人开采资源的行业特点设置的。2016 年 5 月 10 日，财政部、国家税务总局联合对外发文《关于全面推进资源税改革的通知》，根据其附录“资源税税目税率幅度表”对资源的税目及税率做了相关调整。对“资源税税目税率幅度表”中列举名称的 21 种资源品目和未列举名称的其他金属矿实行从价计征，计税依据由原矿销售量调整为原矿、精矿（或原矿加工品）、氯化钠初级产品或金锭的销售额。列举名称的 21 种资源品目包括：铁矿、金矿、铜矿、铝土矿、铅锌矿、镍矿、锡矿、石墨、硅藻土、高岭土、萤石、石灰石、硫铁矿、磷矿、氯化钾、硫酸钾、井矿盐、湖盐、提取地下卤水晒制的盐、煤层（成）气、海盐。对经营分散、多为现金交易且难以控管的黏土、砂石，按照便利征管原则，仍实行从量定额计征。对“资源税税目税率幅度表”中未列举名称的其他非金属矿产品，按照从价计征为主、从量计征为辅的原则，由省级人民政府确定计征方式。已实施从价计征的原油、天然气、煤炭、稀土、钨、钼等 6 个资源品目资源税政策暂不调整，仍按原办法执行，见表 12-1。

表 12-1　资源税税目税率

税目	税率
一、原油	销售额的 6%~10%
二、天然气	销售额的 6%~10%
三、煤炭	销售额的 2%~10%

续表

税目		税率	
四、金属矿	铁矿	精矿	1%~6%
	金矿	金锭	1%~4%
	铜矿	精矿	2%~8%
	铝土矿	原矿	3%~9%
	铅锌矿	精矿	2%~6%
	镍矿	精矿	2%~6%
	锡矿	精矿	2%~6%
	稀土	轻稀土	地区差别税率
		中重稀土	27%
	钨	精矿	6.5%
	钼	精矿	11%
	未列举名称的其他金属矿产品	原矿或精矿	税率不超过 20%
五、非金属矿	石墨	精矿	3%~10%
	硅藻土	精矿	1%~6%
	高岭土	原矿	1%~6%
	萤石	精矿	1%~6%
	石灰石	原矿	1%~6%
	硫铁矿	精矿	1%~6%
	磷矿	原矿	3%~8%
	氯化钾	精矿	3%~8%
	硫酸钾	精矿	6%~12%
	井矿盐	氯化钠初级产品	1%~6%
	湖盐	氯化钠初级产品	1%~6%
	提取地下卤水晒制的盐	氯化钠初级产品	3%~15%
	煤层(成)气	原矿	1%~2%
	黏土、砂石	原矿	每吨或立方米 0.1~5 元
	未列举名称的其他非金属矿产品	原矿或精矿	从量税率每吨或立方米不超过 30 元; 从价税率不超过 20%
六、海盐		氯化钠初级产品	1%~5%

续表

税目	税率
备注： 1. 铝土矿包括耐火级矾土、研磨级矾土等高铝黏土； 2. 氯化钠初级产品是指井矿盐、湖盐原盐、提取地下卤水晒制的盐和海盐原盐，包括固体和液体形态的初级产品； 3. 海盐是指海水晒制的盐，不包括提取地下卤水晒制的盐。	

五、应纳税额的计算

资源税在应税产品的销售或自用环节计算缴纳。以自采原矿加工精矿产品的，在原矿移送使用时不缴纳资源税，在精矿销售或自用时缴纳资源税。纳税人以采原矿加工金锭的，在金锭销售或自用时缴纳资源税。纳税人销售自采原矿加工的金精矿、粗金，在原矿或者金精矿、粗金销售时缴纳资源税，在移送使用时不缴纳资源税。以应税产品投资、分配、抵债、赠与、以物易物等，视同销售，依照相关规定计算缴纳资源税。

资源税的计税依据为应税产品的销售额或销售量。应纳税按照从价定率或者从量定额的办法计算应纳税额。

（一）从价定率应纳税额的计算

实行从价定率征收的，根据应税产品的销售额和规定的适用税率计算应纳税额，其计算公式如下：

应纳税额 = 销售额（不含增值税）× 适用税率

【例 12-1】 某油田 2018 年 2 月销售原油 40 000 吨，开具增值税专用发票取得销售额 20 000 万元、增值税 3 200 万元，按“资源税税目税率表”的规定，其适用的税率为 8%。试计算该油田 2 月应缴纳的资源税。

解： 应纳税额 =20 000 × 8%=1 600 万元

（二）从量定额应纳税额的计算

实行从量定额征收的，根据应税产品的课税数量和规定的单位税额计算应纳税额，其计算公式如下：

应纳税额 = 课税数量 × 单位税额

代扣代缴应纳税额 = 收购未税矿产产品数量 × 使用的单位税额

第二节　行为税

一、行为税的概念

行为税是国家为了对某些特定行为进行限制或开避某财源而课征的一类税收。如针对一些奢侈性的社会消费行为，征收娱乐税、宴席税；针对牲畜交易和屠宰行为，征收交易税、屠宰税；针对财产和商事凭证贴花行为，征收印花税，等等。行为税零星分散，一般作为地方政府筹集地方财政资金的一种手段，行为课税的最大特点是征纳行为的发生具有偶然性或一次性。

由于行为税中很多税种是国家根据一定时期的客观需要，大部分是为了限制某种特定的行为而开征的，因此，除屠宰税、印花税等税负较轻、长期征收的税种之外，税负都较重，税源都很不稳定。加之征收范围有限，税源零星，征收管理难度较大，又多为地方税，在税制体系中此类税收一般作为辅助税种存在。

二、城市维护建设税

城市维护建设税，又称城建税，是国家对从事工商经营，缴纳增值税、消费税、营业税的单位和个人就其实际缴纳的“三税”税额为计税依据而征收的一种附加税。营改增在全国范围内实施后，城市维护建设税演变成以实际缴纳的增值税、消费税为计税依据征收。

（一）城市维护建设税的特点

1. 税款专款专用，具有受益税性质

按照财政的一般性要求，税收及其他政府收入应当纳入国家预算，根据需要统一安排其用途，并不规定各个税种收入的具体使用范围和方向，否则也就无所谓国家预算。但是作为例外，也有个别税种事先明确规定使用范围与方向，税款的缴纳与受益更直接地联系起来，我们通常称其为受益税。城市维护建设税专款专用，用来保证城市的公共事业和公共设施的维护和建设，就是一种具有受益税性质的税种。

2. 属于一种附加税

城市维护建设税与其他税种不同，没有独立的征税对象或税基，而是以增值税、消费税“两税”实际缴纳的税额之和为计税依据，随“两税”同时附征，本质上属于一种附加税。

3. 根据城建规模设计税率

一般来说，城镇规模越大，所需要的建设与维护资金越多。与此相适应，城市维护建设税规定，纳税人所在地为城市市区的，税率为 7%；纳税人所在地为县城、建制镇的，税率为 5%；纳税人所在地不在城市市区、县城或建制镇的，税率为 1%。这种根据城镇规模不同差别设置税率的办法较好地照顾了城市建设的不同需要。

4. 征收范围较广

鉴于增值税、消费税在我国现行税制中属于主体税种，而城市维护建设税又是其附加税，原则上讲，只要缴纳增值税、消费税中任一税种的纳税人都要缴纳城市维护建设税。这也就等于说，除了减免税等特殊情况以外，任何从事生产经营活动的企业单位和个人都要缴纳城市维护建设税，这个征税范围当然是比较广的。

（二）城市维护建设税的作用

1. 补充城市维护建设资金的不足

由于城市维护建设税以增值税、消费税的税额为计税依据，与“两税”同时征收，这样不但扩大了征税对象的范围，而且还可以保证城市维护建设税收入随着“两税”的增长而增长，从而使城市维护建设有比较稳定和可靠的资金来源。

2. 调动城市维护建设的积极性

城市维护建设税用于城市的公共事业和公共设施的维护建设，具体安排由地方政府确定。将城市维护建设税与当地城市建设直接挂钩，税收收入越多，城镇建设资金就越充裕，城市建设发展就越快。这样,就能充分调动地方政府进行城市维护建设的积极性。

（三）城市维护建设税的纳税人

城市维护建设税的纳税人是指负有缴纳“两税”义务的单位和个人,包括国营企业、集体企业、私营企业、股份制企业、其他企业和行政单位、事业单位、军事单位、社会团体、其他单位,以及个体工商户及其他个人,另外还包括外商投资企业、外国企业和外籍个人。任何单位或个人,只要缴纳“两税”中的一种,就必须同时缴纳城市维护建设税。增值税、消费税的代扣代缴义务人在代扣“两税”的同时,代扣城市维护建设税。

（四）城市维护建设税的税率

城市维护建设税按纳税人所在地的不同,设置了三档地区差别比例税率,见表12-2。

表12-2　城市维护建设税税率

档次	纳税人所在地	税率
1	市区	7%
2	县城、镇	5%
3	不在市区、县城、镇	1%

城市维护建设税的适用税率,应当按纳税人所在地的规定税率执行。但是,对下列两种情况,可按缴纳增值税、消费税所在地的规定税率就地缴纳城市维护建设税:①受托方代扣代缴、代收代缴“两税”的单位和个人,其代扣代缴、代收代缴的城市维护建设税按受托方所在地适用税率执行;②流动经营等无固定纳税地点的单位和个人,在经营地缴纳的,其城市维护建设税的缴纳按经营地适用税率执行。

（五）城市维护建设税的计税依据

城市维护建设税以纳税人实际缴纳“两税”税额为计税依据。纳税人违反“两税”有关税法而被加收的滞纳金和罚款,是税务机关对纳税人违法行为的经济制裁,不作为城市维护建设税的计税依据,但纳税人在被查补“两税”和被处以罚款时,应同时对其偷漏的城市维护建设税进行补税、征收滞纳金和罚款。

城市维护建设税是以增值税、消费税为计税依据并与“两税”同时征收的,如果要免征或者减征“两税”,也就要同时免征或者减征城市维护建设税。但对出口产品退还增值税、消费税的,不退还已缴纳的城市维护建设税。海关对进口产品代征增值税、消费税的,不再征收城市维护建设税。

（六）城市维护建设税应纳税额的计算

城市维护建设税纳税人应纳税额的大小是由纳税人实际缴纳的“两税”税额决定的,其计算公式如下:

应纳税额 = 纳税人实际缴纳的增值税、消费税税额 × 税率

由于城市维护建设税实行纳税人所在地差别比例税率,所以在计算应纳税额时,应注意根据纳税人所在地来确定适用税率。

【例 12-2】 某市区一家企业 2018 年 9 月实际缴纳增值税 300 000 元,缴纳消费税 400 000 元,计算该企业应缴纳的城市维护建设税税额。

解: 应缴纳的城市维护建设税税额 =(实际缴纳的增值税 + 实际缴纳的消费税) × 7%=

(300 000+400 000) × 7%=700 000 × 7%=49 000(元)

三、印花税

印花税是以经济活动和经济交往中书立、使用、领受应税凭证的行为为征收对象而征收的一种税,是国家用以调整印花税征收与缴纳权利与义务关系的法律规范。因采用在应税凭证上粘贴印花税票作为完税的标志而得名。

(一)印花税的特点

1. 兼有凭证税和行为税性质

印花税是对单位和个人书立、使用、领受的应税凭证征收的一种税,具有凭证税性质。任何一种应税经济凭证反映的都是某种特定的经济行为,因此对凭证征税,实质上是对经济行为的课税。

2. 征税对象广泛

印花税的征税对象包括了经济活动和经济交往中的各种应税凭证,凡书立、使用和领受这些凭证的单位和个人都要缴纳印花税,其征税对象是极其广泛的。随着市场经济的发展和经济法制的逐步健全,依法书立经济凭证的现象将会越来越普遍。因此,印花税的征收面将更加广阔。

3. 税率低、税负轻

印花税与其他税种相比较,税率要低得多,其税负较轻,具有广集资金、积少成多的财政效应。因此,有学者将其形象地比喻成"拨最多的鹅毛,听最少的鹅叫"。

(二)印花税的作用

1. 有利于增加财政收入

印花税(除证券交易印花税归中央外)属于地方税,其收入归地方政府所有。这对于完善地方税收体系和分税制财政体制具有重要的作用。

2. 加强对纳税人监督管理

各种合同贴花以后,不论是否兑现,都已负担了税款,可以促使经济往来各方信守合同,减少由于盲目签约而造成的经济损失和纠纷,提高合同的兑现率。对纳税人各种应税凭证的贴花和检查,客观上又可以及时掌握纳税人经济活动中涉及应纳其他税的相关情况,从而有利于配合加强对其他应纳税种的监督管理。

3. 培养公民纳税意识

印花税实行自行贴花纳税的方法,有助于培养纳税人自觉纳税的意识;同时印花税又具有轻税重罚的特点,有利于增强纳税人的税收法制观念。

(三)印花的纳税人

印花税的纳税人是指在中国境内书立、使用、领受印花税法所列举的凭证并应依法履行纳税义务的单位和个人。其中,单位和个人是指国内各类企业、事业、机关、团体、部队以及中外合资企业、合作企业、外资企业、外国公司和其他经济组织及其在华机构等单位和个人。上述单位和个人按照书立、使用、领受应税凭证的不同,可以分为如下几类。

1. 立合同人

立合同人是指合同的当事人。所谓当事人是指对凭证有直接权利和义务关系的单位与个人,不包括合同的担保人、证人、鉴定人。

2. 立据人

立权转移书据的纳税人是立据人。立据人是指土地、房屋等权属转移过程中买卖双方的当事人。

3. 立账簿人

营业账簿的纳税人是立账簿人。立账簿人是指设立并使用营业账簿的单位和个人。

4. 领受人

权利许可证照的纳税人是领受人。领受人是指领取或接受并持有该项凭证的单位和个人。

5. 使用人

在国外书立、领受,但在国内使用的应税凭证,其纳税人是使用人。

6. 各类电子应税凭证的签订人

电子应税凭证的签订人是指各类电子形式的应税凭证的当事人。

对应税凭证,凡由两方或两方以上当事人共同书立的,其当事人各方都是印花税的纳税人,各自按所持凭证上的计税金额进行纳税。

(四)印花税的征税范围

①购销、加工承揽、建设工程承包、财产租赁、货物运输、仓储保管、借款、财产保险、技术合同或者具有合同性质的凭证。

②产权转移书据。

③营业账簿。

④权利、许可证照。

⑤经财政部确定征税的其他凭证。

(五)印花税的税目和税率

印花税共有 13 个税目,即购销合同、加工承担合同、建设工程勘察设计合同、建筑安装工程承包合同、财产租赁合同、货物运输合同、仓储保管合同、借款合同、财产保险合同、技术合同、产权转移书据、营业账簿和权利、许可证照。

印花税的税率设计遵循税负从轻、共同负担的原则。因此,税率比较低。凭证的当事人,即对凭证有直接权利与义务关系的单位和个人均应就其所持凭证依法纳税。印花税的税率有以下两种形式。

1. 比例税率

在印花税的 13 个税目中,各类合同以及具有合同性质的凭证(含以电子形式签订的各类应税凭证)、产权转移书据、营业账簿中记载资金的账簿,适用比例税率。印花税的比例税率分为4个档次，分别是0.05‰、0.3‰、0.5‰、1‰。

2. 定额税率

在印花税的13个税目中，“权利、许可证照”和“营业账簿”税目中的其他账簿，适用定额税率，均为按件贴花，税额为5元。之所以做这样的规定，主要是考虑到上述应税凭证比较特殊，有的是无法计算金额的凭证，如权利、许可证照；有的是虽记载有金额，但以其作为计税依据又明显不合理的凭证，如其他账簿。采用定额税率，便于纳税人缴纳和税务机关征管。

印花税税目税率见表12-3。

表12-3 印花税税目税率

税目	范围	税率	纳税人	说明
1. 购销合同	包括供应、预购、采购、购销结合及协作、调剂、补偿、易货等合同	按购销金额0.3‰贴花	立合同人	
2. 加工承揽合同	包括加工、定做、修缮、修理、印刷广告、测试、测绘等合同	按加工或承揽收入0.5‰贴花	立合同人	
3. 建筑工程勘察设计合同	包括勘察、设计合同	按收取费用0.5‰贴花	立合同人	
4. 建筑安装工程承包合同	包括建筑、安装工程承包合同	按承包金额0.3‰贴花	立合同人	
5. 财产租赁合同	包括租赁房屋、船舶、飞机、机动车辆、机械、器具、设备等合同	按租赁金额1‰贴花，税额不足1元按1元贴花	立合同人	
6. 货物运输合同	包括民用航空运输、铁路运输、内河运输、公路运输和联运合同	按运输收取费0.5‰贴花	立合同人	单据作为合同使用的，按合同贴花
7. 仓储保管合同	包括仓储、保管合同	按仓储收取费用1‰贴花	立合同人	仓单或栈单作为合同使用的，按合同贴花
8. 借款合同	银行及其他金融组织和借款人（不包括银行同业拆借）所签订的借款合同	按借款金额的0.05‰贴花	立合同人	单据作为合同使用的，按合同贴花
9. 财产保险合同	包括财产、责任、保证、信用等保险合同	按收取保险费收入的1‰贴花	立合同人	单据作为合同使用的，按合同贴花
10. 技术合同	包括技术开发、转让、咨询、服务等合同	按所载金额的0.3‰贴花	立合同人	
11. 产权转移书据	包括财产所有权和版权、商标、专用权、专利权、专有技术使用权等转移立据	按所载金额的0.5‰贴花	立据人	
12. 营业账簿	生产、经营用账册	记载资金的账簿，按实收资本和资本公积实际金额的0.5‰贴花，其他账簿按件贴花5元	立账簿人	

续表

税目	范围	税率	纳税人	说明
13. 权利许可证照	包括政府部门发给的房屋产权证、工商营业执照、商标注册证、专利证、土地使用证	按件贴花 5 元	领受人	

（六）印花税的计税依据

印花税的计税依据为各种应税凭证上所记载的计税金额，具体有以下几个方面的规定。

（1）购销合同的计税依据为合同记载的购销金额。

（2）加工承揽合同的计税依据是加工或承揽收入的金额。

（3）建设工程勘察设计合同的计税依据为收取的费用。

（4）建筑安装工程承包合同的计税依据为承包金额。

（5）财产租赁合同的计税依据为租赁金额；经计算，税额不足 1 元，按 1 元贴花。

（6）货物运输合同的计税依据为取得的运输费金额（即运费收入），不包括所运货物的金额、装卸费和保险费等。

（7）仓储保管合同的计税依据为收取的仓储保管费用。

（8）借款合同的计税依据为借款金额。

（9）财产保险合同的计税依据为支付（收取）的保险费，不包括所保财产的金额。

（10）技术合同的计税依据为合同所载的价款、报酬或使用费。为了鼓励技术研究开发，对技术开发合同，只就合同所载的报酬金额计税，研究开发经费不作为计税依据。单对合同约定按研究开发经费一定比例作为报酬的，应按一定比例的报酬金额贴花。

（11）产权转移书据的计税依据为所载金额。

（12）营业账簿税目中记载资金的账簿的计税依据为“实收资本”与“资本公积”两项的合计金额。其他账簿的计税依据为应税凭证件数。

（13）权利、许可证照的计税依据为应税凭证件数。

（七）印花税应纳税额的计算

根据应纳税凭证的性质，纳税人的应纳税额分别按比例税率或者定额税率计算，其计算公式如下。

1. 按比例税率计算应纳税额的方法

应纳税额 = 应税凭证计税金额 × 适用税率

2. 按定额税率计算应纳税额的方法

应纳税额 = 应税凭证件数 × 单位税额

【例 12-3】 某企业 2018 年 1 月开业，当年发生以下有关业务事项：领受房屋产权证、工商营业执照、土地使用证各 1 件；与其他企业订立转移专用技术使用权书据 1 份，所载金额 150 万元；订立产品购销合同 1 份，所载金额为 100 万元；订立借款合同 1 份，所载金额为 100 万元；企业记载资金的账簿，“实收资本”和“资本公积”为 500 万元；其他营业账簿 15 本。试计算该企业当年应缴纳的印花税。

解： 企业领受权利、许可证照应纳税额 =3 × 5=15（元）

企业订立产权转移书据应纳税额 =1 500 000 × 0.5‰ =750（元）

企业订立购销合同应纳税额 =1 000 000 × 0.3‰ =300（元）

企业订立借款合同应纳税额 =1 000 000 × 0.05‰ =50（元）

企业记载资金的账簿应纳税额 =5 000 000 × 0.5‰ =2 500（元）

企业其他营业账簿应纳税额 =15 × 5=75（元）

当年企业应纳印花税税额 =15+750+300+50+2 500+75=3 690（元）

本章小结

1. 资源税是对在中华人民共和国境内开采应税资源的矿产品或生产盐的单位和个人，就其应税资源销售数量或自用数量征收的一种税。资源税的特点：有选择地征收；实行差别税额；征税方式逐渐以从价计征为主；具有强制性和有偿性。

2. 行为税是国家为了对某些特定行为进行限制或开避某财源而课征的一类税收。如针对一些奢侈性的社会消费行为，征收娱乐税、宴席税；针对牲畜交易和屠宰行为，征收交易税、屠宰税；针对财产和商事凭证贴花行为，征收印花税，等等。行为税零星分散，一般作为地方政府筹集地方财政资金的一种手段，行为课税的最大特点是征纳行为的发生具有偶然性或一次性。

3. 城市维护建设税，又称城建税，是国家对从事工商经营，缴纳增值税、消费税、营业税的单位和个人就其实际缴纳的“三税”税额为计税依据而征收的一种附加税。营改增在全国范围内实施后，城市维护建设税演变成以实际缴纳的增值税、消费税为计税依据征收。城市维护建设税的特点：税款专款专用，具有受益税性质；属于一种附加税；根据城建规模设计税率；征收范围较广。

4. 印花税是以经济活动和经济交往中书立、使用、领受应税凭证的行为为征收对象而征收的一种税，是国家用以调整印花税征收与缴纳权利与义务关系的法律规范。因采用在应税凭证上粘贴印花税票作为完税的标志而得名。印花税的特点：兼有凭证税和行为税性质；征税对象广泛；税率低、税负轻。

思考与练习

1. 借款合同印花税的计税依据是如何规定的？
2. 资源税的特点有哪些？
3. 简述行为税的概念。
4. 简述城市维护建设税的特点。
5. 简述城市维护建设税的作用。
6. 简述印花税的特点。
7. 简述印花税的作用。

参考文献

[1] 梁学平. 财政与税收 [M]. 北京：清华大学出版社，北京交通大学出版社，2014.

[2] 钟大辉，杨光. 财政与税收 [M]. 成都：西南财经大学出版社，2016.

[3] 宋凤轩，孙健夫，谷彦芳. 财政与税收 [M].4 版. 北京：人民邮电出版社，2017.

[4] 计金标. 税收筹划 [M].6 版. 北京：中国人民大学出版社，2016.

[5] 中国注册会计师协会. 税法 [M]. 北京：中国财政经济出版社，2018.

[6] 楼继伟. 中国政府间财政再思考 [M]. 北京：中国财政经济出版社，2013.

[7] 楼继伟. 深化财税体制改革 [M]. 北京：人民出版社，2015.

[8] 武彦民. 财政学 [M]. 北京：中国财政经济出版社，2011.

[9] 王晓光. 财政与税收 [M].5 版. 北京：中国财政经济出版社，2011.

[10] 李国淮，韦宁卫. 中国税制 [M].5 版. 北京：高等教育出版社，2015.

[12] 储敏伟，杨君昌. 财政学 [M].3 版. 北京：高等教育出版社，2010.

[13] 王晓光，李兰，张小峰. 税法学 [M].5 版. 大连：东北财经大学出版社，2014.

[14] 苏春林. 纳税实务 [M].2 版. 北京：清华大学出版社，2015.

[15] 张志超. 现代财政学原理 [M].4 版. 天津：南开大学出版社，2011.

[16] 罗森. 财政学 [M]. 北京：中国人民大学出版社，2000.

[17] C. V. 布朗，P. M. 杰克逊. 公共部门经济学 [M]. 张馨，译.4 版. 北京：中国人民大学出版社，2000.